경계선 내담자를 위한

전이초점 심리치료 입문

Frank E. Yeomans · John F. Clarkin · Otto F. Kernberg 공저

윤순임 외 공역

A Primer of Transference-Focused Psychotherapy
for the Borderline Patient

학지사

역자 서문

이 책의 원저는 F. E. Yeomans, J. F. Clarkin, 그리고 O. F. Kernberg가 2002년에 저술한 *A Primer of Transference-Focused Psychotherapy for the Borderline Patient*이다. 이 책은 경계선 장애 내담자를 위한 전이초점 심리치료의 입문서라고 할 수 있다. 좀 더 실제적으로 전이초점 심리치료를 매뉴얼 식으로 저술한 책은 역자들이 지금까지 찾아본 바에 의하면 이 책보다 먼저 1999년에 동일한 세 저자가 *Psychotherapy for Borderline Personality*라는 제목으로 출판하였고, 2008년 다시 독일어로 번역되었다. 그러나 매뉴얼과는 다르게 이 입문서의 원본은 현재까지 영문판으로만 있었고 다른 언어로 번역되지 않았던 것으로 보인다.

이번에 서울정신분석상담연구소에서는 심리구조가 취약한 경계선 인성장애 내담자를 치료하는 데 지침서가 될 수 있는 이 두 책을 동시에 번역하여 내놓기로 하였다. 1975년 Kernberg가 *Borderline Conditions and Pathological Narcissism*(한국판 『경계선 장애와 병리적 나르시시즘』, 윤순임 외 공역, 2008)을 출판한 것은 이 시대에 만연해 있는 경계선 장애, 자기애성 인성장애 내담자를 치료하는 전문가들과 그 전문가가 되기 위해 수련 중인 심리치료 학도들에게 큰 기쁨이었다. 이에 더하여 지금 한국어판으로 출판되는 이 두 책은 좀 더 실제적인 문제를 정확하게 정의하고 그 문제를 해결하기 위하여 필요한 모든 절차와 기법을 제시하며 아주 친절하게 설명한다. 그중에서 이 역서는 상세하게 기술된 매뉴얼을 읽기 전에 입문서로서 읽을 수 있어서 유용하게 활용할 수 있을 것이다.

이 세 책은 심리구조 장애를 가진 내담자들을 치료하면서 만날 수 있는 많은 문제를 실제로 이해하고 그 문제를 치료적으로 다루는 데 도움이 될 뿐만 아니라 치료자로서 갖춰야 할 내적 자세에 대해서도 많은 자극이 될 수 있을 것으로 기대한다. 많은 독자들이 무겁지 않은 마음으로 이 책을 접할 수 있도록 쉬운 말과 정확한 개념을 발견하려고 노력하였으나 미흡한 점이 많은 것이 사실이다. 이런 미흡한 점은 지속적인 보완·수정을 통해 개선해 나갈 예정이다.

끝으로 이 책의 출판을 맡아서 오랜 기간 묵묵히 기다려 주시고 좋은 책을 만들기 위하여 노고를 아끼지 않으신 학지사 김진환 사장님께 감사를 드린다. 그리고 역자들의 지속적인 수정요구를 잘 수용해 주신 편집부 백소현 선생에게도 고마움을 전한다.

2013년 서초동에서
역자대표 윤순임

저자 서문

경계선 내담자를 치료하는 것은 정신건강 분야에서 가장 도전적인 과제로 여겨진다. 그렇지만 이 병리를 연구하고 치료 방법을 개선하려는 지속적인 노력을 통해 좀 더 효과적인 치료 접근들이 개발되어 왔다. 전이초점 심리치료(TFP)는 경계선 인성장애 및 더 넓은 범주의 경계선 인성조직을 치료하기 위하여 심리역동에 기반한 가장 발전된 치료다. 전이초점 심리치료는 일반적인 정신분석적 작업이 지닌 개인 지향적 정신을 존중하면서도 다양한 수련 수준에 있는 치료자가 배울 수 있고 적용할 수 있도록 체계화된 접근을 제공한다. 경계선 내담자의 치료에 경험 많은 심리역동 치료자뿐만 아니라 이 접근을 현재 은밀하고 추상적이라고 여겨 생각하기조차 주저하는 학생과 임상가들에게 좀 더 쉽게 접할 수 있는 형태로 이 치료를 기술할 때가 되었다고 제안해 준 것에 대해 우리는 Jason Aronson 출판사에 감사드린다. 많은 분들에게 감사드린다. 내담자들 특히 가장 힘들었던 내담자에게 감사한다. 그들은 우리에게 배우면서 우리를 가르쳤다. 우리의 학생들, 특히 센터의 (White Plains, New York; Quebec; Munich; Amsterdam; Leiden, Holland; Maastricht, Holland; and Lausanne, Switzerland) 학생들은 우리가 사고를 진전시킬 수 있도록 질문을 제기했고 문제를 제시하였다. 정신과 과장 Jack

Barchas 박사는 Weill Cornell 의대의 인성장애 연구소(PDI)에서 우리의 노력을 아낌없이 지원해 주었다. 인성장애 연구소 동료들은 도전적이고 지지적인 학문직 분위기를 제공해 주었다. 그 안에서 우리는 계속해서 아이디어를 생성하고 치료방법을 개선하기를 바란다. 우리의 비서 Lillian Conklin, Nina Huza 및 Louise Taitt는 특유의 지원과 조력을 제공해 주었다.

차 례

1부 누가 내담자인가? 진단적 문제들 ··· 13

4부-B 우선적으로 다룰 주제 선택하기 ··· 123

4부-C 기타 기략들 ··· 141

누가 내담자인가?
진단적 문제들

A primer of **transference focused** psychotherapy for the borderline patient

1. 경계선 인성장애란?
2. 경계선 인성조직(BPO)이란 무엇인가, 그리고 그것은 어떻게 경계선 인성장애
   (BPD)보다 좀 더 넓은 이해와 개념적 틀을 제공하는가?
3. 정체성 혼미란?
4. 현실검증이란?
5. 원시적 방어기제란?
6. 대상관계 이론이란 무엇인가, 그리고 그것은 경계선 인성과 전이초점 심리치료
   에 어떻게 적용되는가?
7. 방어기제는 내재화된 대상관계 관점에서 어떻게 이해되는가?
8. 경계선 내담자의 내적 심리 구조의 발달은 정상인과 어떻게 다른가?
9. 심리 구조란?
10. 경계선 장애가 아닌 사람이 분열된 심리조직 수준에서 기능하는 상황이 있는가?
11. 원시적으로 분열된 심리조직에서, 이자적 대상관계 속에서 그리고 관계들
    사이에서 어떤 상호작용이 예상될 수 있는가?
12. 경계선 인성조직과 경계선 인성장애는 어떻게 평가하는가?
13. 경계선 인성조직의 기원은?

1. 경계선 인성장애란?

경계선 인성장애(BPD)는 널리 퍼져 있고 오래 지속되는 정신의학적 장애로, 인구의 0.2~4.6%가 발병하는 것으로 추정된다.[1] 경계선 인성장애의 가장 표준적인 현재 정의는 미국 정신의학협회의 『심리장애 진단 및 통계 편람, 4판(Diagnostic and Statistical Manual, 4th Edition: DSM-IV)』이다.[2] 대략 정신과 외래 환자의 11%와 입원 환자의 19%가 이 기준에 해당된다.[3]

"대인관계, 자기상 및 정동의 불안정성 패턴이 광범위하게 충동적으로 나타난다. 이러한 패턴은 성인기 초기에 시작하여 다양한 상황에서 일어난다. 다음 중 5가지 (또는 그 이상) 기준을 충족시킨다.

1. 실제로 또는 상상으로 버림받는 것을 피하려는 필사적인 노력(주의: 기준 5에서 다루어지는 자살 및 자해 행동은 포함되지 않는다.)
2. 이상화와 평가절하의 양극단을 오가는 불안정하고 강렬한 대인관계 패턴
3. 정체성 장해: 현저하고 지속적인 불안정한 자기상 또는 자기감

---

1) M. M. Weissman. "인성장애의 역학(The epidemiology of personality disorders)", in R. Michels, A. M. Cooper, S. B. Guze, L. L. Judd, A. J. Solnit, A. J. Stundard, & M. M. Weissman (Eds.), 정신의학(Psychiatry). (Philadelphia: Raven-Lippincott, 1993), 1권 15장 2절, pp. 1-11.
2) American Psychiatric Association. 심리장애 진단 및 통계 편람, 4판(Diagnostic and Statistical Manual of Mental Disorders, 4th edition) (Washington, DC, 1994), p. 654.
3) Skodol, A. E., Gunderson, J. G., Livesley, W. J., Pfoli, B., Siever, L. J., Widiger, T. A. "정신병리, 공병률, 인성구조, 생물학, 유전학 및 경과의 관점에서 경계선 진단(The Borderline Diagnosis is from the Perspectives of Psychopathology, Comorbidity, Personality Structure, Biology, Genetics and Course)" (2000). 출판용 원고.

4. 최소한 두 영역에서 자신에게 손상을 줄 수 있는 충동성. 가령, 낭비, 성, 물질남용, 무모한 운전, 폭식(주의: 기준 5에서 다루어지는 자살 및 자해 행동은 포함되지 않는다.)

5. 반복적인 자살 행동, 자살 시늉, 또는 자살 위협 또는 자해 행동

6. 현저한 기분의 변화에 따른 정동 불안정성(예를 들어, 간헐적이고 심한 기분 저조, 성마름, 또는 불안이 보통 몇 시간 지속되지만 며칠씩 지속되는 경우는 드묾.)

7. 만성적 공허감

8. 부적절한 강한 분노 또는 분노 조절 어려움(예를 들어, 자주 울화통을 터뜨림, 항상 화나 있음, 반복적인 몸싸움)

9. 일시적인, 스트레스와 관련된, 편집적 사고 또는 심한 해리 증상

이러한 정의는 수로 증상의 기술(description)에 기초하고 있어서, 본질적으로 범주적이다. 하지만 정체성 장해 그리고 어느 정도의 정동적 불안정성과 만성적 공허감이 다른 기준의 기술적 수준을 넘어서는 심리적 구성개념을 포함한다. 9가지 기준 중 5가지 기준이 나타날 때 경계선 인성장애 진단을 내리는데, 이러한 정의는 경계선 인성장애를 지닌 개인이 다소 이질적인 집단을 형성한다는 사실과 일치한다.[4] 이 책을 읽을 때, 경계선 내담자들이 어떤 핵심 병리를 공유하는 반면, 임상적으로 매우 여러 가지 모습을 지닐 것임을 명심하는 것이 중요하다. 우리의 임상 사례들은, 어떻게 어떤 내담자들은 좀 더 외현적으로 공격적으로 나타나는 반면 다른 내담자들은 좀 더

---

[4] J. F. Clarkin, P. A. Foelsch, K. Levy, J. W. Hull, J. C. Delaney, & O. F. Kernberg. 경계선 인성장애 내담자에 대한 심리역동 치료의 개발: 행동 변화의 예비적 연구(The Development of a Psychodynamic Treatment for Patients with Borderline Personality Disorder: A Preliminary Study of Behavioral Change). *Journal of Personality Disorders*, 15, (2001): 487-495.

철수하는 것으로 나타나는지 등에 대해 보여 줄 것이다. 어떤 경우이든, 이러한 DSM-IV 정의는 심리적 구성개념 차원보다는 증상의 기술에 좀 더 근거하고 있다는 사실로 인해 경계선 인성조직이란 개념보다 좀 더 협소하고 제한적이다.

2. 경계선 인성조직(BPO)이란 무엇인가, 그리고 그것은 어떻게 경계선 인성장애(BPD)보다 좀 더 넓은 이해와 개념적 틀을 제공하는가?

경계선 인성조직은 심리적 기능의 범위를 기술하기 위해 Kernberg에 의해 발전된 개념이다.[5] 경계선 인성조직은 더 높은 수준인 신경증적 인성조직과 더 낮은 수준인 정신증적 인성조직 사이에 있다. 경계선 인성조직은 DSM-IV 경계선 인성장애와 함께 다음의 DSM-IV 인성장애들을 포함한다. 즉, 분열성, 분열형, 편집성, 연극성, 자기애성, 반사회성 및 의존성이다. 덧붙여서, 경계선 인성조직은 DSM-IV에는 포함되지 않지만 정신분석적 전통에서 기술된 인성장애들을 포함한다. 즉, 가학피학성, 건강염려증 및 악성 자기애 증후군. 신경증적 인성조직 수준에는 강박성, 우울-피학성 및 히스테리성 인성장애가 포함된다. 정신증적 인성조직 수준에는 비전형적 정신증들이 포함된다.

실제적인 목적에서, 이러한 체계는 실제에서 일반적으로 만나는 모든 심한 인성장애들을 같은 범주에 두며, 이들 장애들을 세 가지 넓은 심리적 기능 영역의 관점에서 관련짓는다. 이러한 체계의 임상적 이점은 이 개별 장애들의 공통 특징으로 인해 같은 치료 모형에 의해 효과적인 치료가 제공된다는 것이다. 다른 말로 하면, 이 책에서 기술할 치료는 좁은 DSM-IV 의미에서 정의된 경계선 인성장애에만 해당되는 것이 아니라, 경계선 인성조직 수준의 모든 인성장애들에 대해 폭넓게 이용된다. 임상적 관점에서, 경계선 범위에 있는 특정 인성장애로 진단된 개인은 다음 특징을 보일 것이다. ① 비특정적 자아 취약

---

5) O. F. Kernberg, 경계선 장애와 병리적 나르시시즘(*Borderline Conditions and Pathological Narcissism*). (New York: Jason Aronson, 1975).

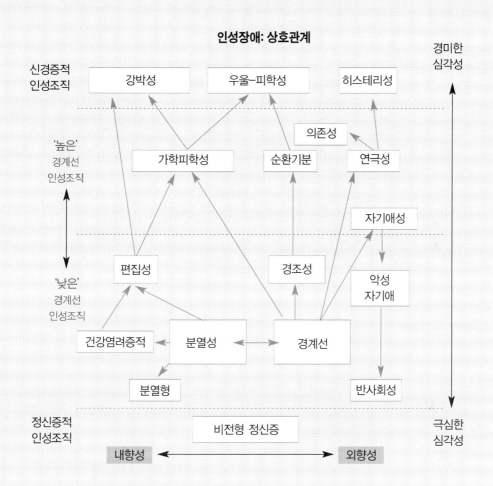

인성장애: 상호관계

성, ② 대인관계 장애, ③ 일과 사랑에 헌신하기 어려움, ④ 성적인 관계에서 어느 정도의 병리, ⑤ 초자아 병리.

개인의 인성조직 수준은 다음 세 가시 심리적 영역을 평가함으로써 결정된다.

1. 정체성 통합 대 정체성 혼미
2. 방어기제의 습관적 수준
3. 현실검증의 특성

경계선 인성조직 수준에는 다음 특징을 지닌 개인이 포함된다.
1. 정체성 혼미
2. 원시적 방어들의 습관적 사용
3. 일반적으로 온전한 현실검증. 하지만 현실검증은 스트레스 상황에서 일시적으로 중단될 수 있다.

3. 정체성 혼미란?

정체성 혼미란 개인의 발달 과정에서 내재화된 자기 및 타인 표상이 통합되기보다는 파편화된 특징이 있는 심리적 구조를 가리킨다. 정체성 혼미가 있는 개인은 핵심 또는 중심의 결핍을 느낄 수 있다. 그들은 일관된 신념, 가치나 목표 없이 살아가며, 분명한 방향감이 없다. 그들에게 의미 있는 것이란 그들 자신이 놓여 있는 상황에 의해 과도하게 결정될 수 있다. 정체성 혼미에 대해서는 대상관계 모델을 개관한 후에(질문 6 참조) 좀 더 자세히 설명될 것이다(질문 8 참조).

4. 현실검증이란?

정상적인 현실검증에는 세 가지 요소가 포함된다.

1. 자기를 자기-아닌 것으로부터 구분하는 역량
2. 자극 및 지각의 심리 내적 기원과 외적 기원을 구분하는 역량
3. 현실에 대한 일상적인 사회관습적 기준에 대한 공감 유지 역량

5. 원시적 방어기제란?

원시적 방어기제 개념에 대해서는 좀 더 설명이 필요할 것이다. 방어기제는 일반적으로 마음이 정동상태, 관련된 추동, 추동에 대한 내재화된 금지 및 외부 현실의 제약으로 주어지는 경쟁적인 압력에 의해 생기는 갈등과 타협하는 수단이다. 정상적인 심리 발달 과정에서, 개인은 유아기와 아동기에 우세한 원시적 방어로부터 건강한 개인의 심리적 삶에서 우세한 성숙한 방어로 나아간다. 성숙한 방어, 즉 합리화, 주지화, 유머 및 승화는 내적인 심리적 갈등을 다루는 데 있어서 그리고 외부 현실의 복합성에 적응하는 데 있어서 **융통성**을 제공한다.

반대로, 원시적 방어는 경직되어 있고 유연하지 못하며, 외부 현실에 성공적으로 적응하게 하지 못한다. 원시적 방어는 생애 첫해에 시작되는데, 그때 발달하는 아이는 강한 정동 및 관련된 추동 서로 간의 관계에서 그리고 외부 세계와의 관계에서 정동과 추동의 교차점에 대처하려고 한다. 리비도 정동과 공격적 정동이 충돌하는 것에 대한 불안으로부터 보호하려는 첫 번째 노력은 이들 정동들을 엄격히 분리시키고, 이들 정동들의 대상을 분리시키는 것이다. 이에 대해서는 대상관계 이론의 논의에서 좀 더 자세히 설명할 것이다. 현재로서 요점은 원시적 방어가 **분열**, 즉 좋고 나쁜 정동 및 좋고 나쁜 대상의 극단적인 분리를 중심으로 조직되어 있다는 것이다. 이러한 방어기제들은 개인의 마음 또는 내적 세계의 이상화된 부분을 공격적인 부분으로부터 보호한다. 이러한 분리는 마음의 상들의 통합을 해치면서 유지된다. 이러한 방어들은 외부 세계 또는 내적 정동에 대한 인지적 처리에 성공하지 못하기 때문에, 고통을 내적으로 통제하기보다는 종종 행동으로 드러나게 한다.

마음의 이러한 분열된 내적 구조는 세계에 대한 개인의 지각을 통해 드러나며, 그것은 범주적 용어로 체험된다. 주장은 강하지만, 안정적이지 않다. 사물은 좋거나 나쁘며, 좋고 나쁜 것은 즉시적 상황에 따라 달라질 수 있다. 이리한 갑직스런 변화는 경계선 개인이 경험하는 혼란스런 특성에 기여한다. 만약 한 친구가 그를 실망시켰다고 느낀다면, 그 사람은 갑자기 '블랙 리스트'에 올라갈 수 있다. 그때 긍정적 경험은 상황을 뒤바꿀 수 있다. 세상에 대한 좋고 나쁜 반응은 개인의 기분에 영향을 준다. 단 하나의 좌절로 인해 모든 것이 황량해 보이고, 그래서 우울한 기분이 될 수 있다. 뜻밖의 기쁜 소식이 모든 것을 일시적으로 행복한 상태로 바꿀 수도 있다. 좋고 나쁜 범주는 경직된 채로 남아 있고, 세상의 복합성과 특히 대인관계 상호작용을 다루는 데 있어서 융통성이 거의 없다. 개인은 상황의 미묘한 음영을 인식할 수 없거나 모호성을 감내할 수 없다. 이로 인해 지각의 왜곡에 빠지기 쉬운데, 왜냐하면 외부 세계는 경직되고 원시적인 내적 구조를 통해(그것에 동조하기 위해) 여과되기 때문이다. 그러므로 분열은 삶에 성공적인 적응을 제공하지 못하며, 경계선 내담자의 삶에서 많은 정서 및 대인관계 혼란을 설명할 수 있다.

6. 대상관계 이론이란 무엇인가, 그리고 그것은 경계선 인성과 전이 초점 심리치료에 어떻게 적용되는가?

대상관계 이론은 Freud 정신분석 이론의 발전이다. Freud는 많은 정신병리를 대체로 무의식적 추동과 이들 추동에 대해 내재화된 부분적으로 무의식적인 금지 사이의 갈등으로서 이해했다. 많은 증상들은 무의식적으로 결정된 타협으로서 이해될 수 있다. 타협은 추동을 어느 정도 만족시키면서도 금지를 어느 정도 존중하였다. 내담자가 무의식적 타협 증상을 경험하기보다는 의식적 수준에서 갈등을 자유롭게 다룰 수 있게 하기 위해 치료는 내담자가 추동과 금지 간의 갈등의 무의식적 측면을 의식하도록 돕는 것을 포함한다. 이에 대한 고전적 예는 히스테리성 전환 증상인데, 여기서 내적 금지와 갈등을 일으키는 성적 충동은 생리적 원인 없이도 마비를 가져올 수 있다. 마비는 몸에 집중함으로써 성적 충동을 어느 정도 만족시킬 수 있는 반면, 성적 충동의 충분한 표현을 억제시킴으로써 금지를 존중한다.

대상관계 이론은[6] [7] [8] Freud가 기술한 추동, 즉 리비도와 공격성이 추상적인 마음에서가 아니라 구체적인 타인, 대상과의 관계에서 체험된다는 것을 강조한다. 그러므로 마음 구조의 기본적인 '구성 요소'는 자기, 추동 또는 추동과 관련된 정동 및 타인으로 구성된 단위다. 이러한 자기, 타인 및 이들을 연결하는 정동의 단위들은 이자적 대상관계(object relations dyads)다. 이런

※※6) M. Klein, 시기심과 감사(*Envy and Gratitude*) (New York: Basic Books, 1957).

※※7) E. Jacobson, "자기와 대상 세계(The Self and the Object World)", *The Psychoanalytic Study of the Child*, 9 (1954): 75-127.

※※8) O. F. Kernberg, 내면 세계와 외부 현실: 대상관계 이론 응용(*Internal World and External Reality: Object Relations Theory Applied*) (New York: Jason Aronson, 1980), pp. 3-117.

그림을 다소간 복잡하게 하는 것은 이자관계의 자기와 대상이 자기 또는 타인의 전체에 대한 정확한 내적 표상이 아니라 오히려 초기 발달 과정에서 구체적인 순간에 경험되는 자기 및 타인 표상이라는 사실에 있다. 그러므로, 이자적 대상관계에 대한 좀 더 정확한 기술은 특정한 자기 표상이 특정한 대상 표상과 정동으로 연결된다는 것이다.

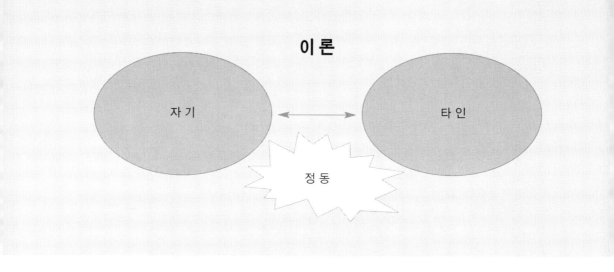

유아 발달 과정에서는 많은 내적인 이자관계들이 원형적인 경험에 근거해서 만들어진다.

유아가 발달하면서, 순간 대 순간의 경험 특성은 경험의 정동적 강도의 측면에서 다르다. 정동적 강도가 낮은 비교적 조용한 기간 동안, 유아는 주변 환경을 일반적 종류의 인지적 학습으로 받아들인다. 이러한 유형의 학습은 유아 동기 체계에 중대한 영향을 미치지 않는다. 반대로, 유아는 또한 높은 정동적 강도의 기간도 보낸다. 이는 보통 쾌를 원하는 욕구나 소망에 대한 경험과 관련되거나("나는 도움이 필요해/나는 더 원해.") 또는 두려운 경험이나 고통으로부터 떠나고 싶은 소망과 관련된다("그것으로부터 떠나고 싶어!").
쾌/만족의 전형적 경험은 유아가 배가 고픈데 어머니가 나타나서 반응해 줄
때 생기는 반면, 고통/좌절의 전형적 경험은 어머니가 어떤 이유에서건 반응
하지 않을 때 생긴다.

내담자의 내적 세계

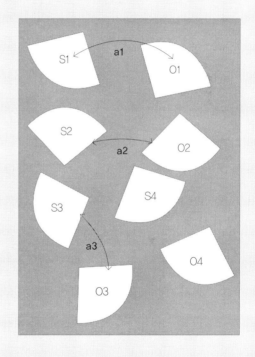

S = 자기표상
O = 대상표상
a = 정동

_____

예

S1 = 굴종적이고, 학대받은 인물
O1 = 가혹하고, 학대하는 권위 인물
a1 = 두려움

- - - - - - - - - - - - - - - - - -

S2 = 어린애 같고 의존적인 인물
O2 = 이상적이고, 베풀어 주는 인물
a2 = 사랑

- - - - - - - - - - - - - - - - - -

S3 = 강력하고, 통제적인 인물
O3 = 약하고, 노예 같은 인물
a3 = 분노

이러한 정동 강도의 절정 기간에는 타인과 관련된 자기가 포함되며, 심리 발달에서 정동이 실린(affect-laden) 기억 **구조**를 형성하는 것이 포함된다. 이에 대해 Kernberg는 "최고조에 이른 정동 경험은 보상적이거나 좋기만 하거나 또는 혐오적이거나 나쁘기만 한 축을 따라 조직된 원시적 대상관계의 내재화를 촉진시킬 수 있다. 다른 말로 하면, 유아가 최고조의 정동 상태에 있을 때 자기와 대상의 경험은 정동적 기억 구조를 형성하는 것을 촉진하는 강도를 획득한다."[9]라고 말했다. 이러한 정동이 실린 기억 구조는 발달하는 개인의 동기 체계에 영향을 주는데, 최고조의 정동 상태에서 유아는 생존에 중요해 보이는 것을 기억하고, 필요한 것을 획득하고, 고통스럽거나 위협적인 것을 피할 가능성이 높기 때문이다.

이자적 대상관계와 관련하여, 유아의 만족스런 경험에는 완벽한 지지적인 타인이라는 이상적 상과 만족하는 자기가 포함되는 반면, 좌절을 주는 경험에는 박탈하는 또는 학대하는 타인에 대한 전체적으로 부정적인 상과 궁핍하고 무기력한 자기가 포함된다. 비록 이런 상들이 대상의 전체성이나 연속성보다 시간적인 순간을 대표하지만, 기억 구조에는 위에서 언급한 것과 같이 부호화된다. 이 체계는 돌보는 사람이 일반적으로 주의를 기울이고 지지적임에도 불구하고 유아는 가학적이고 박탈하는 대상상을 내재화할 수 있는데, 일시적인 좌절 또는 박탈 경험 때문이다. 비슷한 방식으로, 돌보는 사람이 일반적으로 방임하고 또는 학대적임에도 불구하고 유아는 사랑스럽고 지지적인 대상이라는 내재화된 상으로 이끌어지는 드물지만 만족스런 경험을 할 수 있다.

유아의 정동은 강렬한데, 정동에는 미성숙한 포유류가 쾌/돌봄 추구와 위

---

9) O. F. Kernberg, 인성장애와 성도착에서의 공격성(*Aggression in Personality Disorders and Perversions*) (New Haven: Yale University Press, 1992), p. 13.

험 회피를 통해 생존하도록 돕는 생물학적 기능이 있기 때문이다. 이러한 정동의 강도는 물론 경계선 내담자의 정동의 질적 특성이 될 수 있다. 유아 발달 과정에서, 많은 정동적인 경험은 다음과 같은 방식으로 내재화된다. 즉, 한편으로는 마음의 한 부분이 만족스런 경험에 기초해서 이러한 이상화된 상들로 이루어지며, 다른 한편으로는 한 부분이 부정적이고 혐오적이고 평가절하된 상들로 이루어진다. 마음 안에서 이런 부분들에 대한 적극적인 분리가 발달한다.

이러한 분리의 목적은 만족감을 준다고 지각되는 대상에 대해 따뜻하고 애정 어린 감정으로 물든 이상화된 표상을 격노와 미움의 정동과 관련된 부정적 표상으로부터 보호하는 것이다. 좀 더 순수한 인지 심리학과 구분되는 대상관계 이론의 한 가지 측면은 이들 표상이 단지 인지적 상들이 아니라 매우 강한 원시적 정동들, 특히 박탈하는 대상에 대한 미움과 연관된다는 것을 강조하는 데 있다. 미움은 파괴 소망으로 정의되기 때문에, 좋고 나쁜 부분을 분리하는 것은 '좋은' 자기 표상과 타인 표상을 '나쁜' 표상과 관련된 미움에 의한 파괴 위험으로부터 보호하기 위해 이러한 원시적 심리 구조에서 필요한 것이다. 이러한 분리는 분열이라는 내적 기제이며, 원시적 방어기제의 패러다임으로서 그리고 경계선 병리의 핵심적인 것으로서 앞에서 언급한 바 있다.

질문 8과 13에서는 대상관계 이론에 의해 이해되는 개인의 내적 세계의 이후 발달에 대해 논의할 것이다.

분열 조직

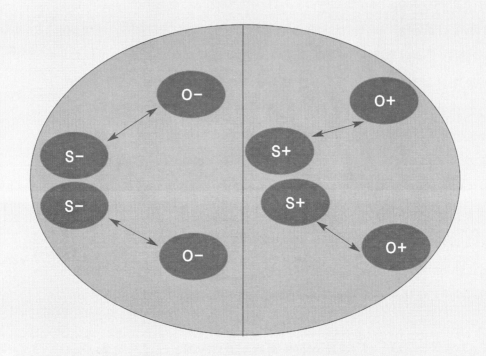

7. 방어기제는 내재화된 대상관계 관점에서 어떻게 이해되는가?

앞에서 언급되었듯이, 방어기제 개념은 개인이 불안을 막아 내기 위해 사용하는 습관적인 심리적 방략을 가리킨다. 정신분석적 관점에서, 불안은 내적 정동, 내적 금지, 외부의 위협으로부터 또는 이들 사이의 갈등으로부터 생겨난다. 방어기제는 대체로 그것을 통해 개인이 자신을 둘러싼 세계와 삶에 적응하도록 얼마나 잘 돕는지에 따라 좀 더 성숙할 수 있다. 일반적으로 좀 더 성숙한 방어기제의 사용은 정상적인 심리 발달에 달려 있다. 그러나 경계선 인성을 포함하는 정신병리의 어떤 영역은 성인이 일차적인 방어기제로서 원시적 방어기제를 계속해서 사용하는 것으로 이해될 수 있다. 어떤 개인이 이러한 조야한 체계를 유지할 것이라는 것이 이상해 보일 수 있지만, 원시적 방어기제조차 불안 문제를 다루는 기본적인 방법을 제공한다는 것을 기억해야 할 것이다.

대상관계 모델의 관점에서, 자기표상과 대상표상의 조직은 방어기제 수준과 밀접하게 관련된다. 예를 들어, 자기표상과 대상표상이 기본적인 분열을 중심으로 조직된다면, 이러한 분열은 지각된 위험에 대한 불안을 다루기 위한 어떤 형태의 대처 기제를 제공한다. 그 위협이 내적 압력에 의해 유발되었든지 또는 외적 자극에 의해 유발되었든지 간에 그렇다(이 구분은 내담자에게 항상 명확하지는 않다). 다른 말로 하면, 만약 방어가 원시적으로 조직된 개인이 뭔가 불쾌하거나 위협적인 것에 마주치면, 그 대상은 '나쁘기만 한' 범주에 놓여지며, 여기서 그것은 좋은 함의를 지닌 것과는 '안전하게' 분리된다.

이것이 불안을 컨테인하는 한 가지 방식이기는 하지만, 성공적인 적응을 방해한다. 예를 들어, 만약 불쾌감이 자기 내부에서 온다면, 자기는 미움과 공격의 대상이 될 수 있다. 그 대신에, 자기 안의 불쾌감이 자기의 부분으로서는 부인되고 외부에서 오는 것으로 체험될 수 있으며, 혼란을 가져오며, 결과적으로 현실에 대한 좋지 못한 적응을 가져올 수 있다. 그러므로 분열의 한 부분이 외부 대상에서 기원하는 것으로 체험될 때, 분열은 종종 투사의 원시적 형태로 나타난다.

다른 원시적 방어기제들은 분열된 내적 구조에서 유래된다.

- 투사적 동일시는 투사된 것을 다른 사람에게 불러일으키는 동시에 그 사람을 통제하려는 무의식적 경향성으로 특징지어진다. 그 사람은 내담자의 투사된 측면의 지배 아래 기능하는 것으로 가정된다. 단순한 투사와 비교해서, 투사적 동일시는 내담자가 다른 사람, 가령 치료자에게 자기의 부인된 부분을 유발할 수 있는 방식을 포함한다. 예를 들어, 자신의 공격적 감정을 견뎌 낼 수 없는 내담자는 미묘한 (때로는 그렇게 미묘하지 않은) 방식으로 내담자가 부인한 정동(공격성)을 치료자가 경험하게 함으로써 치료자를 자극하고 좌절시킬 수 있다. 정동이 외부에서 오는 것으로 지각된다면 그리고 내담자에게 무의식적으로 그것을 통제할 수 있는 감각이 있다면, 정동은 덜 위협적이고 덜 혼란스러울 것이다.

  투사적 동일시의 특성은 치료자가 역전이를 잘 조율해야 하는 이유 중의 하나다. 치료자 자신의 어떤 감정은 내담자의 내적 세계의 부인된 측면을 반영할 수 있다는 치료자의 깨달음을 통해 치료자는 그 내적 세계를 이해하는 데 필요한 자료를 얻도록 도울 수 있다.

- 원시적 이상화/평가절하는 고전적인 '좋기만 한/나쁘기만 한' 분열의 발현이다. 이것은 치료에서 상이한 형태를 취할 수 있다. 때로 치료자는 다른 사람이나 이상화된 내담자에 비교해서 평가절하될 수 있다. 예를 들어, 내담자는 다음과 같이 말할 수 있다.

선생님은 돌봐 줄 줄 몰라요. 제 고향에 계신 목사님은 정말 잘 알았어요, 목사님이 선생님 대신 여기에 있다면⋯⋯. 나는 아픈 사람이긴 하지만 선생님에 비하면 건강의 화신이에요. 최소한 나는 동정심이 뭔지는 알아요. 나는 사람들에게 관심이 있어요. 중요한 게 뭔지도 알아요. 선생님은 아무것도 안 하고 거기 앉아서, 선생님을 만나러 오는 어리석은 사람들을 이용해서 돈만 엄청나게 벌고 있어요. 선생님은 사악해요.

반면에 어떤 내담자는 치료자를 이상화하고 자기 자신을 평가절하할 수 있다.

나는 무기력해요. 나는 지금 스물 다섯 살인데, 대학 졸업장도 없어요. 선생님은 매우 똑똑하고 배우신 분이에요. 내가 좋아질지라도, 나는 행복할 수 없을 거예요. 왜냐하면 나는 선생님처럼도 선생님 주변 사람들처럼도 될 수 없기 때문이에요. [그것은 물론 내담자가 상상하는 것이다.]

- 경계선 내담자에게서 부인한다는 것은 일반적으로 두 개의 정서적으로 독립적인 의식 영역, 즉 내적 분열의 두 가지 측면을 체험할 때의 영향을 부인하는 형태를 띤다. 내담자는 그들의 지각, 사고 및 감정은 순간순간 완전히 반대가 될 수 있다는 것을 깨달을 수 있지만, 이러한 깨달음은 정서적 영향이 없고, 지금 이 순간 그들의 감정에 영향을 주지 않는다. 내담자의 경우 인지적으로 자각하고 있는 모순에 관해 염려나 불안이 뚜렷이 결핍되어 있다. 이는 자신의 안녕이나 중요한 관계에 대해 위험을 수반한 상황에 관한 무관심으로 입증될 수 있다. 한 가지 예를 들면 어떤 내담자가 밤늦게 혼자서 도시의 매우 위험한 지역을 운전하는 습관이 있는데, 이에 대해 아무 걱정하는 기색이 없는 것이다.

부인에 대한 이러한 논의를 통해 중대한 사실이 부각된다. 즉, 경계선 개인은 그들의 내적 갈등의 두 측면에 대해 어느 정도 자각하지만, 이러한 자각은 **통합된 전체로 연결되지 않는다.** 어느 한 시점에서 그들은 보살핌에 대한 전오이디푸스적 소망과 오이디푸스적 성애(좀 더 성숙하지만 갈등적이고 성적인 욕망)가 다양하게 혼합된 분열의 긍정적 면을 경험한다. 다른 지점에서 그들은 증오하는 파괴소망이 있는 분열의 부정적 측면을 경험한다. 경계선 내담자 치료의 예술은 이러한 공존하는 측면을 좀 더 뉘앙스가 있는 전체로 통합하는 데 있어서의 장애를 이해하는 것이다.

반대로, 신경증적 개인은 억압이 핵심 요인인 갈등에 의해 특징지어진다. 억압은 분열에서 나타나는 경쟁적인 심리 내적 힘들이 좀 더 잘 조직되고 내적으로 분리된 좀 더 안정적인 상태다. 신경증적 개인에게서, 무의식적 내용(보통 '받아들일 수 없는' 충동)은 일관되게 억압되고 치료에서 더디고 힘든 작업을 통해서만 의식적으로 자각하게 된다. 반대로, 경계선 개인은 내적 갈등의 다른 측면들을 번갈아 자각하며, 부인을 통해 모순되는 내용이 의식에 공존하는 것과 연관될 수 있는 그런 불안 없이 이러한 상태를 견뎌 낼 수 있게 된다.

• 전지전능과 전지전능 통제는[10] 만성적으로 기저하는 편집적 전이에 대한 반응으로 치료 초기에 대부분의 경계선 내담자들에게 전형적으로 나타난다(2부 질문 17의 '만성적 전이의 발전' 참조). 이러한 기초적인 편집적 전이에는 타인에 대한 근본적인 불신, 즉 타인과의 친밀성에 대한 갈망에 굴복하게 되면 불가피하게 거절, 버림받음, 이용, 굴욕 및 학대를 당하게 된다는 신념이 포함된다. 결과적으로 내담자들은 관계하고 있는 대상을

■ ■ ■ 10) O. F. Kernberg, "전이와 역전이에서의 전지전능(Omnipotence in the Transference and in the Countertransference)", *The Scandinavian Psychoanalytic Review 18*(1995): 2-21.

통제하고 있다고 느낄 때에만 안전하게 느낄 수 있다. 회기 중에는 명백히 역설적인 내담자의 상황에서 이런 점을 가장 극적으로 볼 수 있다. 내담자는 치료에 도움을 받으러 왔지만, 쉬지 않고 말함으로써 회기를 독점하고 치료자가 개입하지 못하게 한다. 치료자가 끼어들려고 할 때마다, 내담자는 즉석에서 무시하거나 묵살한다. 결국 다른 사람이 그들을 떠나거나 학대할 거라는 (종종 무의식적) 신념을 가지고 삶을 헤쳐 나가는 사람의 관점에서 보면 이런 것이 이해가 된다. 그 결과, 최고의 고려 사항은 할 수 있는 한 타인을 통제하는 것일 것이다. 그 방식은 종종 타인이 내담자의 삶에 의미 있게 들어오지 못하게 하며, 타인의 깊이나 개별성을 없애며, 치료자를 이러한 '비현실적 인물'로 만들어 버린 것과 관련해서 내담자 자신의 중요성이 무의미해지는 방식이다. 역설적으로, 종종 정확히 비공감적이고, 거만하고, 독점적이고, 평가절하하고, 거부적인 행동이 전지전능한 통제를 구성하는데, 이로 인해 다른 사람들이 떠나고 싶게 된다.

8. 경계선 내담자의 내적 심리 구조의 발달은 정상인과 어떻게 다른가?

정상 발달에서, 분열된 좋은 부분과 나쁜 부분은 1~3세 사이에 통합된다. 이를 통해 더 이상 이런 분열에 의해서가 아니라 좋고 나쁜 특징을 모두 포함하는 자기표상과 타인표상에 의해 특징지어지는 내적 세계가 가능해지며, 현실 세계의 복잡성에 대해 좀 더 적응할 수 있게끔 인성의 융통성이 생겨난다.

이러한 통합이 이루어지면, 개인은 이상적이고 완벽한 제공자와 가학적인 학대자의 영역에서 '충분히 좋은' 타인, 좀 더 현실적인 입장의 영역으로 이동한다. 내적 상들의 이러한 통합은 두 가지 요인에 의해 추진된다. 첫 번째는 인지적 발달, 즉 극단적인 반대로 이루어진 분열 모델이 현실적인 사람의 복잡성에 맞지 않는다는 것을 지각하는 개인 대부분의 능력이다. 두 번째 요인은 개인 대부분의 개인적 발달에서 좋고 만족스러운 경험이 나쁘고 좌절스러운 경험보다 더 많이 주어지는 것이다. 이러한 좋은 경험이 보급됨으로써 극단적인 미움 반응 없이 어떤 나쁜 경험을 견뎌 낼 수 있게 된다. 이러한 통합의 발달은 Melanie Klein이 기술한 우울 포지션에 해당한다. 우울 포지션이 바람직하지 않은 상태처럼 들릴 수 있지만, 우울 포지션에 선행하고 위에서 기술되었듯이 비현실적으로 극단적인 내적 표상에 의해 특징지어지는 편집 분열 포지션보다는 더 나은 것이다. 이 포지션이 편집적이라 불리는 것은 분열의 나쁘고 박해하는 측면이 일반적으로 외부 대상에 투사됨으로써, 공격성이 외부로부터 온다고 개인이 습관적으로 예상하게 하기 때문이다. 우울 포지션이 그렇게 명명된 이유는 이상적인 제공자라는 상이 상실되는 것이며, 그래서 이 이상적 대상에 대한 애도를 포함하기 때문이며, 그리고 '나쁜 대상'을 향했었던 미움에 대해 죄책감을 체험하기 때

문이다. 나쁜 대상은 이제 좀 더 복합적인 통합된 대상의 부분으로서 받아
들여진다.

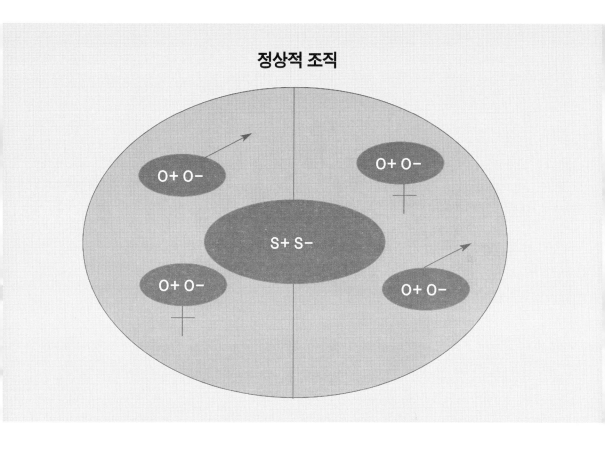

만약 우울 포지션을 가져오는 심리적 통합이 일어나지 않는다면, 개인에게
는 분열된 내적 조직이 남게 되며, 이는 나중 삶에서 경계선 인성에 해당한
다. 정체성 혼미는 이러한 분열된 내적 구조의 파편화된 특성으로부터 생겨난
다. 많은 통합되지 않은 이자적 자기 대상들로 인해 특정 순간 개인의 주관적
경험이 다양하게 결정되며, 경험이 비연속적이라는 느낌이 생겨나며, 관계,
의미 있는 일, 목표 또는 가치에 헌신하는 데 큰 어려움이 생겨난다.

9. 심리 구조란?

 이러한 '내적 분열 대 통합' 의 상태는 심리구조라 일컫는 것의 핵심에 있다. 정상 발달 과정에서, 심리 구조는 이자적 대상관계가 Freud의 원초아, 자아, 초자아의 삼원 구조를 구성하기 위해 재편성되는 것으로 자세히 설명된다.[11] 그러나 경계선 인성조직을 지닌 개인은 Freud가 기술한 좀 더 충분히 발전된 삼원 구조를 성취하기 위해 분열 구조를 충분히 해결하지 못한다. 이 입문서의 목적상, 우리는 분열된 구조 대 통합된 구조의 매우 기본적 수준에서 심리 구조를 논의할 것인데, 전이초점 심리치료의 목표가 내담자를 전자에서 후자로 발전하도록 돕는 것이기 때문이다.

■■■ 11) O. F. Kernberg, Freud 보존과 개정: David Scharff와의 면담(Freud conserved and revised: an interview with David Scharff). 정신분석 100년: 미래를 위한 Freud의 유산(*The psychoanalytic century: Freud's Legacy for the Future*). Edited by D. Scharff. (New York: Other Press, 2001).

10. 경계선 장애가 아닌 사람이 분열된 심리조직 수준에서 기능하는 상황이 있는가?

그렇다. 한 가지 예는 사랑에 빠질 때 열중의 체험이다. 여기에는 타인을 '좋기만 한' 것으로 경험하는 상태로 퇴행하는 요소가 포함된다. 또한 커플에게서 원시적 수준의 심리기능을 발견할 수 있는데, 그들의 장기적인 친밀 관계에는 상호 간의 투사적 동일시가 포함될 수 있다. 각자는 자기 자신에게서 인정하지 못하는 정동을 다른 사람에게 유발할 수 있다.[12]

다른 예는 대규모의 구조화되지 않은 집단 과정에서 일어난다. 그런 상황에서 사람은 경험하는 불안으로 인해 어떤 위협이나 협박을 '나쁘기만 한' 것으로 보는 경향을 갖게 된다. 집단 장면에서 이러한 퇴행은 그 외에는 성숙한 사람들이 구조화되지 않은 집단의 부분으로서는 극단적이고 비합리적인 행동을 할 수 있는 이유를 설명할 수 있다.[13]

---

12) H. V. Dicks, 부부관계의 긴장(*Marital Tensions*) (London: Karnac Books, Basic Books, 1967), pp. 70-84.

13) W. R. Bion, 집단에서의 경험 및 다른 논문들(*Experiences in groups and other papers*) (New York: Basic Books, 1961), pp. 141-143.

11.

원시적으로 분열된 심리조직에서, 이자적 대상관계 속에서 그리고 관계들 사이에서 어떤 상호작용이 예상될 수 있는가?

각 이자관계는 통합되지 않은 심리 상태에서 경직되고 고정된 질적 특성을 지닐 수 있지만, 여러 이자관계는 많은 방식으로 변화할 수 있다. 첫째, 특정 순간 개인의 주관적 경험을 결정하는 데 있어서 현재 활성화되는 한 이자관계는 다른 이자관계로 갑자기 바뀔 수 있다.

둘째, 한 이자관계의 양극은 대상의 특성이 갑자기 자기의 특성이 되거나 아니면 그 반대가 되는 의미에서 갑자기 변할 수 있다. 이러한 변화는 42쪽 그림의 위 두 화살선에서 나타난다.

특히 흥미로운 것은 이런 변화가 개인의 주관적 경험과 행동에 큰 영향을 미칠 때, 종종 개인이 자각하지 못한 채 일어난다는 것이다. 예를 들어, 자기 자신을 상황의 희생양으로 보는 내담자는 의식적으로 역할 변화를 깨닫지 못한 채 화를 내고 공격적이 됨으로써 갑자기 학대자의 역할을 맡을 수 있다. 내담자는 자신의 행동이 변했다는 것은 깨달을 수 있지만, 이러한 행동이 공격적 인물을 동일시하는 것을 나타낸다는 것은 깨닫지 못할 수 있다. 대신, 그의 주관적 경험으로는 그 행동이 학대하는 인물에 대한 정당한 반응이라며 그 역할을 계속하는 것일 수 있다.

이자관계들이 상호작용할 수 있는 세 번째 방식은 한 이자관계가 반대되는 이자관계에 대해 팽팽하게 대립하며 존재할 수 있다. 42쪽 그림의 첫째, 셋째 화살선 사이의 관계에서 나타난다. 예를 들어, 박해 대상과의 관계에서 의심하고 두려워하는 자기를 포함하는 한 이자관계는 완벽하게 돌봐 주는 대상과의 관계에서 돌봄을 동경하는 자기를 포함하는 이자관계와 대립해서 존재한다. 특정 시점에서 우세한 이자관계는 반대 이자관계에 대한 자각을 방어한다. 체계의 불안정성은 한순간 방어했던 이자관계가 우세한 이자관계가 되거나 반대가 되는 방식으로 나타난다. 이런 개념에 대해 다음의 임상 예에서 예시될 것이다.

내담자의 내적 세계

S = 자기표상
O = 대상표상
a = 정동

예

S1 = 굴종적이고, 학대받은 인물
O1 = 가혹하고, 학대하는 권위 인물
a1 = 두려움

S2 = 어린애 같고 의존적인 인물
O2 = 이상적이고, 베풀어 주는 인물
a2 = 사랑

S3 = 강력하고, 통제적인 인물
O3 = 약하고, 노예 같은 인물
a3 = 분노

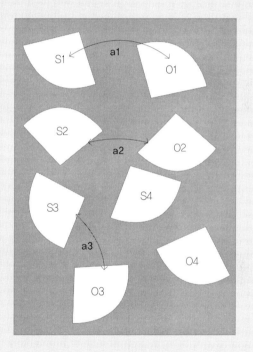

대상관계 상호작용:
왔다 갔다 하는 것과 방어

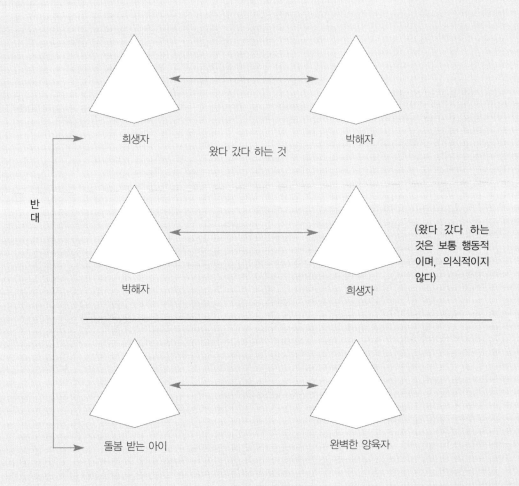

희생자   왔다 갔다 하는 것   박해자

박해자   희생자

(왔다 갔다 하는 것은 보통 행동적이며, 의식적이지 않다)

반대

돌봄 받는 아이   완벽한 양육자

12. 경계선 인성조직과 경계선 인성장애는 어떻게 평가하는가?

구조적 면접[14]은 임상적 평가로서 조직화된 체계적 평가방법을 제공하며 또한 평가를 진행하는 데 있어서 내담자와의 상호작용을 활용하는데 통찰과 직관이 중요하다. 간략히, 이 면접에는 내담자의 증상에 대해 철저한 검사를 실시하고 증상에 대한 내담자의 이해와 태도를 묻는 것이 포함된다. 이렇게 증상을 조사한 후에는, 내담자의 자기 개념 및 중요한 타인과의 관계에서의 자기 개념을 타인과의 관계에 관한 개인력 정보에 따라 조사한다. 이렇게 증상에 대한 조사 및 관계에 대한 개관이 이루어진 후에야 전통적인 개인 발달력이 도출된다.

구조적 면접이란 용어가 시사하듯이, 면접은 개인력보다는 현재의 심리 구조를 평가하는 데 더 강조점을 둔다(앞의 질문 8, 9 참조). 면접 과정 동안 치료자는 내담자의 방어 수준, 대인관계의 질 및 현실검증 역량을 주의 깊게 평가한다.

구조적 면접의 흐름은 다음과 같다.

초반에는, 치료자가 현재 증상과 증상에 대한 내담자의 태도에 관해 질문함으로써 시작한다.

> ○○씨가 어떻게 오게 되었는지, 어떤 문제나 어려움이 있는지, 치료에서 기대하는 게 뭔지, 그리고 이런 점에 있어서 지금 어떤 상태인지 알고 싶습니다.

■■ 14) O. F. Kernberg (1981). "구조적 면접(Structural Interviewing)", *Psychiatric Clinics of North America* 4(1981): 169-195.

치료자는 다음으로 내담자에게 자기 자신에 대한 견해를 묻는다.

○○씨의 증상에 (또는 어려움에) 대해 말했는데요. 이제 자기 자신에 대해, 자기 인성에 대해 말해 주겠어요? 내가 ○○씨를 한 인간으로서 진정으로 느끼려면 중요한 게 뭘까요?

중반에는, 치료자는 가능한 한 충분한 기술을 얻어 내기 위해 내담자의 자기 기술을 더 얻으려 하며, 계속해서 다른 사람을 기술하는 내담자의 역량에 관해 탐색한다.

한 인간으로서 ○○씨 자신에 관해, ○○씨가 자신을 어떻게 지각하는지, 다른 사람이 ○○씨를 어떻게 지각하는지에 관해 알고 싶어요. 주어진 시간 안에서 ○○씨에 대해 깊이 있는 시각을 얻기 위해 도움이 될 만한 것은 무엇이든 알고 싶어요.

내담자가 자기기술을 끝마치면, 치료자는 계속 질문한다.

○○씨의 현재 삶에서 가장 중요한 사람에 대해 알고 싶어요. 다시 한 번 그들에 대해 실제로 생생하게 알 수 있도록 말해 주겠어요?

면접에서는 내담자의 정체성 통합 대 정체성 혼미 상태에 대한 느낌을 감지하기 위해 내담자의 자기 및 타인에 대한 기술을 강조한다. 좀 더 복잡하면서도 일관된 기술은 더 높은 수준의 정체성 통합을 반영한다. 좀 더 파편화되고, 비연속적이고, 모순적이거나 아주 빈약하고 피상적인 기술은 정체성 혼미를 반영한다.

면접의 후반에는, 내담자의 현실검증력을 평가한다. 이를 위해 치료자는 내담자 면접에서 이상하거나 모순되어 보이는 요소들로 되돌아가서 물어본다.

○○씨가 얘기한 것 중에 이상해 보이는 것이 있는데, 내가 뭘 얘기하는 건지 아시겠어요?

다음 질문으로 면접이 끝난다.

내가 물어봐야 했거나 묻지 말았어야 했던 게 있습니까?

13. 경계선 인성조직의 기원은?

경계선 인성조직의 주요 특징이 분열된 내적 구조이기 때문에, 이러한 분열된 내적 구조로부터 좀 더 통합된 구조로 넘어가기 어렵게 하는 것이 무엇인지 고찰함으로써 경계선 인성조직의 기원에 대한 질문을 다룰 수 있다. 병인론에 대한 논의에는 다음 다섯 가지 상호 관련된 요인들에 대한 고찰이 포함된다.

1. 정동(Affects)
2. 기질(Temperament)
3. 성격(Character)
4. 인성(Personality)
5. 외상(Trauma)

정동은 심리생리적인 행동 패턴으로, 즐겁거나 고통스런 주관적 체험, 즉각적 상황에 대한 인지적 평가, 근육 및 자율신경계의 방출 패턴, 그리고 매우 중요하게는 유아/보호자 상호작용에서 중대한 의사소통 기능을 하는 특정한 표정을 포함한다. 정동은 개인의 신경화학 체계에 의해 강하게 영향받는데, 신경전달물질은 중요한 역할을 하며, 잠재적으로 정동 반응의 역기능적 강도를 결정한다.

기질은 정동 조절에 대한 유전적으로 결정된 강도, 리듬 및 역치의 표현이다. 그것은 정동 활성화를 결정하는 정동 조절의 타고난 소인으로 고려될 수 있다. 내향성과 외향성이 아마도 정동 조절과 연결된 기질적 차원인 것과 마찬가지로, 기질 역시 인지적 유형의 요소를 포함한다.

성격은 기질과 인간 환경 사이의 상호작용에서 비롯된다. 그것은 기질과 대상관계를 연결하는 습관적인 행동 패턴의 통합이다. 다른 말로 하면, 성격이 자기와 타인에 대한 습관적 관계로 표현되기 때문에 성격은 기질이다.

인성은 기질, 성격, 인지적 잠재력, 내재화된 가치의 통합이다. 이 마지막 개념은 초자아 발달과 관련되며, 현재 논의의 범위를 벗어난다.[15]

외상에는 신체적 또는 성적 학대, 만성적 방임, 또는 심리적 외상이 포함될 수 있다. 그리고 심하게 좌절된 삶의 상황, 만성적으로 고통스러운 신체 질병, 또는 초기의 오랜 분리가 포함될 수 있다.

위의 요인들을 고려할 때, 경계선 인성조직 발생에 가장 중요한 단일 병인론적 힘은 개인이 자신의 심리적 삶에 성공적으로 통합할 수 없는 과도한 공격성이다. 개인은 이 공격성을 통합하기보다는 분열시킨다. 이러한 강한 공격성의 부담에는 정동의 신경화학적 체계, 정동 활성화의 타고난 역치(기질), 또는 성격과 외상의 상호작용이 포함될 수 있다. 후자와 관련해서, 만약 한 아이가 신체적 또는 성적 학대나 방임에 노출되면, 강한 부정적 정동을 지닌 이자적 대상관계의 내재화가 증가될 것이다. 이로 인해 내적 세계의 통합이라는 발달 과제는 좀 더 어려워진다.

정상적으로 기대할 수 있는 상황에서는, 발달하는 아이는 결국 이상적 어머니와 박해하거나 방임하는 어머니가 같다는 인지적 자각을 하게 된다. 마찬가지로, 아이는 사랑스러운 자기와 분노하고 위협받은 자기가 같다는 것을 깨닫게 된다. 정상 발달에서 좋은 경험이 나쁜 경험보다 우세하다는 사실이 이러한 깨달음에 도움을 준다. 이는 내적 세계의 좋은 측면을 강화해서 아이는 나쁜 측면과 관련된 일부 정동을 방출하는 데 있어서 그로 인해 좋은 측

■ ■ 15) O. F. Kernberg (1984). 심한 인성장애(*Severe Personaltiy Disorders*) (New Haven: Yale University Press, 1984), p. 277.

면이 완전히 파괴될 것이라고 두려워하지 않을 수 있게 된다. 만약 아이에게 부정적 경험이 우세해 왔다면, 분열된 나쁜 측면은 좀 더 강력하고 위협적으로 느껴질 것이다. 그러므로 분열을 유지하는 것이 심리적 경험의 이상화된 부분을 박해적인 나쁜 측면의 파괴적 힘과 그것과 관련된 격노와 미움으로부터 보호하기 위한 유일한 대안으로 보일 수 있다.

나아가 분열 구조는 시간이 지나면서 수립된 내적 표상의 타당성을 개인에게 '확증'하는 것으로 보이는 반복된 상호작용을 통해서 유지된다고 가정된다.

개인의 내적 세계에 대한 이러한 '확증'은 그럴듯하지만 다소 순환론적이다. 그것은 다음의 두 가지 현상에 근거한다. ① 현재 상호작용에 대한 개인의 지각과 경험은 객관적이지 않고, 극단적이고 통합되지 않은 내적 표상을 통해 처리된 것이며, 개인이 사물을 있는 그대로가 아니라 그러리라 예상하는 대로 지각하게 만든다. ② 개인은 내적 표상에 따라 자동적으로 행동하는 경향이 있고, 종종 다른 사람으로부터 개인의 내적 체계 안에서 두렵지만 예상되는 바로 그 반응을 (예를 들어, 거부나 버림받음) 유발한다.

이런 논의로부터 경계선 인성에 대한 대상관계적 이해는 깊은 인성조직에, 즉 자기 및 타인에 대한 개인의 경험을 결정하는 마음의 내적 구조에 근거한 공식화를 제공한다는 것이 명백하다. 그것은 증상이나 행동에 초점을 두는 하나의 모델이나 치료보다는 장애에 대해 좀 더 포괄적인 이해를 제공한다.

2부

치료의
본질은?

A primer of **transference focused** psychotherapy for the borderline patient

14. 전이초점 심리치료란?

전이초점 심리치료 또는 TFP는 심리역동 심리치료의 특별한 변형이다. 이 치료는 심리역동 심리치료의 원칙을 기본으로 하지만, 경계선 내담자의 특별한 문제를 적절히 다루기 위해서 정신분석 이론의 어떤 측면을 특별히 강조하면서 심리역동 치료의 몇몇 수정 기법을 포함한다.

1) 이 치료의 근간은 대상관계 모델이며, 그에 따라 이해와 변화를 일으키는 열쇠로서 전이를 강조한다. 왜냐하면 내담자의 내적 대상표상 세계가 전이 안에서 펼쳐지고 또 '산다'고 믿기 때문이다.

2) 이 치료의 방략, 기략 그리고 기법은 이후 장에서 깊이 논의할 것이다. 이러한 방략, 기략 그리고 기법이 다소 복잡하지만, 전이초점 심리치료의 핵심에는 다음의 두 가지 중요 지침이 있다.

a) 치료자는 어떤 해석 작업이 이루어지기 전에 적절한 치료 구조를 수립하고 유지하는 데 주의를 기울여야 한다. 이렇게 구조에 주의를 기울이는 것은 그 자체가 주요 과제이고, 치료자가 발달시켜야만 하는 필요한 기술이며, 적절한 치료 계약을 어떻게 설정해야 하는지 알면서 시작된다. 적절한 구조가 없다면, 경계선 병리의 혼란이 치료를 압도해 버릴 수 있다.

b) 이 구조 안에서 작업하게 되면, 내담자의 내적 세계의 관계 양상이 치료자와의 관계에서 펼쳐지는데 따라서 치료자는 이에 초점을 맞추어야 한다.

이러한 초점을 유지하는 것은 세 가지 이유에서 어려울 수 있다.

첫째, 내담자는 종종 치료 시간 밖의 자료를 논의한다. 이 자료가 정동으로 점유되어 있다면 적절할 수 있지만(4부-B 질문 39의 '경제적 원칙' 참조), 그렇지 않다면 이것은 지금 치료 관계에서 무엇이 일어나고 있는지를 종종 흩뜨릴 수 있다. 치료자와의 지금 관계에 초점을 두는 것이 중요한데, 그 이유는 여기서 내담자가 관계를 어떻게 지각하는지 치료자가 가장 정확한 감을 얻을 수 있고, 여기서 정동이 즉시 일어나기 때문이다.

둘째, 치료자가 내담자의 내적 세계의 중요한 측면을 다루는 데 미묘하게 저항을 느낄 수 있는데, 치료자의 이러한 개입이 내담자에게 분노에 찬 방어적 반응을 일으킬 수 있다고 치료자가 감지할 때다.

셋째, 행동화가 이해하려는 작업을 위협할 수 있다. 이것은 내담자의 내적 세계를 탐색하고 해석하는 것을 실행할 수 있기 이전에 치료의 구조를 유지하는 것이 왜 첫 번째 작업 순서인지를 말해 준다.

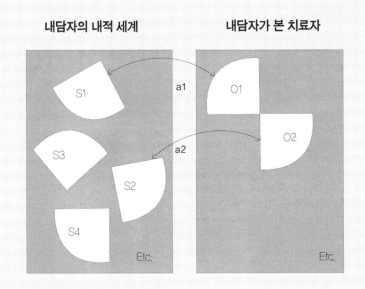

15. 내담자가 전이초점 심리치료에 적합 또는 부적합한지의 기준은?

전이초점 심리치료는 경계선 인성조직(BPO) 내담자의 치료를 위해 고안된 것이다. 전에 제시한 다이어그램에서(1부, 질문 2) 지적했듯이, 경계선 인성조직은 DSM-IV 축II에서 소위 군집 A와 B 인성장애와 대략 일치한다. 여기에는 군집 A의 분열성 및 분열형 인성장애와 군집 B의 경계선, 반사회성, 자기애성 인성장애가 포함된다. 따라서 주요한 적합 기준은 경계선 인성조직을 보이는 내담자라는 것이다. 또한 전이초점 심리치료로부터 도움을 받으려면 평균 또는 그 이상의 지능이 필요하다.

부적합 준거는 다음과 같다.

- 물질남용
- 섭식장애
- 순 반사회성 인성장애(true antisocial personality disorder)
- 치료 동기로서 이차적 이득

더 상세하게 설명하면, 우리가 경험한 바로는 약물남용이나 섭식장애가 진행 중인 경계선 인성장애 내담자에게 전이초점 심리치료를 진행하려면 그 전에 이러한 증상을 통제하는 데 초점을 두어야 한다. 경험에서 보면 물질남용을 보이지 않는 상태가 6개월 이상 지속되면 이것이 적절한 통제하에 있다고 볼 수 있으며 이때 전이초점 심리치료를 시작하기에 적합하다. 우리는 순 반사회성 인성장애를 배제시켰는데, 임상 경험에 의하면 이들은 전이초점 심리치료나 다른 어떤 치료에도 반응하지 않기 때문이다. 중요하게 지적되어야 할 점은 DSM-IV 축II상의 반사회성 인성장애와 Cleckley 전통에서 이해되는 순 정신병질적 인성은 중첩되지만 같은 것은 아니라는 것이다.[1] DSM 정의는 행동에 초점을 두는 반면, 전통적인 의미에서 순 반사회성 인성은 양심 및 공감 능력의 완전한 결여에 근거한다. 이러한 사람들은 타인에게 전혀 관심이 없고, 예외라면 목적을 위한 수단으로 다른 사람을 이용하고 착취할 수 있는 정도다. 반면, 어떤 사람은 DSM의 반사회성 인성장애 진단 준거에 맞기는 하지만 아직 약간이나마 공감 능력과 다른 사람에 대한 관심이 있을 수 있다. 거짓말, 도벽, 무책임, 체계를 착취하는 개인력이 있을 수 있는 이러한 사람들을 반사회성 특질(traits)을 가진 것으로 간주할 수 있다. 이러한 사람들의 경우 비록 성공적으로 치료하기 가장 어렵기는 하지만, 치료 가능한 범주 안에 들어간다.

반사회성 인성을 가진 사람들은 수동적 유형과 공격적 유형으로 나눌 수 있다(Henderson, 1939).[2] 이 두 유형의 사람들 모두에게 세상은 오직 두 종류 사람들로만 구성되어 있다. 감탄과 두려움의 대상인 착취하는 강자와 착하고 친절할지 모르지만 착취당하며 살아가는 약자이다. 반사회성 수동형은 강자를 앞지르려고 시도하면서 강자에게 복종하는 체하는 식으로 강자를 다루는 것을 배워 왔다. 더 기생적인 형태의 이 반사회성 인성의 사람들은 '양의 탈을 쓴 늑대'와 비슷하다. 이들은 어떤 경우 자기 자신의 공격성을 부인하고 자신이 남들을 착취하는 것을 자신이 그동안 견디어 온 부당한 대우를 보상하기 위한 것이라고 정당화한다. 그들은 적어도 즉각적인 분노와 공격성을 통제하고 조직적으로 착취할 수 있는 능력이 어느 정도 있다. 이것은 비록 예후는 극히 좋지 않더라도 치료적 개입을 허용할 수 있는 자아기능의 수

■ ■ ■ 1) H. Cleckley, 멀쩡한 가면(*The Mask of Sanity*) (4th ed.) (St. Louis: Mosby, 1976).

■ ■ ■ 2) D. K. Henderson, 정신병질적 상태(*Psychopathic States*) (London: Chapman and Hall, 1939).

준을 시사한다.

반사회성 인성장애 내담자가 부적합한 것과 마찬가지로 치료의 주요 동기가 명백히 이차적 이득을(4부-A, 질문 37 참조) 얻으려는 (아마도 반사회성 수동형일 수 있는) 내담자, 예컨대 실제 생활의 책임(예를 들어, 생활을 위해 돈을 벌어야 할 필요성)을 피하려고 하거나, 심리치료를 피신처로 취함으로써 법적인 곤란을 피하고자 하는 내담자도 부적합하다.

16. 엄격한 부적합 기준 이외에 다른 예후 요인이 있는가?

있다. 가장 중요한 예후 요인은 다음과 같다.

– 부정적 치료 반응
– 만연된 공격성
– 대인관계의 질
– 호감이 가는 외모
– 지능

부정적 치료 반응(negative therapeutic reaction)은 조금 호전되거나 진척이 있을 바로 그때 어떤 내담자들이 치료에 대해 갖는 부정적인 반응이다. 이러한 반응은 역설적으로 보이지만 내담자의 역동에 원인이 있다. 여기에는 세 가지 기본적인 유형이 있는데, 심각성의 순서가 가장 약한 것에서 가장 심한 것으로 정렬해 본다.

1) 호전되는 것에 대한 내담자의 무의식적 죄책감에 기인한 부정적 반응.
2) 치료자에 대한 내담자의 시기심에 기인한 부정적 반응. 이것은 여러 자기애성 내담자에게 전형적인데, 특히 악성 나르시시즘(malignant narcissism) 증후군이 있는 내담자에게 전형적이다. 이러한 증후군은 일반적으로 (종종 어렵기는 하지만) 치료될 수 있는 가장 심한 수준의 경계선 인성조직으로 기술된다. 여기에 포함되는 자기애성 인성은 반사회성 행동 (behavior)을 보이지만 적어도 어느 정도의 공감 능력, 자아동조적 공격성, 그리고 강한 편집성 특질을 가진다. 이러한 진단을 받은 내담자는

특히 자기보다 우월하다고 지각되는 사람에게 강한 시기심을 경험한다. 이것이 치료에 특별한 어려움을 야기한다. 치료자가 자신을 돕는다고 느끼는 바로 그 시점에서, 그들은 치료를 악랄하게 공격하거나 치료를 공격하는 방법으로서 자신을 공격한다. 이것은 자신을 돕는 치료자의 능력을 치료자가 우월하다는 신호로 경험하고 그 결과 굴욕을 느끼기 때문이다. 그러므로 그들은 조금이나마 호전되는 것을 치료자의 우월성에 대한 증거로 지각하는 것을 허용하기보다는, 그들의 신체적 통합성 또는 그들의 삶을 희생하고서라도 치료자를 패배시키려고 시도할 수 있다. 내담자가 이러한 역동을 보이면, 치료자는 내담자의 '패배로 인한 승리'를 피하기 위해 이를 강력하게 해석해야 한다.

3) 자기파괴성을 다른 사람, 고통과 장애, 심지어는 삶과 죽음에 대해 승리하고 지배하는 것으로 경험하는 내담자의 부정적 반응. 이러한 반응 형태를 보이는 내담자들은 악성 나르시시즘 또는 반사회성 인성장애의 진단 유목에 해당된다. 이것은 만연된 공격성, 즉 공격성이 내담자의 모든 생활 영역에서 계속 나타나는 상황이라는 부정적 예후 요인과 관련된다.

대인관계의 질에 관해서, 대인관계가 좋은 것이 더 좋은 결과와 관련된다는 것은 자명한 일이다. 빈곤한 대인관계의 역사는 깊은 관계나 친밀한 관계를 맺을 능력이 없는 것이 특징이며, 치료에서 좋지 못한 예후 요인이 된다. 그러나 중요하게 언급해야 할 점은 임상 경험과 연구 결과[3]를 보면 성적 문란함과 같은 병리적인 양상의 관계조차도 사회적 고립이나 성적 관계가 없는

■ ■ 3) J. W. Hull, J. F. Clarkin, & F. Y. Yeomans, "경계선 인성장애와 충동적 성 행동(Borderline Personality Disorder and Impulsive Sexual Behavior)," *Hospital and Community Psychiatry 4*(1993): 1000-1002.

것보다는 더 좋은 예후 요인이라는 것이다. 호감이 가는 외모는 좋은 예후와 연관되지만[4], 특히 근친상간이 있는 경우는 호감이 가는 외모가 좋은 예후를 보장하지는 않는다.

■■■4) M. Stone, 경계선 내담자의 운명(*The Fate of Borderline Patients*) (New York: Guilford Press, 1990), 146-149.

17. 전이초점 심리치료에서 어떤 변화를 기대할 수 있는가?

경계선 인성장애를 위한 대부분의 치료와 마찬가지로, 전이초점 심리치료는 장기 치료다.[5] 좀 더 행동지향적인 치료와는 달리, 전이초점 심리치료는 행동 변화는 물론 기저하는 인성조직의 변화를 목표로 한다. 치료가 내담자의 분열되고 파편화된 내적 구조를 통합하는 데 성공한다면, 내담자는 행동화의 감소와 같은 증상의 변화뿐만 아니라 자기 자신을 경험하고 다른 사람과의 관계를 경험하는 데서 근본적인 변화를 경험하며, 삶을 더 보람 있고 만족스럽게 경험한다.

전이초점 심리치료에서 첫 번째로 관찰되는 변화는 대개 내담자의 충동적 행동이 감소되는 것이다. 그다음 대개 정동 조절의 개선이 뒤따른다. 그러나 치료실 밖에서 내담자의 행동이 개선되는 것과 대조적으로 치료 회기 내에서는 강렬한 느낌에 집중한다. 사실, 회기 내에서 정동이 강렬해지지 않는다면, 치료자는 치료가 생산적인 방향으로 전개되지 않는 것은 아닌지 염려해야 한다. 정체성 혼미의 감소는 일반적으로 마지막의 가장 깊은 변화인데, 왜냐하면 이것이 내적인 심리 구조의 통합과 함께 오기 때문이다. 임상 경험으로 보면 가장 심각한 행동화의 통제는 흔히 치료의 처음 6개월에서 12개월 사이에 이루어진다. 구조적 인성 변화(통합)의 증거는 치료 1년 뒤에 나타난다. 그러나 의미 있는 구조적 변화에는 대개 최소한 2년이 필요하며 흔히 그 이상 수년의 치료가 필요하다.

■■5) J. C. Perry, E. Banon, & F. Ianni, "인성장애를 위한 심리치료의 효율성(Effectiveness of Psychotherapy for Personality Disorders)," *American Journal of Psychiatry 156*(1999): 1312-1321.

치료 과정에서, 대개 내담자의 만성적인 기저선(baseline) 전이가 전개된다. 우리가 순간순간에 기초한 즉각적인 전이에서 빠른 전환이 일어난다는 것을 강조하기는 했지만, 대다수의 내담자는 자기 자신과 세상에 대한 경험을 결정짓는 데 있어서 다른 것보다 우세한 주요 전이가 있다. 대개 경계선 내담자들은 만성적인 편집적 전이를 가지고 치료를 시작한다. 즉, 자신의 열망, 자신의 전오이디푸스적 및 오이디푸스적 소망은 거부당하고, 괴롭힘이나 모독을 당할 것이라는 가정이다. 다른 말로 하면, 그들의 분열된 내적 세계에서, 내적 분열의 부정적 측면으로부터의 대상관계가 긍정적인 측면으로부터의 대상관계보다 더 생생하거나 또는 더 안전한 것 같다.

치료 과정에서 이 만성적인 편집적 전이는 대개 우울적 전이로 진전된다. 이 전이는 더 통합된 내적 세계와 일치한다. 이 내적 세계는 ① 대상이 완전한 것은 아니지만(이상적인 대상의 상실), 사랑을 주고 보호해 주는 것으로 경험되며, ② 자기는 대상에 대한 사랑을 경험할 수 있으며, 이 사랑은 과거의 파괴적인 충동과 관련된 좌절, 분노, 죄책감과 공존할 수 있다(우울 포지션).

변화에 대한 더 자세한 자료를 보려는 독자는 10부, 질문 79를 참조하길 바란다. 이 변화는 전이초점 심리치료의 1년간의 치료 경험 연구에서 증명된 것이다.

18.

경계선 내담자를 위한 치료를 개발하기 위해서 전이초점 심리 치료는 전통적 심리역동 심리치료를 어떻게 수정하는가?

전통적 심리역동 심리치료가 경계선 병리에 성공적으로 적용되기 위해서는 어떤 수정이 필요하다. 그 수정 원칙은 다음과 같다.

- 전이초점 심리치료는 치료 계약을 더 강조한다.
- 전이초점 심리치료 치료자는 전통적 치료보다 (직접적인 언어적 의사소통에 반해) 의사소통의 비언어적 및 역전이 경로를 더 많이 활용한다(의사소통 경로에 대해 더 많은 것은 4부-B의 질문 40 참조).
- 전이초점 심리치료 치료자는 일반적으로 전통치료보다 더 적극적으로 개입한다.
- 전이초점 심리치료는 기법적 중립성에서 벗어날 때도 있다.
- 전이초점 심리치료 중 치료자는 좀 더 건강한 내담자와 전통적 치료를 할 때 만나는 것보다 훨씬 더 강한 수준의 정동을 경험하고, 받아들이고, 다루어야 한다.

우리는 이 입문서 전체를 통하여 이러한 수정에 대해서 자세히 설명하겠다. 지금은 이 중에서 마지막 것을 좀 더 상세히 설명하겠다. 경계선 내담자와 작업을 하려면 극도로 강한 정동을 다룰 수 있는 치료자의 능력과 의지가 필요하다. 이러한 내담자들의 내적 세계에 들어간다는 것은 원초적 자료와 접촉하게 되는 것이며, 이는 치료자 측에 상당한 정서적 체력을 요한다고 할 수 있다. 치료자의 독특한 역할은 이러한 정동이 통제된 환경 안에서 나타나게끔 하는 것이다. (치료 계약을 통하여 치료의 틀을 수립함으로써) 치료 환경은 통제될 수 있지만, 그럼에도 불구하고 정동은 극도로 강렬하다. 치료자는 극도의 사랑과 갈망 그리고 미움과 공격성에 노출될 수 있고 작업할 수 있어야만 한다. 이러한 의미에서, 치료에 지능과 지식 둘 다 필요하기는 하지만, 치료는 단순히 지적인 경험이 아니라, 정서적 경험이기도 하여 내담자의 강렬한 정동 세계에 휘말리지 않으면서도 이에 노출되는 것을 필요로 한다. 한가지 다소 극적인 비유는 치료자를 율리시즈에 비유하는 것이다. 그는 사이렌의 노랫소리에 반응하여 행동하지 않으면서 이를 듣기 위하여 배의 돛대에 자신을 묶었다. 그럼으로써 그는 노래에 따라 행동하지 않으면서도 노래를 들을 수 있었다.

치료자에게 특별한 정서적 부담의 하나는 내담자가 실제로 자살할 가능성을 고려할 수 있어야 하는 것이다. 만약 치료자가 이러한 가능성을 정서적으로 받아들일 수 없다면, 이러한 내담자군을 치료하는 데 커다란 어려움이 있을 것이다. 자살에 대한 공포는 치료자가 효과적으로 작업하지 못하도록 마비시킬 수 있다. 치료가 잘 되면 자살 위험이 상당히 낮아지지만, 보증을 할 수는 없다.

19. 경계선 인성장애와 경계선 인성조직을 위한 주요 대안적 치료는?

우리는 치료의 세팅(setting)과 치료의 형식(format), 그리고 치료의 방략과 기법을 구별할 수 있다. 먼저 세팅에 대해 논의하겠다. 자살 위험이 가장 높을 때 경계선 내담자는 자기 파괴를 통제하기 위해 종종 입원하게 된다.[6] 낮병동 치료가 입원 후 혹은 입원을 피하기 위해 종종 사용되는데, 통제를 유지하고 일상적인 기능(자기 계획, 자기 돌보기, 그리고 일하기)을 증진시키려는 목적에서다.[7][8] 그러나 외래 환자로 보는 것이 대부분의 경계선 내담자를 위한 표준 치료 세팅이다.

보편적인 치료 형식은 개인치료, 집단치료, 부부치료 및 가족치료다. 집단치료는 모든 치료 세팅에 사용될 수 있으며, 입원 및 낮병동 세팅에 흔히 있다. 외래 환자 집단치료에 대해서는 연구되어 오고 있으며[9], 집단 기술 훈련은 Linehan의 변증법적 행동치료에 필수적인 부분이다.[10]

---

6) G. O. Gabbard, L. Coyne, & J. G. Allen, "심한 인성장애 환자의 집중적인 입원 치료 평가(Evaluation of Intensive Inpatient Treatment of Patients with Severe Personality Disorders)," *Psychiatric Services* 51(2000): 893-898.

7) A. Bateman, & P. Fonagy, "경계선 인성장애의 치료에서 부분 입원의 효율성: 무선화 통제 연구(The Effectiveness of Partial Hospitalization in the Treatment of Borderline Personality Disorder: A Randomized Controlled Trial)," *American Journal of Psychiatry* 156(1999): 1563-1569.

8) A. Bateman, & P. Fonagy, "경계선 인성장애의 심리역동적 부분 입원 치료 18개월 추수 연구(Treatment of Borderline Personality Disorder with Psychoanalytically Oriented Partial Hospitalization: An 18-month Follow-up)," *American Journal of Psychiatry* 158(2001): 36-42.

9) H. Monroe-Blum, E. E. Marziali, "경계선 인성장애의 단기 집단치료의 통제 연구(A Controlled Study of Short-Term Group Treatment of Borderline Personality Disorder)," *Journal of Personality Disorders* 9(1995): 190-198.

경계선 내담자를 위해 기술되어 온 가장 일반적인 **치료 방략과 기법**은 지지 치료, 인지행동치료, 심리역동 치료의 방략과 기법이다. Rockland는 특히 경계선 내담자를 위해 심리역동 지지치료를 기술했다.[11] 이것은 매우 사려 깊게 고안해 낸 치료로서 지지적인 일관성과 희망적인 태도를 결합해서, 많은 치료자들이 이러한 내담자와 작업하는 데 이 치료에 매력을 느낀다. 이 치료의 목적은 위기를 겪고 있는 내담자를 간직하고 떠받치는 것이며, 그 시간 동안 작은 발전을 이루도록 격려하는 것이다.

Linehan[12]의 인지행동치료의 목표는 내담자의 지각과 경험을 검증해 주고, 그러한 맥락에서 내담자가 적응적인 삶의 기술을 특히 대인관계 맥락에서 배우도록 지원하는 것이다. 치료의 과정은 개인 작업과 집단 형식을 병행한다.

경계선 내담자를 위한 심리역동 치료에는 많은 접근법이 있다. Waldinger[13]는 주요 심리역동 접근법 간의 공통점과 차이점을 논의했다. Gunderson[14]은 경계선 내담자의 개인치료에서 정신분석의 공헌을 논의했다. 대부분 대안적인 심리역동 접근들은 지지적 기법을 정신분석 기법과 명시적으로 결합시키고, 전이초점 심리치료보다 전이 및 중립성의 역할과 해석의 중심성에 덜 분명하게 초점을 둔다.

---

10) M. M. Linehan, 경계선 인성장애의 인지행동 치료(*Cognitive-Behavioral Treatment for Borderline Personality Disorder*) (New York: Guilford Press, 1993).

11) L. Rockland, 경계선 내담자의 지지치료: 심리역동 접근법(*Supportive Therapy for Borderline Patients: A Psychodynamic Approach*) (New York: Guilford Press, 1992).

12) M. M. Linehan, 경계선 인성장애의 인지행동치료(*Cognitive-Behavioral Treatment for Borderline Personality Disorder*) (New York: Guilford Press, 1993).

13) R. J. Waldinger, "경계선 내담자의 집중적인 심리역동 치료: 개관(Intensive Psychodynamic Therapy with Borderline Patients: An Overview)," *American Journal of Psychiatry, 144*(1987): 267-274.

14) J. G. Gunderson, 경계선 인성장애: 임상 지침서(*Borderline Personality Disorder: A Clinical Guide*) (Washington, DC: American Psychiatric Publishing, 2001), pp. 235-292.

전이초점 심리치료는 경계선 내담자에 대해 가장 정교화된 심리역동 및 대상관계 접근이며[15], 성과 자료를 내놓고 있다(10부, 질문 79 참조). 전이초점 심리치료는 주당 2회 치료시간을 갖는 개인치료 형식으로 만들어졌다. 치료의 목적은 증상 개선과 인성조직의 본질적 변화다. 이전에 기술해 온 바와 같이, 이 치료는 그 목적이 원대하므로, 반사회성 인성장애를 가지지 않는 경계선 조직의 내담자와 장애에 대해 심각한 이차적 이득을 갖지 않은 경계선 조직의 내담자에게 제공할 것을 권고한다.

---

15) J. F. Clarkin, F. E., Yeomans, & O. F. Kernberg, 경계선 인성의 심리치료(*Psychotherapy for Borderline Personality*) (New York: John Wiley and Sons, 1999).

3부

치료 방략

A primer of **transference focused** psychotherapy for the borderline patient

20. 치료 방략이라는 개념은?

전이초점 심리치료를 어떻게 수행하는지에 대한 치료자의 이해를 조직화하기 위해, 우리가 해야 하는 작업을 세 수준으로 개념화해서 논의하겠다. 첫 번째 광범위한 수준은 치료 방략에 관한 것이다. 이것은 치료의 장기 목표와 관련이 있으며 내담자의 자기표상과 대상표상이 통합되어 인성의 변화를 가져온다는 개념에 직접적으로 기초하고 있다.

치료 시간과 내담자의 삶이라는 이 '실제' 세계에서 상황은 매우 혼란스러울 수 있는데, 다양한 주제와 문제가 혼합되어 있고, 행동화가 나타날 수 있으며, 강력한 정동이 개입될 수도 있기 때문이다. 방략은 이러한 때 근본적으로 내담자 내적 세계의 구조를 작업하는 중심과제에 치료자가 초점을 유지할 수 있도록 한다.

치료의 기략은 매회 치료 시간에 치료자가 주의를 기울여야 하는 과제로, 이 책의 4부에서 기술할 것이다. 치료 기법은 치료 시간 내에서 순간순간 일어나는 것을 치료자가 일관되게 다루는 방식이다. 이는 5부에서 기술할 것이다.

방략, 기략, 기법 간의 관계

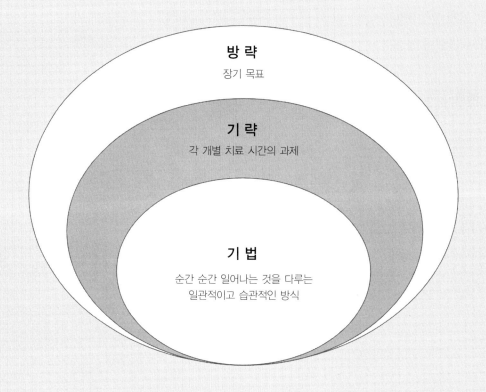

방 략

장기 목표

기 략

각 개별 치료 시간의 과제

기 법

순간 순간 일어나는 것을 다루는
일관적이고 습관적인 방식

21. 구체적 치료 방략은?

방략 I – 주된 이자적 대상관계를 드러나게 한다.

방략 II – 지배적 이자관계의 역할 반전이 치료 시간에 일어나는 것을 관찰하고 해석한다.

방략 III – 내담자의 마음에서 서로 방어하고 있는, 그래서 내적 갈등과 통합 결여를 지속시키는 이자 대상관계의 연결을 관찰하고 해석한다.

방략 IV – 전이에서 시작되는 더 성숙하고 통합된 정동 경험을 정교화하고 훈습한다. 그리고 이러한 변화에 비추어 내담자의 주요 관계를 모두 재검토한다.

모든 치료 방략은 정체성 혼미를 해결하기 위하여 분열된 부분대상의 통합이라는 전체적인 목표를 가지고 있다. 우리는 각 방략을 더 충분히 기술할 것이다.

방략 I. 주된 이자적 대상관계를 드러나게 한다. 이 과정은 4단계로 나뉠 수 있다.

- A단계: 상호작용에서 나타나는 특유한 자기표상과 대상표상을 확인하려면, 그전에 치료자는 이것이 전이에서 펼쳐질 수 있게끔, 먼저 내담자의 내적 세계의 혼란을 경험하고 참아 내도록 자신을 허용할 수 있어야만 한다. 초보 치료자는 때로 혼란을 경험할까 봐 불안해한다. 이것은 부분적으로 치료자가 완벽하고 모든 것을 즉시 이해할 거라는 내담자의 소망에 대한 반응이다. 더 숙련된 치료자는 이러한 초기의 혼란이 혼란스러운 내담자의 내적인 주관적 경험에 대한 공감이라는 것을 알게 된다.

- B단계: 이러한 초기의 혼란에서 벗어나, 치료자는 상호작용의 그 시점에서 내담자가 자기 자신과 치료자를 어떻게 경험하는지에 대한 가설을 발전시킨다.
- C단계: 치료사는 자신이 알아차린 이자관계를 내담자에게 제시한다. 이것은 역할 연기자 명명하기로 불린다. 예를 들어, 치료자는 다음과 같이 말할 수 있다.

> 지금 여기서 보면 ○○씨는 자신이 아무것도 이해할 수 없는 무력한 아이이고 나는 강압적으로 이해시키려 하는 화가 많이 난 부모처럼 느끼는 것 같네요.

- D단계: 그리고 나서 치료자는 자신의 가설에 대한 정확성을 평가하기 위해 내담자의 반응을 관찰한다. 상호작용에 대한 치료자의 기술을 내담자가 부인하는 것은 그것이 정확하지 않다는 것을 의미하는 것은 아니다. 즉, 강하고, 정서가 들어간 부인은 명백한 동의만큼이나 확증을 시사할 수 있다. "그런 것 같지는 않은데요." 또는 "그렇지는 않다고 생각해요."와 같은 조용한 반응은 지금 활성화된 이자관계에 대한 기술이 정확하지 않다는 증거일 가능성이 더 많은 것 같다.

치료 방략은 해석 과정(5부, 질문 50과 51)과 관련된다. 첫 번째 방략과 관련해서, 내담자가 치료자와 자신에게 부여하는 역할을 의식적으로 자각하지 못한다면, 확실하게 역할 연기자 명명하기라는 바로 그 활동이 내담자에게 새로운 자각을 가져올 수 있도록 해석 과정에서 첫 번째 단계가 될 수 있다.

방략 II. 주된 이자관계의 역할 뒤바뀜이 치료 회기에서 일어나는 것을 관찰하고 해석한다.

시간이 지나면, 때로 같은 치료 시간 내에서 그리고 때로 여러 치료 시간에 걸쳐, 원래 대상표상이 자기표상이 되고, 그 반대로 자기표상이 대상표상이 되면서, 주된 이자적 대인관계가 뒤바뀌거나 '뒤집어진다'. 내담자가 다른 사람과 상호작용할 때 이러한 점이 매우 특성적이라 하더라도, 이러한 역할의 반전을 대개 자각하지 못한다. 치료자는 이러한 전환에 매우 예의 주시해야 하고 이러한 것이 일어나면 내담자에게 지적해 주어야 하는데, 두 가지 이유에서 이러한 역할 뒤바뀜을 자각하는 것이 언제나 쉬운 것은 아니다. 첫째, 이러한 역할 뒤바뀜은 치료 시간에서 정동이 고조된 시점에 종종 일어나므로 '한 걸음 뒤로 물러서서' 상호작용에 대해 분명하게 생각하기 어려울 때다. 둘째, 전환은 종종 비언어적 채널을 통해 일어나는데, 대개 치료자들이 이에 대해 언어적 채널만큼 따라가도록 훈련되지 않았기 때문이다.

예: 한 내담자가 치료자에게 치료 시간을 바꾸어 달라고 했다. 치료자가 그렇게 하기 어렵다고 설명하자, 내담자는 치료자가 공감해 주지 않고 자신을 잘못 치료하고 있다고 심하게 불평을 했다. 내담자는 자신은 치료에 최선을 다해 참여하는데 치료자가 매번 자신을 방해한다고 강조했다.

여기서 활성화된 이자관계는 약하고, 힘없는 자기가 강하고, 배려심 없는 타인에게 학대당하는 것이다. 내담자는 불평을 하면서 점차 흥분하기 시작했다. 그는 일어나 방을 걸어다녔다. 내담자는 치료자의 의자 앞에서 멈춰 치료자 앞에 우뚝 서서, 협박하는 식으로 치료자를 손가락으로 가리키며 치료자 같은 사람들이 결국 '대가를 치를 것'이라고 말했다. 이 시점에서 치료자는 내담자가 그것에 대한 자각 없이 이제 강력하고 학대하는 타인의 역할을 한다고 알아차렸다. 치료자는 내담자에게 앉으면 어떻겠냐고 조용히 묻고, 그리고 나서 내담자가 행동을 하는 동안, 그 시점에서 내담자는 치료자에게 비난하는 바로 그런 유형의 사람이 되었다고 지적했다. 치료자는 내담자가 이러한 가능성을 고려해 보기 어려울 수 있다는 사실을 공감했는데, 왜냐하면 내담자가 강력하고 학대하는 사람을 증오하기 때문에 바로 그러한 특성을 자신이 가졌다는 것이 매우 참기 어려울 수 있음을 치료자가 자각하기 때문이다. 치료자는 계속해서, 그럼에도 불구하고 만일 내담자가 그러한 특성을 갖는다면, 이를 자각하는 것은 매우 중요한데, 사람은 자각을 통해서만 그것에 대한 통제를 얻을 수 있다고 강조했다. 다른 말로 하면, 내담자가 자신의 그러한 면을 좋아하지 않는다면, 오직 자각을 통해서만 그것을 제압하고 수정할 수 있다.

이러한 예는 치료 작업이 왜 힘들고 반복적인지 암시해 준다. 내담자의 자기 부분이 자각되지 않는다면, 이것은 이러한 측면에 대해 생각하기를 내담자가 아주 싫어하기 때문이고, 이는 알아차림에 대한 저항으로 이끈다. 치료자는 저항에 기민해야 하며 필요하다면 저항에 초점을 맞출 수 있게 준비되어 있어야 하고, 내담자가 왜 새로운 방식으로 자신을 보는 것이 매우 힘들 수 있는지 알게끔 도와야 한다. 예를 들어 보면, 다음과 같다.

> ○○씨가 자기 안에 미움이나 공격성을 끔찍하게 싫어하기 때문에 그런 감정을 보기가 어렵습니다. 그러나 ○○씨가 이 시간에 그 상황을 살펴본다면, 그러한 감정이 ○○씨 안에 있다는 것을 볼 수 있는데, 그런 감정은 다른 사람들도 다 느껴요. ○○씨 안에서 그런 감정은 자각되지 않는 것 같지만 행동으로 직접 나타납니다.

방략 III. 내담자의 마음에서 서로 방어하고 있는, 그래서 내적 갈등과 통합 결여를 지속시키는 이자적 대상관계 간의 연결을 관찰하고 해석한다.

치료자가 깊은 수준에서 해석하기 위해서는 이 방략을 이해해야 하는데, 이 방략이 분열된 심리의 핵심을 다루는 것과 관련되기 때문이다. 상반된 내적 이자관계가 존재하는 것은 경계선 내담자의 분열된 내적 세계에 근본적인 것이다. 부정적인 정동을 수반하는 이자관계는 긍정적인 정동을 수반하는 이자관계에 반대하며 이를 방어한다. 대상관계 관점에서 이자관계는 원시적으로 조직화된 심리에 정동, 추동 및 금지를 '수반'한다. 정상적인 발달에서 이러한 이자관계는 더 발전되고 일관성 있는 자아, 초자아, 원초아의 심리 구조를 형성하는 것으로 전개된다.[1] 원시적인 심리에서 반대되는 표상과 정동의 이러한 과격한 분리로 인해 경계선 내담자들은 삶에서 혼란, 혼돈 그리고 고통을 많이 겪는다. 그러나 이러한 분리에는 이유가 있다. 해석 과정의 핵심은 이처럼 지속되는 분리의 '동기'를 찾고 설명하는 것이다.

상반되는 내재화된 이자관계의 고전적인 예를 들자면 주된 편집적 전이로 치료를 시작한 내담자가 강한 이상화 전이를 잠깐 경험함으로써 이 편집적 전이가 중단되는 경우이다. 이 경우에, 내담자는 처음에 치료자를 의심하는 것으로 보였고, 따라서 치료를 시작하며 치료자와의 관계에서 거리를 두고 떨어진 위치를 유지했다. 내담자는 종종 싸우는 투로, 자신은 아무도 믿을 수 없고 삶에서 유일하게 안전한 위치는 혼자일 수 있게 힘을 갖는 것이라고 말했다. 내담자는 치료자가 자신을 이용하고 결국 자신에게 상처를 줄 것이라는 신념을 표현하며, "선생님은 수입을 위해 단지 저를 사용하는 거예요." "선생님은 내가 선생님을 의지하도록 만들고 그리고 나서 버릴 거예요." "선생님은 나를 속이려는 거예요."라며 공격했다. 그러나 내담자가 치료 시간에 오고 있는 것은 이미 어느 정도 애착이 되었다는 표시다. 치료가 계속되면, 치료자의 이미지를 완벽한 제공자로서 보는 것과 관련해서 애착을 강렬하게 갈망하는 다른 표현이 나온다. 이러한 표현은 갑작스럽게 터져 나올 수 있는데, 치료자의 첫 번째 휴가에 아주 무관심한 것처럼 보이고, 그리고 나서 석달 후 우울해지는 것으로 나타나는 내담자의 경우 치료자가 다시 휴가를 간

■ ■ 1) O. F. Kernberg, 대상관계 이론과 임상 정신분석(*Object Relations Theory and Clinical Psychoanalysis*) (New York: Jason Aronson, 1976), pp. 34-43.

다는 소식에 극적으로 "그러나 가지 마세요. 제가 선생님 없이 어떻게 지내요?"처럼 말하는 것이다. 다른 식으로는, 이자관계에 대해 방어하는 반응은 미묘한 비언어적 의사소통으로 나타날 수 있는데, 예컨대 치료자가 자신에게 상처를 줄 것이기 때문에 치료자와는 아무런 관계를 맺고 싶지 않다고 말하면서도 간절한 눈빛이 보일 때다.

치료자에게 핵심적인 것은 이런 상반된 이자관계를 자각하도록 하는 것과 이런 이자관계가 계속 떨어져 있어야만 하는 이유를 이해하고자 하는 동기를 유발하는 것이다.

> ○○씨가 나를 매우 의심하고, 내가 ○○씨를 해칠 것이라고 생각하며, 나와 전혀 상관없이 지내기로 작정한 것 같네요. 반면 나와 가까워지는 것도 몹시 바라는 것 같아요. 아무도 ○○씨를 사랑할 수 없게 하니까, 그건 끔찍한 딜레마네요. 나와 좋은 관계를 바란다는 것을 알게 되면 ○○씨는 금새 약하게 느껴집니다. 상처를 받을 것이라 확신해서 반항적인 태도로 휙 넘어가게 되죠. 그게 ○○씨가 진짜 원하는 게 아니라서, 말했듯이 정말 딜레마예요.

방략 Ⅳ. 전이에서 시작되는 더 성숙하고 통합된 정동 경험을 정교화하고 훈습한다. 그리고 이러한 변화에 비추어 내담자의 주요 관계를 모두 재검토한다.

방략 Ⅳ를 감각 있게 진행하는 것은 어려운데, 이것은 치료에서 선행되었던 많은 것에 의해 좌우되기 때문이다. 그러나 다음의 예를 보면 치료적 대화가 전이에서 중심적이었던 주제를 어떻게 다루고 이를 내담자 삶의 다른 관계와 어떻게 짜맞추는지에 대한 감을 준다.

치료에서 오랜 시간 동안, 치료자가 어디를 갈 것이라고 알리면 내담자는 분노하고 치료를 그만둘 것이라고 위협했다. 이에 대한 치료 작업은 ① 내담자가 다른 사람에게 애착을 갖기 어려운 것은 다른 사람들이 자신을 돌보지 않을 것이고 자신을 버릴 거라는 내담자의 신념 때문임을 이해하고, ② 내담자가 자신의 내적인 타인의 이미지를 공격하고 파괴하는 것은 이 신념 때문이라는 데 초점을 둔다. 몇 년간 치료 후에, 내담자는 자기 막내가 결혼함과 동시에 집을 떠났기 때문에 '공허한' 감정을 느낄 때, 다음 대화가 있었다.

내담자: "그러니까, 지난번 선생님이 안 계실 때도, 계속 선생님과 연결되어 있다고 느꼈지만, 선생님이 안 계셔서 슬펐어요. 이건, 보통 때 느꼈던 분노보다 더 안 좋아요."

치료자: "그래서 나에게 화를 냈던 그때는, 상실감이나 슬픔을 느끼지는 않았나요?"

내담자: "네. 아마 그래서 지금 아무것도 못 느끼는 건지도 모르죠? 아주 공허하고 텅 빈 느낌이에요. 나는 아이들이 자라는 것을 바란 적이 없어요. 그런데 이제 다 커서 떠나갔어요. 어떤 사람들은 아이들이 자라서 집을 떠나는 것에 대해 분개하는데, 나는 그걸 이해할 수 있어요. 그러나 나는 아이들에게 절대로 화가 난 게 아니에요. 아이들이 착하고 내가 그 아이들을 사랑하니까요."

치료자: "○○씨가 아이들을 사랑하지만 공허하게 느끼는 것이 흥미롭군요."

내담자: "네. 사랑을 느끼지 못한다고 생각했는데, 아이들을 사랑한다는 것을 알게 되었어요."

치료자: "그걸 의심하지는 않지만, 아이들에 대해 다른 감정이 있다는 것을 인정하지 못하는 것 같네요."

내담자: "선생님이 가 버렸을 때 느꼈던 분노 같은 것이요?"

치료자: "화가 나면 ○○씨가 그 사람을 파괴할까 봐 화내는 것이 너무 두려운가 봐요."

내담자: "선생님이 떠나는 것을 나를 돌보지 않는 걸로 생각했죠."

치료자: "아이들에 대해 생각하는 것이 굉장히 어렵겠군요."

내담자: "그 생각 근처에도 갈 수 없어요. 그것을 생각해도 실제로 그렇지 않다는 것을 알이도 말이죠."

치료자: "그래서 ○○씨가 아이들에게 몹시 화가 나서 자신 안에 있는 아이들 이미지를 파괴할까 봐 염려하지 않는다면 아이들을 그리워할 수 있게 될 거예요."

내담자: (눈물을 글썽이며) "이제는 공허하지 않은 것 같아요. 아이들이 가 버려서 좀 화가 났죠. 그러나 아직 아이들을 사랑해요."

치료자: "그렇죠."

치료 기략

A primer of **transference focused** psychotherapy for the borderline patient

22. 치료 기략이란?

22. 치료 기략이란?

기략(tactics)은 치료 작업을 확실히 수행하기 위해 매 회기마다 치료자가 알고 있어야 하는 과제다. 기략에는 일반적 치료 작업을 수행하는 방법과 일어날 수 있는 복잡한 문제를 다루는 방법 두 가지 모두 포함된다. 기략에 숙달되면 치료자는 경계선 내담자를 치료할 때 일어나는 문제를 다룰 수 있고 치료가 장기간 비생산적으로 진행되는 것을 방지할 수 있다. 후자의 문제로 인해 초점 없이 진행되는 심리역동 치료에 대한 많은 비판이 있었다. 우리가 논의할 기략은 대부분의 심리역동 심리치료에 공통적이지만, 그중 어떤 것은 경계선 내담자의 치료에서 강조되거나 수정되어야 하는데, 그것은 이 치료에서 나타날 수 있는 혼란과 혼돈을 효과적으로 다루기 위해서다. 대개 치료자는 모든 기략을 한꺼번에 사용할 필요는 없다. 그러나 회기에 따라 그중 가장 필요한 기략을 사용할 수 있으려면 모든 기략에 능숙해야 한다. 기략은 다음과 같다.

1. 계약 맺기, 그리고 치료하는 동안 치료의 구조를 유지하기(이것은 장애의 이차적 이득을 없애고 행동화의 통제를 돕는다.)
2. 제시되는 자료에서 우선적으로 다룰 주제를 선택하기(의사소통의 세 경로를 살펴보기, 개입의 세 가지 원칙을 따르기, 그리고 개입의 우선순위 위계를 고수하기가 포함된다.)
3. 해석을 준비하기 위해 내담자와 치료자 간 현실에 대한 양립할 수 없는 관점을 확대하는 것과 공유된 현실의 공통 요소를 확립하는 것 사이에서 적절한 균형을 유지하기
4. 전이의 덜 분명한 측면을 놓치지 않기 위해 전이를 긍정적 측면과 부정

적 측면 모두에서 분석하기

5. 정동 관여의 강도를 조절하기

4부-A

기략 #1 –계약 맺기

A primer of transference focused psychotherapy for the borderline patient

23. 치료는 첫 번째 회기에서 시작하는가?
24. 적절한 평가의 구성요소는?
25. 평가과정에 내담자 외에 다른 사람을 참여시킬 수 있는가?
26. 치료자가 진단적 소견을 내린 후 이를 내담자에게 어떻게 설명하는가?
27. 치료 계약 시기는?
28. 치료 계약의 기초가 되는 치료적 개념은?
29. 치료 계약의 일반적 요소는?
30. 개별 내담자에게 특유한 계약 요소는?
31. 내담자가 자살할 가능성에 대한 치료자의 불안이 그의 작업을 방해하지 않도록 하기 위해 어떻게 하는가?
32. 매우 자주 전화하는 내담자에게는 어떻게 하는가?
33. 전화하는 것이 적절한 경우는?
34. 내담자가 치료 계약을 어기면 어떻게 해야 하는가?
35. 치료자는 언제 어떻게 치료의 계약 맺기 단계를 마무리하고 치료로 들어가는가?
36. 치료 구조를 보호하기 위해 치료자가 해야 하는 가장 일반적인 개입 방식은?
37. 이차적 이득의 개념은 무엇이며, 그것을 불필요하게 하는 것은 왜 중요한가?

23. 치료는 첫 번째 회기에서 시작하는가?

그렇지 않다. 전이초점 심리치료에는 치료에 선행하는 두 단계가 있다.

1. 정확한 진단적 소견을 내리고, 치료 계약에서 역점을 둘 특정 영역이 무엇인지 알아보는 데 필요한 과거력을 파악하기 위한 (평균적으로) 2 내지 3회기
2. 치료 계약을 논의하기 위한 2 내지 그 이상의 회기. 계약이 일반적 경우보다 더 복잡한 경우에는 5 내지 6회기가 필요할 수 있다.

내담자와 처음으로 접촉할 때(대체로 전화를 통해), 치료자는 먼저 협의를 위한 만남 후에 치료를 시작할 수 있다는 점을 분명히 해야 한다. 이것은 문제의 본질과 문제를 다루는 방법에 대해 치료자와 내담자 사이에 분명한 합의가 없으면 치료를 시작할 수 없다는 원칙에 기초를 두고 있다. 만일 내담자가 위기상황에서 치료를 요청하면 협의할 시간을 갖는 것이 어려울 수 있다. 그러한 경우에는 내담자가 위기에서 벗어났을 때 치료에 관한 협의를 시작할 수 있기 때문에, 내담자를 위기관리 세팅으로 의뢰하는 것이 필요할 수 있다. 치료와 위기관리는 보살핌의 서로 다른 형태임을 기억하는 것이 중요하다. 성격 변화가 목표인 장기치료 치료자는 이것이 특정한 치료 조건을 필요로 하는 특정한 과제라는 점과, 치료자가 제공하고 있는 치료와 지역사회 정신건강 시설의 독립 부서에서 제공하는 위기관리를 구분하는 것이 받아들일 만할 뿐만 아니라 중요하다는 점을 분명히 해야 한다. 이것은 두 가지 이유로 중요하다. 첫째, 개인 치료자가 응급상황 서비스와 같은 정도의 가용성을 제공할 수 있다고 믿는 것은 비현실적이다. 둘째, 응급상황에서 자신을

치료 시작하기

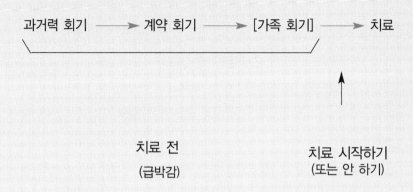

과거력 회기 ⟶ 계약 회기 ⟶ [가족 회기] ⟶ 치료

치료 전

(급박감)

치료 시작하기

(또는 안 하기)

목표: 행동화에서 전이로 이동하기

가용하게 하는 치료자는 '이차적 이득의 고리'를 강화시키는 결과를 초래할
수 있는데, 이 고리에서 치료자와의 추가적 접촉을 만족시켜 주게 되면 결국
내담자의 보다 잦은 행동화가 나타난다.

24. 적절한 평가의 구성요소는?

　심리치료를 받게 할 것인지 고려 중인 어떤 새로운 내담자에 대한 표준 평가 외에도, 경계선 내담자에게 적용될 때 특별히 강조할 필요가 있는 몇 가지 중요한 평가 영역이 있다. 여기에는 ① 현재 혹은 과거의 우울을 평가하고, 주요 우울증 에피소드와 성격적 우울을 주의 깊게 구분하기, ② 섭식장애나 물질남용과 같은 경계선 인성장애 내담자들이 때때로 나타내는 공존병리를 평가하기, ③ 내담자 대인관계의 질적 특성을 평가하기, ④ 반사회적 특징이 있는지 점검하기, ⑤ 이전 치료들에 대한 주의 깊은 평가(여기에는 이전 치료자들과의 접촉이 포함된다.), 그리고 도움이 된 점과 부족한 점, 내담자가 이전 치료의 잠재적 효과를 약화시켰을 가능성이 있는 어떤 방식을 중요하게 살펴보는 것이 포함된다. 이전 치료에서 내담자가 치료 효과를 약화시킬 수 있는 방식은 정기적으로 참석하지 않고 빠지거나 알코올이나 약물을 계속 복용하는 것과 같은 매우 구체적인 것에서부터, 자유연상 규칙을 활용하여 치료자 얘기에 전혀 주의를 기울이거나 듣지 않은 채 끝없이 자기 이야기를 '쏟아 내는' 것(이것은 전능 통제라는 방어의 한 형태다 – 1부, 질문 5 참조)과 같은 보다 미묘한 것까지의 범위를 가진다.

25. 평가과정에 내담자 외에 다른 사람을 참여시킬 수 있는가?

그렇다. 이것은 치료자가 판단해서 선택할 수 있다. 반사회적 특징이 강한 내담자의 경우 내담자 보고의 진실을 입증하기 위해 이것이 필수적이다. 다른 경우에는 일반적으로 치료자가 평가 회기에 다른 사람을 초대하기로 결정할 수 있는데, 내담자가 부모, 배우자 혹은 파트너에게 매우 의존적인 경우에, 그리고 상대의 관여가 치료과정에 어떤 영향을 줄 수 있는 경우에 그렇다. 특히 부모나 파트너는 종종 인성장애를 이해하지 못하며, 입원만 하면 괜찮아질 것으로 믿는 경우도 있고, 구체적으로 얘기하면 자살을 감행하지 않을 것으로 믿는 경우도 종종 있다. 그러한 경우, 치료 전 평가과정의 일부로서 치료자는 내담자 상태에 대해 가족 구성원이 이해하고 있는 것을 탐색하고, 다음으로 이러한 인상과 그것이 치료에 주는 함의를 설명하는 것으로 진행된다. 여기에는 인성장애, 특히 경계선 인성에 대한 일반인의 정의를 제공하는 것이 포함된다(질문 참조). 그것은 또한 치료 선택권과 치료 한계에 대한 논의도 포함한다.

예를 들면,

따님의 치료가 잘되어 자살하지 않을 거라고 보장해 주기 바라는 부모님의 심정과 걱정은 이해됩니다. 그러나 지금은 그런 보장을 해 드리기 어렵습니다. 예전에는 장기 입원을 해서 더 포괄적이고 안전한 치료를 받을 수 있었습니다. 그런데 이제는 실제로 그런 치료가 없어요. 그리고 그런 치료도 완전한 보장을 해 줄 수는 없어요. 약을 먹으면 도움이 될 수 있긴 하지만, 그것은 일부 증상만 좋아지게 할 뿐이고, 병 자체를 고쳐내지는 못해요. 만일 내 얘기가 불편하시다면 경계선 인성에 대한 다른 치료를 알아보세요. 나는 그런 보장을 해 줄 수 있는 어떤 치료도 아는 게 없어요. 그러나 이것은 얘기해 줄 수 있어요. 나는 경계선 인성이 치료될 수 있으며, 열심히 노력한다면 극복될 수 있고 앞으로 더이상 그것을 겪지 않아도 된다고 생각해요.

치료자가 내담자 생명을 보장할 수 없다는 점을 분명히 함으로써 치료자는 내담자가 자살 위협으로 협박하려는 나중의 어떤 시도를 거부할 수 있다는 점을 기억하는 것이 중요하다(회기 중에 내담자의 자살 위협을 다루는 임상예는 질문 31 참조). 물론 그러한 만남에는 내담자 동의가 필요하다. 치료자가 그러한 만남을 권고했을 때 내담자가 동의를 거부한다면 치료자는 내담자 입장을 탐색해야 한다. 만일 내담자가 치료에서 정보를 내놓지 않으려는 것으로 보인다면, 일반적으로 치료자는 그 사례를 더 진행하지 않아야 한다. 왜냐하면 정보를 감추는 것은 효과적인 치료를 불가능하게 하기 때문이다.

26. 치료자가 진단적 소견을 내린 후 이를 내담자에게 어떻게 설명하는가?

치료자는 자신의 진단적 소견에 대해 개방적이다. 어떤 내담자는 자신이 경계선 인성의 진단을 받았다는 것을 알지만 다른 내담자는 그렇지 않다. 많은 임상가들은 경계선 인성이라는 진단을 내담자와 논의해서는 안되는 것이라고 잘못 알고 있는 것으로 보인다. 이러한 태도는 대부분의 의료 세팅에서 '경계선'이라는 용어가 경멸적 의미를 가진다는 사실과 관련되어 있다. 이것은 불행한 일인데, 특히 이 장애는 적절한 치료를 받았을 때 대부분의 경우 효과적으로 치료될 수 있기 때문이다. 내담자들은 경계선 인성에 대한 명료한 설명을 듣고 안도감을 느낄 수 있는데, 특히 그들이 '우울과 불안'으로 치료받고 있다는 얘기를 들었던 경우에 그렇다. 그것은 내담자가 그런 문제에 대한 표준 치료에 반응을 보이지 않을 때 그들을 혼란스럽고 좌절하게 만드는 일반적인 반쪽의 진실이다.

치료자는 내담자에게 다음과 같이 말할 수 있다.

검사 결과는 경계선 인성장애로 나왔습니다. 이 말을 들으니 어떠세요?

내담자가 그 용어를 약간 알고 있다고 하더라도, 그 개념을 논의하는 것은 도움이 된다. 예를 들면,

우선 일반적인 인성장애 개념을 설명해 드릴게요. 사람들은 서로 다른 독특한 인성을 가지고 있습니다. 어떤 특성이 너무 과장되고 경직되어 성공적이고 만족스럽게 생활하기 어려워질 때 인성장애가 됩니다. 경계선 인성장애의 어려움은 몇

가지 영역에서 나타납니다.

1) 정서 - 정서가 강하고 빠르게 변화하며 평온한 기간이 짧습니다. 삶이 정서적 롤러코스터와 같아서, 때로 양극성 장애로 착각할 수 있을 정도로 변화가 빠르고 극단적으로 오르내리며, 특히 심한 분노 문제가 있습니다.

2) 대인관계 - 대인관계는 대체로 혼란스럽고 문제가 많습니다. 경계선 내담자는 밀월기간으로 출발했다가 한 번 실망하면 갑자기 나빠지는 식으로 관계를 합니다. 또 다른 패턴은 관계가 지속되긴 하지만 극적으로 오락가락한다는 것입니다. 어떤 패턴에서든 자기와 타인을 흑백논리로 봅니다. 관계 문제는 가족, 친구, 연인과의 관계에서 그리고 직장에서 일어납니다.

3) 행동화 - 이것은 자기 마음의 여러 측면과 사고나 감정을 의식적으로 체험하지 못하고 행동으로 방출하는 것을 가리킵니다. 그것은 정서를 충분히 체험해 낼 수 없기 때문입니다. 충동적인 자기파괴적 행동도 행동화에 들어가는데, 이런 행동은 경계선 인성장애의 가장 극적인 특징이기 때문에 이 장애의 핵심으로 오해받곤 합니다. 이것은 더 깊은 어려움, 즉 내적 통합의 결여를 나타내는 '위험신호'로 보는 것이 더 정확합니다. 이런 행동은 많은 형태로 나타날 수 있는데, 전형적인 예로는 손목 긋기, 약물 과다복용, 태우기, 물질남용, 문란한 성관계 그리고 섭식장애가 있습니다. 이것은 어떤 문제를 처리하려는 시도지만, 성공적이지 못한 시도입니다. 치료가 효과를 내기 위해서는 (비록 어떤 실수는 용인될 수 있지만) 이런 행동을 일으키는 정서를 치료에서 작업할 수 있도록 내담자가 이런 행동을 멈추는 것이 중요합니다. 정동을 의식적으로 알아차리지 않고 회피할 수 있는 두 가지 방식 중 하나는 이러한 충동적 행동에서 나타나는 행동화이고, 다른 하나는 신체화, 즉 정동을 어떤 신체증상으로 체험하는 것이라는 점을 기억하는 것이 중요합니다.

4) 정체성 혼미 - 이것은 위에 언급한 영역들보다는 내적 통합의 결여라는 핵심적인 경계선 문제에 더 가깝습니다. 명확한 정체성이 부족하다는 것은 자신, 자

신의 가치 그리고 자신의 목표를 명확하게 알고 있지 않다는 것입니다. 여기에는 내적 공허감이 포함되는데, 그것은 경계선 내담자가 즉시적 맥락에 반응한다는 것과 홀로 있는 것을 견디기 어려워 하는 깃과 관련되어 있습니나. 그러나 공허감은 개인이 받아들일 수 없고 의식적으로 자각할 수 없는 강한 정동을 감출 수 있습니다. 이 정동은 행동화 행동에 관여하는 바로 그 정동입니다. 치료의 중요한 부분은 내담자가 회피했던 이런 감정에 접근할 수 있고 그 감정을 개인의 자기 경험 속으로 통합할 수 있도록 돕는 것입니다.

경계선 상태에 대한 이러한 설명을 들은 내담자들은 다양한 반응을 보일 수 있다. 종종 그들은 누군가가 그들의 복합적 경험을 이해한다는 안도감, 그것이 '잘 알려져 있는 것'이라는 안도감, 그리고 그것을 치료하도록 고안된 치료법이 있다는 안도감의 반응을 보일 수 있다. 경계선 상태에 대한 이러한 설명은 또한 문제되는 것이 기본적으로 어떤 하나의 행동이 아니라, 종종 내담자가 자각하지 못하는 기저의 자동적 사고방식과 감정이라는 것을 내담자가 깨닫도록 돕는다.

어떤 내담자들은 자신의 파괴적 행동을 자제하는 것에 대한 이야기에서 다음과 같이 말한다.

> 말도 안돼요. 선생님은 저를 이해하지 못해요. 그만둘 수 없어요.

이에 대한 적절한 반응은 다음과 같다.

> 그렇게 느끼시는 걸 알아요. 내담자들이 그런 얘기를 많이 해요. 대개는 ○○ 씨와 주변의 그 누구도 ○○씨가 어느 정도 행동을 통제할 수 있으리라고 생각하지 않을 거예요. 또 ○○씨가 충분히 그런 노력을 하지는 않은 것 같아요. 어쨌든

내 경험으로는 실제로 해보면 생각했던 것보다 더 잘 통제할 수 있는 것 같아요. ○○씨도 그럴 수 있을 거예요. 파괴적 충동을 통제할 수 없거나 통제하지 않으려고 한다면, 행동통제를 위주로 하는 치료에 ○○씨를 보내는 게 가장 좋을 것 같아요.

27. 치료 계약 시기는?

치료자는 현상학적(DSM-IV) 혹은 구조적(경계선 인성구조) 진단을 확신할 수 있을 만큼, 그리고 내담자 병리와 행동의 어떤 측면이 치료에 위협을 줄 수 있는지 알 수 있을 만큼 충분한 정보가 있을 때, 치료 계약을 진행시킨다. 치료자는 그가 치료를 준비하는 다음 단계로 움직이고 있음을 내담자에게 분명히 얘기해야 한다.

이제 ○○씨의 문제와 그간 ○○씨가 그 문제를 어떻게 다루어 왔는지 충분히 알게 되었어요. 치료를 시작하기 위해 다음 과제로 넘어가지요. 치료조건에 대해 살펴봅시다. 치료가 어떻게 되어야 하는지, 즉 목표를 뭘로 할지, 그 목표를 위한 치료방법은 무엇인지, 그리고 ○○씨의 책임과 나의 책임은 무엇인지입니다. 이것에 대해 의논하기 전에 질문 있나요?

28. 치료 계약의 기초가 되는 치료적 개념은?

우리는 계약의 배경에 있는 개념들을 열거하고 그것을 하나씩 설명하겠다.[1]

1. 내담자와 치료자의 책임을 정의하기
2. 명확하게 생각하고 성찰할 수 있는 치료자 능력을 보호하기
3. 안전한 곳에서 내담자의 역동이 나타나도록 허용하기
4. 계약 위반이 치료 후기에 나타날 때, 그것의 의미를 해석할 장을 마련하기
5. 치료가 내담자의 삶에서 의지할 수 있는 닻이 되도록 허용해 주고, 중간 대상 역할을 해 줄 수 있는 치료 구조를 조직화하기

1. 내담자와 치료자의 책임을 정의하기. 치료자는 치료자와 내담자 둘 다 치료에 책임이 있다는 것을 설명한다. 내담자의 책임은 다음과 같다. ① 모든 회기에 참석하기, 시간에 맞춰 와서 회기가 끝날 때까지 남아 있기, 실제 응급 상황을 제외하고는 치료자와의 접촉을 회기 시간으로 제한하기, ② 동의한 치료비를 지불하기, ③ 마음속에 떠오르는 모든 생각과 감정을 검열하지 않고 보고하기.

치료자의 책임은 다음과 같다. ① 정기적으로 약속된 회기를 지키고, 일정에 중단이나 변화가 언제 있을 것인지 적절히 알려주기. ② 내담자가 전

※ ※ 1) F. E. Yeomans, M. A. Selzer, & J. F. Clarkin, 경계선 내담자의 치료: 계약기반 접근(*Treating the Borderline Patient: A Contract-Based Approach*) (New York: Basic Books, 1992).

달하는 모든 것에 마음을 열고 주의를 기울이기. 내담자가 자신의 내적 세계를 보다 잘 이해할 수 있도록 돕기 위해, 변화를 만들어 내는 데에 도움이 되는 방식으로 모든 노력을 다하기. ③ 내담자나 다른 사람에게 직접 위협이 되는 상황에 대처하기 위해 비밀을 보장할 수 없는 상황을 제외하고는, 비밀을 유지하기. ④ 성격변화를 목표로 하는 명확하게 규정된 치료를 제공하기. 이것은 지지치료나 혹은 내담자 생활에 대한 직접적 개입을 포함하는 사례관리 형태와는 대비된다. 여기에서 원칙은 내담자가 어떤 문제를 해결하거나 어떤 결정을 내리는 데 있어서 왜 어려움을 겪는지 이해할 수 있도록 돕는 것이, 치료자가 그러한 과정에 직접 참여하는 것보다 더 유용하다는 것이다. 치료자 역할이 어떤 특정적인 것이라는 점, 그리고 개별 치료자가 정신건강 체계의 모든 서비스를 제공할 것으로 기대할 수 없다는 점을 치료자가 분명히 이해하는 것은 중요하다. 치료자는 자신이 응급실이나 위기팀의 서비스를 제공하려고 시도할 수도 없고 그래서도 안 된다는 것을 분명히 하는 것이 특히 중요하다. 치료자가 24시간 내내 서비스를 제공하는 것은 불가능하다. 또한 치료자와 더 많은 접촉을 갖기 위해 자신을 자해할 수 있는 내담자들에게 그런 상황에서 치료자에게 연락할 수 있다고 알려 주는 것은 현명하지 못하다.

치료에서 책임감을 가진다는 개념은 많은 내담자에게 새로운 생각일 수 있다. 종종 내담자들은 다음과 같이 얘기한다.

제가 받았던 다른 치료들에서는 와서 얘기를 시작하라는 말만 들었어요.

내담자가 책임을 가진다는 개념은 경계선 내담자의 빈번한 신념, 즉 자신이 단지 치료에 오기만 하면 치료자가 그를 좋아지게 해 줄 것이라는 생각에 도전이 된다. 그러한 신념은 자신을 마술적으로 구해 줄 수 있는 전능한 타인의 내적 표상에 해당한다.

2. 명확하게 생각하고 성찰할 수 있는 치료자 능력을 보호하기. 이것은 계약의 배후에 있는 가장 중요한 개념이다. 만일 치료자가 (다룰 수 있어서 감당할 수 있는 역전이 수준을 넘어서서) 두려워하거나 불안해한다면, 그는 명확하게 생각할 수 없다. 경계선 내담자의 치료에서는 강력한 공격적 힘과 유혹적 힘에 의해 치료가 압도될 수 있다. 이러한 힘이 치료 속에 존재하는 것도 필연적이지만, 치료자 노력을 무력화시키거나 탈선시키는 방식으로 이 힘이 행동화(acting out)[2]되어서는 안 된다는 것 또한 필수적이다. 이런 힘의 행동화는 내담자가 그 힘을 의식적으로 자각하는 것에 대한 저항이다. 행동화가 컨테인드되지 않은 치료에서, 치료는 이런 힘이 끝없이 계속해서 상연될 위험에 놓이게 되며, 이것은 의식적 이해, 통합 그리고 통제로 이끌 수 있는 방식으로 그것을 탐색할 수 있는 가능성을 방해한다.

예를 들면, 만일 내담자가 자기 몸에 심각하게 상처를 내고 반복적으로 상처 입은 채 치료에 옴으로써 치료 회기를 망친다면, 치료자는 내담자와 치료자 간 상호작용의 의미를 어떻게 이해할 것인가보다는, 앞으로의 추가적 상처를 어떻게 예방할 것인가에 더 마음을 빼앗길 수 있다. 더욱이 행동화의 동기가 되었던 정동은 일시적으로 상실되고 탐색하기 어려울 수 있다. 이때 치료는 궤도를 벗어나게 된다. 계약은 이것을 예방하는 데에 두 가지 방식으로 도움을 줄 수 있다. 첫째, 내담자는 파괴적 행동을 멈추기 위해 모든 노력을 다하며, 만일 그가 파괴적 행동을 중단하거나 의미 있게 줄이지 못한다면 그의 행동으로 인해 이해와 내적 변화보다는 행동 통제에 초점을 두는 치료

※※ 2) 이 용어는 때로 '나쁜 짓 하기(misbehaving)'와 혼동되어 부정확하게 사용되어 왔다. 행동화는 실제로 무의식적 감정이나 갈등을 말이 아닌 행동으로 표현하는 것을 의미한다. 행동화는 심리적 자료가 개인의 의식을 거치지 않고 표현되도록 허용한다.

로 의뢰될 필요가 있다는 것을 이해할 수 있게 한다. 둘째, 계약에는 내담자가 손목을 그었을 때마다 다시 치료에 복귀하기 전에 어떤 봉합의 필요성이나 감염의 위험에 대해 의사에게 검진받아야 한다고 규정할 수 있다. 이러한 치료 조건은 치료자를 행동화의 '고리'에서 벗어나게 해 주며, 치료자가 행동화를 중심으로 내담자에게 더 관여되는 이차적 이득을 제공하지 않는다는 것을 확실하게 해 준다.

3. 안전한 곳에서 내담자의 역동이 나타나도록 허용하기. 계약 논의의 기저에 있는 메시지는 내담자가 모든 감정을 치료 세팅에서 자유로이 표현할 수 있다는 것과, 내담자가 감정의 최대 범위를 표현할 수 있기 위해서는 어떤 조건이 갖춰져 있어야 한다는 것이다. 한편으로 이것은 일반적으로 내담자를 안심시킨다. 왜냐하면 치료자는 내담자의 내적 세계가 가진 힘을 알고 있고, 그러한 강렬한 감정에 대한 작업을 어떻게 가능하게 할 것인지에 대해 생각해 왔기 때문이다. 다른 한편으로 내담자는 치료자가 조건 없이 치료해 주기보다는, 치료가 요구하는 책임과 조건을 기술하는 것에 화날 수 있다. 만일 내담자가 이 시점에서 화를 낸다면, 치료자가 화를 견뎌낼 수 있고 작업할 수 있다는 사실은 치료자가 내담자의 감정 전체에 관심이 있고 그것을 작업할 능력이 있음을 '생생하게' 내담자에게 보여 주는 것이다. 이것을 기법적인 용어로 표현하면, 계약에 대해 논의함으로써 부정적 전이가 일찍 나타나게 되고, 내담자는 치료자가 그것을 작업할 수 있다고 안심할 수 있게 된다.

4. 계약 위반이 치료 후기에 나타날 때 그 의미를 해석할 장을 마련하기. 심리역동 심리치료의 교의 중 하나는 내담자가 말실수, 신체적 증상, 환상, 꿈 등과 같은 여러 가지 방식으로 자신이 의식하지 못하고 있는 것을 표현한다는 것이다. 마찬가지로 계약에 의해 확립된 치료 구조의 어떤 위반은 아직 무의식 상태로 남아 있는 자료를 나타낼 수 있다. 예를 들면, 치료시간에 지각하기 시작하는 것은 저항을 나타내는 것일 수 있다. 이러한 저항은 내담자가

아직 분명하게 말할 수 없는, 화에서 사랑과 동경에 이르는 수많은 것들에서 생겨날 수 있다. 핵심 요점은 표면적 합리화(예를 들면, 상습적으로 늦는 내담자가 "선생님도 버스를 타면 약속시간 지키는 것이 얼마나 어려운지 아시잖아요?"라고 얘기하면서 자기가 늦은 것의 어떤 의미를 부인하는 경우)를 받아들이기보다는, 합의된 치료 조건의 위반을 알아차리고 (처벌적이 아닌) 호기심을 갖는 것이다.

또한 치료자는 치료 조건에서 일탈하고 싶은 자기편에서의 어떤 유혹에도 주의를 기울여야 한다. 그러한 충동은 역전이 속의 어떤 것을 나타낼 수 있다. 예를 들면, 치료자가 회기 시간을 연장하고 싶은 유혹을 느낀다면, 이상적으로는 이러한 충동을 행동으로 옮기기 전에 혹은 이미 충동대로 행동했다면 그후에, 이것을 살펴보아야 한다. 내담자가 회기 말미에 가서야 치료를 중단하겠다고 위협하는 경우와 같은 치료에 대한 위협을 다룰 시간을 갖는 것처럼 구조에서 일탈하는 것에 대한 객관적으로 타당한 이유가 있다고 하더라도, 그것은 치료자 역전이 반응의 상연일 수 있다. 이러한 역전이 반응의 범위는 회기를 끝내는 것에 대한 죄책감에서부터 내담자와 더 많은 시간을 보내고 싶은 열망에 이르기까지 다양할 수 있다. 이것을 알아차리고 작업해서 내담자에 대한 치료자의 이해에 통합하는 것이 중요하다.

5. 치료가 내담자의 삶에서 의지할 수 있는 닻이 되도록 허용해 주고 중간대상 역할을 해 줄 수 있는 치료 구조를 조직화하기. 정동 안정성과 관계 안정성에 어려움이 있는 내담자는 주 2회의 치료 회기로는 그가 자주 경험하는 불안, 공허감, 우울감에 대해 치료자가 자신을 돕기에 충분한 접촉을 제공하지 못할 것이라고 걱정한다. 빠르게 발달하는 전이의 힘을 알지 못하는 초심 치료자도 마찬가지로 이러한 염려를 나타낸다. 초심 치료자는 내담자 삶에서 안정되고 도움이 되는 대상관계 구조를 확립하는 것의 힘을 과소평가한다. 내담자의 혼란스러운 정동이 바로 끝날 것으로 기대할 수는 없지만, 분명하게 규정

된 치료관계는 내담자에게 치료자와 연결되어 있는 느낌을 가지게 하여 극단적 감정의 힘을 견딜 수 있도록 내담자를 돕는다. 내담자들은 회기들 사이에 치료 계약에 관한 치료자와의 논의를 생각하면 치료자와 연결되어 있는 느낌을 가진다고 종종 보고하였다. 그러한 논의는 치료자가 내담자 상태에 관해 어떤 것을 알고 있고 그것에 관심을 갖고 진지하게 취급하고 있다는 것을 전달한다. 그러한 논의는 또한 호전되는 과정의 하나인 치료적 대화의 내재화가 시작되고 있음을 나타낸다. 예를 들어, 어떤 내담자는 다음과 같이 말하였다.

> 자해할 생각을 했어요. 그런데 계약할 때 얘기했던 것이 생각났어요. 그 생각을 하니까 선생님과 뭔가 연결된 느낌이 들었어요. 그때 바로 선생님에게 전화할 수 없다는 게 화가 나긴 했지만요.

이렇게 말하면서, 또한 내담자는 치료자에 대한 공격으로, 그리고 부정적 전이의 표현으로 계약을 공격할 수 있다.

> 날 칼로 그을 생각을 했어요. 그때 선생님이 얘기한 그 바보 같은 계약이 생각났어요. 저는 "제기랄, 내가 뭘 해야 할지에 대해 그가 말해줄 수 있다고 생각하든지 말든지."라고 말했어요.

이러한 경우, 치료자는 먼저 대체로 계약이 여전히 잘 지켜지고 있는지 확인하게 된다.

> 지난달에 맺은 계약을 깰 생각인가요? 계속 그렇게 자해할 건가요?

치료자는 이제 계약에 의해 그 문제를 이해하려 애쓴다.

> 계약에 대해 얘기하는 걸 보면, ○○씨는 나를 마치 내 목적을 위해 ○○씨 삶을 내 마음대로 통제하려고 하는 권위적인 사람으로 보는 것 같아요.

물론 내담자가 치료자와의 계약과 대화를 항상 어려움 없이 내재화하지는 않는다. 다음과 같은 얘기를 듣는 것이 드문 일은 아니다.

> 상담실에서 나서자마자 선생님은 마치 지구상에서 사라지는 것 같아요. 애를 써 봐도 선생님이 떠오르지 않아요.

이런 사례에서는 치료자가 사라지는 내담자의 경험을 치료자에 대한 (종종 무의식적인) 화와 공격성의 표현으로 해석하는 것이 대체로 도움이 된다.

> ○○씨는 상담실을 나서자마자 ○○씨 안에 있는 내 이미지를 공격하는 것 같아요. 그건 내가 도와주지 않는다고 느꼈기 때문일 수 있어요. 내가 뭘 해주기 바라는지, 그리고 내가 관심이 있다면 어떤 도움과 위안을 즉각적으로 줄 수 있다고 기대하는지 이제 보이기 시작하네요. 내가 원했다면 ○○씨를 도와줄 수 있었는데도 그러지 않았다는 느낌 때문에 화가 많이 났을 것 같군요.

29. 치료 계약의 일반적 요소는?

모든 치료에 공통적인 치료 조건은 출석, 지불 그리고 참여와 관련이 있다 (내담자의 책임에 관해서는 질문 28 참조). 치료자는 때로 이것들이 너무 분명하기 때문에 주의를 많이 기울일 필요가 없다고 느낀다. 그러나 경계선 내담자에 대한 경험에 의하면, 이들 변형기법을 명확하게 정의해야 한다는 것을 보여 준다. 그것은 내담자가 이들 중 어떤 것이라도 행동화할 수 있기 때문이다. 어떤 내담자는 그날 기분이 좋으면 치료에 와야 할 어떤 문젯거리가 없다고 한다. 다른 내담자는 기분이 안 좋은 날에는 치료에 오려고 집을 나서기가 싫다고 한다. 전이초점 심리치료에서는 일주일에 최소 2회의 45분짜리 회기가 필요하며, 일주일에 3회 만날 수도 있다. 일주일에 한 번 만나는 것은 치료자가 내담자 생활에서 어떤 일이 일어나고 있는지를 알고 또한 전이를 통해 내담자의 내적 세계를 탐색할 수 있는 적절한 시간을 제공하지 못한다.

응급상황을 제외하고는 만남을 회기 시간으로 제한한다는 사실을 논의할 때, '응급상황(emergency)'을 정의하는 것이 중요하다. 응급상황은 어떤 예외적인 것이다. 그것은 예측할 수 없게 나타나는 어떤 심각한 사건이나 스트레스원이며, 내담자에게 강한 충격을 준다. 여기에는 사랑하는 사람의 죽음, 암 진단, 이혼서류를 받는 것 등이 포함될 수 있다. 그러한 일은 이해할 수 있듯이 매우 당황스러운 일이고, 가능한 한 빨리 치료자에게 전화해서 치료 회기를 약속하는 것을 정당화시켜 준다. 그러나 경계선 내담자들은 종종 만성적 고통과 자살하고 싶은 감정이 응급상황이라고 생각하기 때문에, 치료자에게 일상적으로 자유롭게 전화할 수 있다고 느낄 수 있다. 계약할 때, 치료자는 이런 감정이 매우 불쾌하고 고통스러울 수 있지만 불행하게도 그것은 만성적 상태의 일부라는 것을 설명한다. '만성적'이란 말은 그 조건이 치료를 통해 변할 수 없다는 의미가 아니라, 고통스러운 정동과 자살하고 싶은 감정이 일상적으로 존재하며 변화가 일어나기 전까지 일정 기간 지속될 수 있다는 의미다. 내담자가 이들 감정을 일상적으로 경험한다는 사실로 인해 이런 감정은 응급상황과 구분된다. 이들 감정을 다루는 것이 치료의 주요 목적 중 하나지만 그것은 시간이 필요할 것이다. 만일 내담자가 불쾌한 감정에 대해 자기파괴적 행동이나 자살 행동으로 반응한다면, 다음 질문에서 논의된 바와 같이 그런 문제를 다루기 위해 계약에서 구체적인 치료 변형기법들을 설정해야 한다.

30. 개별 내담자에게 특유한 계약 요소는?

치료에 대한 특유한 위협 요인을 가진 내담자와 치료 계약을 맺는 데에는 계약의 일반적 요소를 다루는 것에 비해 치료자의 보다 많은 기술과 판단이 필요하다. 치료자는 먼저 내담자 개인력에서 과거의 어떤 행동과 요소가 현재의 치료 연속성과 성공을 위협할 수 있는지 결정하고, 그리고 이들 위협을 다루는 데에 적절한 변형기법을 확인하게 된다. 우리가 '치료에 대한 위협'을 얘기하지만 내담자가 의식적으로 치료를 손상시키거나 파괴하려 한다는 의미는 아니라는 점을 언급하는 것이 중요하다. 내담자의 분열된 심리 구조는 그 본질상 원시적이지만, 그럼에도 불구하고 그것은 분열된 공격 추동이 리비도적으로 투여된 대상을 오염시키거나 파괴할 수 있다는 (즉, 나쁜 대상이 좋은 대상을 파괴할 수 있다는) 불안으로부터 내담자를 보호하기 위한 방어다. 치료가 내담자에게 모든 감정을 체험하고 표현하도록 요구하는 한, 그것은 분열된 영혼의 깨지기 쉬운 균형을 위협할 수 있다. 내담자는 본능적으로 이 과정을 공격하거나 피할 수 있다. 계약은 이런 결과를 예측하고 대처하기 위한 것이다.

다음은 치료에 대한 공통적 위협의 목록이다. 이 목록이 모든 것을 포함하지는 않는다. 치료자는 내담자를 평가할 때 다른 가능한 위협에 대해서도 경계해야 한다.

1. 자살 행동과 자기파괴적 행동
2. 살인 충동이나 행동, 여기에는 치료자를 위협하는 것도 포함된다.
3. 거짓말하기 혹은 정보를 알리지 않기
4. 물질남용

5. 통제되지 않은 섭식장애

6. 과도한 전화 호출 혹은 치료자 생활에 대한 다른 침해

7. 치료비를 지불하지 않는 것 혹은 지불할 수 없도록 조정하기

8. 치료를 방해하는 회기 밖의 문제들

9. 만성적으로 수동적인 생활 스타일, 이것은 비록 직접 위협을 주진 않더라도, 변화를 향한 치료 노력을 좌절시켜 장애의 이차적 이득이 지속되도록 할 수 있다.

실제 치료를 시작하기 전에 이런 위협을 다루고 이것을 다룰 계획을 논의하는 것은 중요하다. 이 위협을 다루는 방법에 대한 합의는 다시 한 번 내담자에게 치료에 대한 책임을 받아들이도록 요구하는 것이다. 이것의 예는 치료에서 자살 사고와 행동을 어떻게 다룰 것인가다(질문 31 참조).

적절하게 조정된 변형기법은 치료에 대한 위협이 얼마나 구체적이고 분명한지에 따라 보다 구체적이다. 예를 들면, 내담자가 정보를 얘기하지 않는 것은 스스로 굶는 내담자를 다루는 것보다 더 어렵다. 전자의 상황에서, 일반적으로 치료자는 정보를 얘기하지 않으면 효과적인 치료가 불가능하다는 점과, 정보를 얘기하지 않았다는 것이 곧바로 밝혀지지 않을 수는 있지만 결국에는 분명하게 드러날 것이라는 점(이것에 대한 예외는 내담자가 심각하고 만성적인 거짓말을 하고 있고, 치료자는 때로 내담자 얘기가 사실인지 확인하기 위해 부모나 배우자와 같은 제삼자에게 점검하는 체계를 만들어야 하는 경우임)을 내담자에게 강조하는 수밖에 없다.

보다 구체적이고 행동적인 변형기법은 섭식장애와 같은 위협에 대한 반응에서 결정될 수 있다. 거식증 내담자의 경우, 식이요법 전문가나 섭식장애 전문가와 협력하여 최소 안전 체중을 확립해야 한다. 내담자는 만일 체중이 최소 체중 아래로 떨어지면 체중이 안전 범위 안으로 올라올 때까지 순수한

섭식장애 치료를 위해 전이초점 심리치료가 중지될 것임을 이해하고, 그 전문가가 정기적으로 체중을 측정하는 것에 동의해야 한다.

물질남용의 경우, 전이초점 심리치료를 시작하기 전에 12단계 프로그램에 의무적으로 참여하는 최소 6개월의 절제기간을 권고할 만하다. 정기적인 약물검사는 물질남용의 과거력을 가진 내담자에게 계약의 일부가 될 수 있다.

치료 회기 밖에서 생긴 문제들은 알아차리기가 더 어려울 수 있다. 여기에는 부모가 그들이 학교에 다니는 동안의 치료에만 치료비를 지불할 것을 알고 수업에 빠지기 시작하는 내담자, 치료자가 그들의 관계를 탐탁치 않게 생각한다는 것을 나타냄으로써 남자 친구나 여자 친구가 치료자에게 협박 전화를 하도록 부추기는 내담자와 같은 조건이 포함된다. 둘 중 어떤 경우이든 치료자는 내담자에게 이런 행동이 치료에 위협을 줄 것이라는 것과, 그가 잠재적 위협에 대한 책임을 져야 할 것임을 분명히 해야 한다.

만성적으로 수동적인 생활 스타일을 가진 내담자의 문제는 치료자들이 전통적으로 다루기 꺼리는 문제다. 그러나 전이초점 심리치료의 목표는 성격 변화와 더 나은 기능이다. 그것은 '유지(maintenance)' 치료가 아니며, 세상에서 적극적 역할을 하려는 노력의 포기를 경계선 병리가 정당화해 주는 것으로 보지 않는다. 환자가 하나의 삶의 방식으로 환자 역할을 선택했을 때, 그리고 가장 심각한 사례에서 무능력 상태가 되었을 때, 치료는 내담자가 적극적 생활을 하도록 요구한다. 이것은 공부, 전일제나 시간제 일, 자원봉사 일, 혹은 가장 심각한 경우에는 낮 프로그램의 형태로 나타난다. 수동적이고 의존적이고 권리를 가진 역할의 행동화를 다루는 것 외에도, 내담자들은 어떤 형태의 활동에 관여함으로써 그들의 내적 대상관계에서 비롯된 대인관계 어려움에 초점을 둘 수 있는 상황에 놓이게 된다.

31.

내담자가 자살할 가능성에 대한 치료자의 불안이 그의 작업을 방해하지 않도록 하기 위해 어떻게 하는가?

경계선 내담자의 자살 사고, 위협, 행동은 치료에 강력한 영향을 줄 수 있으며, 숙련된 치료자가 표준 업무와 치료 구조로부터 벗어나 '실패하도록' 유도할 수 있다. 매우 전형적으로 경계선 내담자는 사랑과 관심의 증거를 갈망하며, 증거의 형태로서 치료자에게 더 많은 시간과 주의를 요구할 수 있다. 만일 치료자가 이들 요구를 해석하는 대신 충족시켜 주려고 한다면, 일반적으로 내담자는 요구의 증가로 반응한다(어떤 보살핌도 완벽하지 않으며 어떤 증거도 적절하지 않기 때문이다). 이러한 요구 증가에는 종종 자살 위협이 포함된다. 내담자의 요구는 좋기만 하고, 전능하고, 항상 가용한 양육자의 원시적 내적 표상에 기초하고 있기 때문에, 치료자 편에서의 어떤 결점은 의도적이고 심지어 가학적인 보류(withholding)로 경험될 수 있으며, 치료자가 내담자를 돌보지 않는 그리고/또는 거부하는 신호로서 경험될 수 있다. 내담자의 마음속에서 치료자에 대한 이러한 경험은 자살 위협이나 행동을 포함하는 공격적 반응을 정당화할 수 있다.

따라서 내담자와 치료자 사이의 상호작용에서 자살충동의 잠재적 영향력을 완화시키기 위해서는, 이 문제를 먼저 치료를 시작할 때 계약에서 다루고, 다음에 자료가 나타날 때 해석에서 다루는 것이 중요하다. 자살충동을 논의할 때 가장 중요한 요점은 이런 감정에 대한 논의가 치료 맥락에서 환영받지만, 자살 의도나 행동의 문제는 심리치료의 범위 안에 포함되지 않으며 건강관리체계의 응급상황 서비스 부서에서 다루어져야 한다는 것이다. 때로 이러한 입장은 치료자의 책임 회피라고 비판받는다. 그러나 치료자가 현실적으로 가능하지 않은 수준의 안전과 보호를 제공하는 것처럼 구는 것이 무책임한 일이라고 주장할 수 있다. 우리 경험에 따르면, 치료자는 자기 개입의 한계가 무엇인지 그리고 서로 다른 수준의 개입에 내담자가 언제 접근해야 하는지를 분명히 할 때에 비해, 응급상황 개입에 가용하도록 자신을 세공하시만 필요한 자원은 가지고 있지 않을 때 더 자주 문제를 만들 수 있다.

자살충동을 논의할 때, 일의 첫 번째 순서는 그 본질상 성격적인 것(자살 사고가 '생활 방식'의 일부일 때)과, 주요 우울증 에피소드나 정신증의 맥락에서 나타나는 것을 구분하는 것이다.[3] 이것은 특히 중요한데, 그것은 많은 경계선 내담자가 주요 우울증 에피소드를 동시에 갖기 때문이다.[4] 자살충동에 관한 계약에서, 치료자는 주요 우울증 에피소드 혹은 정신증의 일부인 자살에 대해 현재 진행 중인 치료로부터 필요하다면 약물치료나 입원과 같은 치료 방식으로 변화가 필요할 수 있다는 점을 분명히 해야 한다.

이러한 진단 문제를 분명히 하고 난 다음, 성격적 자살충동에 관한 계약의 배경에 있는 원칙은 치료자를 내담자의 '행동화 고리'의 바깥에 두는 것이다. 즉, 치료자는 전이초점 심리치료의 치료자 역할을 유지할 것이며, 내담자의 자살충동에 대한 반응에서 위기팀, 위기관리자 혹은 응급실 정신과 의사의 역할로 전환하지 않을 것이다. 자살충동을 둘러싼 계약에 대한 논의는 다음에 나오는 흐름도와 같이 요약될 수 있다.

앞에서 논의하였듯이(2부, 질문 18), 경계선 내담자를 치료하는 치료자는 내담자가 자살할 수 있다는 가능성을 받아들이는 것이 중요하다. 이러한 가능성을 받아들일 수 없게 되면 치료자는 내담자의 자살 위협에 의해 통제당

■■■3) O. F. Kernberg, "심각한 인성장애에서의 자살 위험: 감별진단과 치료(The Suicidal Risk in Severe Personality Disorders: Differential Diagnosis and Treatment)", *Journal of Personality Disorders* 15 (2001): 195-208.

■■■4) M. Swartz, D. Blazer, L. George, & I. Winfield, "지역사회에서 경계선 인성장애 유병율의 추정(Estimating the Prevalence of Borderline Personality Disorder in the Community)", *Journal of Personality Disorders* 4 (1990): 257.

할 수 있게 된다. 내담자에 의해 통제당하는 것은 치료를 불가능하게 하며 내담자 생존에 대한 어떤 확신도 제공하지 않는다. 실제로 치료자를 통제하려는 내담자의 시도에 치료자가 반응을 보이게 되면 자살 위험은 더 커질 수 있다. 왜냐하면 완벽한 보살핌에 대한 내담자의 소망에 치료자가 반응할 수 없는 시점이 필연적으로 나타날 것이기 때문이다. 만일 그 시점에서 내담자가 자신이 치료자를 통제해서 이러한 완벽한 보살핌을 얻을 수 있다고 여전히 생각한다면, 내담자의 자살충동은 증가될 수 있다.

치료과정에서 자살 위협을 다루는 간단한 임상 예는 다음과 같다. 치료자가 가 버렸다고 화가 난 어떤 내담자는 다음과 같이 말하였다.

> 선생님이 계획을 취소하고 여기에 남지 않으신다면 난 자살하고 말 거예요. 그건 선생님 책임이 되겠지요.

치료자는 대답하였다.

> 알다시피 나는 항상 ○○씨에게 자살 위험이 있다고 말했어요. 그러지 않기를 바라요. 그러나 무슨 일이 일어나든지 확실한 건 하나 있어요. ○○씨가 자살한다면 그건 ○○씨의 선택이 될 것이고, 그걸 '내 책임'으로 생각할 수는 없다는 것이지요.

약간의 논의 후에, 내담자는 만일 그녀가 화나서 충동대로 행동한다면 그게 치료자 책임이라고 주장하는 것이 의미가 없다는 것을 인정하였다.

만성적으로 자살충동을 느끼는 경계선 내담자의 자살행동을 둘러싼 계약

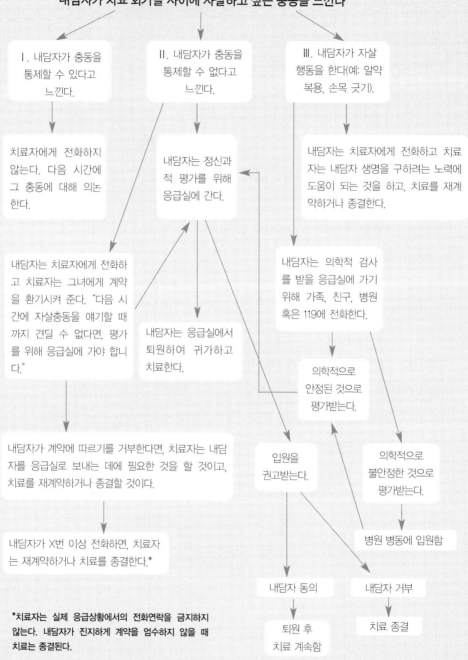

내담자가 치료 회기들 사이에 자살하고 싶은 충동을 느낀다

Ⅰ. 내담자가 충동을 통제할 수 있다고 느낀다.

Ⅱ. 내담자가 충동을 통제할 수 없다고 느낀다.

Ⅲ. 내담자가 자살행동을 한다(예: 알약 복용, 손목 긋기).

치료자에게 전화하지 않는다. 다음 시간에 그 충동에 대해 의논한다.

내담자는 정신과적 평가를 위해 응급실에 간다.

내담자는 치료자에게 전화하고 치료자는 내담자 생명을 구하려는 노력에 도움이 되는 것을 하고, 치료를 재계약하거나 종결한다.

내담자는 치료자에게 전화하고 치료자는 그녀에게 계약을 환기시켜 준다. "다음 시간에 자살충동을 얘기할 때까지 견딜 수 없다면, 평가를 위해 응급실에 가야 합니다."

내담자는 응급실에서 퇴원하여 귀가하고 치료한다.

내담자는 의학적 검사를 받을 응급실에 가기 위해 가족, 친구, 병원 혹은 119에 전화한다.

의학적으로 안정된 것으로 평가받는다.

내담자가 계약에 따르기를 거부한다면, 치료자는 내담자를 응급실로 보내는 데에 필요한 것을 할 것이고, 치료를 재계약하거나 종결할 것이다.

입원을 권고받는다.

의학적으로 불안정한 것으로 평가받는다.

내담자가 X번 이상 전화하면, 치료자는 재계약하거나 치료를 종결한다.*

병원 병동에 입원함

내담자 동의

내담자 거부

*치료자는 실제 응급상황에서의 전화연락을 금지하지 않는다. 내담자가 진지하게 계약을 엄수하지 않을 때 치료는 종결된다.

퇴원 후 치료 계속함

치료 종결

32. 매우 자주 전화하는 내담자에게는 어떻게 하는가?

때로 경계선 내담자는 자주 그리고 때를 가리지 않고 전화함으로써 선의를 가진 치료자를 지치게 한다. 이렇게 지치게 하는 것은 전화의 빈도와, 치료자가 전화로 아무리 많은 시간을 내담자에게 할애한다 해도 그것이 결코 충분하지 않다는 느낌, 이 두 가지에서 비롯된다. 치료자는 대개 전화를 끊고 나면 불안하고 걱정하게 된다. 다시, 내담자가 완벽한 양육자를 찾고 있다면, 그리고 무제한의 가용성보다 부족한 어떤 것을 무관심과 유기로 경험한다면, 내담자의 요구를 만족시켜 주는 것은 불가능하다. 어떤 전화는 적절하지만(4부-A의 질문 33과, 응급상황에 관한 질문 29 참조), 고통을 호소하는 많은 전화는 특정한 역동, 즉 '나는 당신이 나를 위해 거기에 있기를 원해요 / 나는 당신이 그러지 않을 거라는 것을 알아요.'의 상연이다. 그것은 완벽한 양육자에 대한 소망과 실망할 것에 대한 성난 확신 사이의 기본적 갈등의 표현이다. 이러한 관점에서 보면, 그러한 전화에 응하는 것은 도움이 되지 않는다. 다음과 같은 방향의 해석과 함께, 전화 통화를 둘러싼 명확한 변형기법을 확립하는 것과, 전화 걸려는 충동이나 변형기법을 위반한 전화에 대처하는 것이 보다 치료적이다.

이전 치료에서 ○○씨는 X박사에게 자주 전화했지만 그렇게 해서 실제로 좋아진 것은 없었어요. ○○씨가 그 패턴을 반복하기보다는, 그런 전화가 무엇을 나타내는지 이해하는 게 더 도움이 될 거예요. ○○씨는 자신을 완벽하게 보살펴 줄 사람을 원해요. 그러나 ○○씨를 보살펴 줄 수 있는 그 어떤 사람도 완벽할 수 없기 때문에, ○○씨는 자신이 보살핌 받지 못했고 아무도 믿을 수 없다고 생각하게 될 거예요. 현실에는 없는 완벽하게 보살펴 주는 사람을 고집하면서 ○○씨가 어

떻게 현실적인 도움을 거부하면서 자신이 외롭고 버림받았다고 느끼게 되는지를
아는 게 중요해요.

33. 전화하는 것이 적절한 경우는?

적절한 전화는 두 가지 범주로 나뉜다.

1. 회기를 취소하거나 시간약속을 다시 해야 할 필요가 있을 때와 같이 실제적인 문제를 다루기 위한 전화
2. 실제 응급상황. 실제 응급상황은 다음 회기 전에 치료자와 연락하는 것이 당연히 정당화될 수 있는, 예측할 수 없고 매우 스트레스를 주는 상황으로 정의된다. 질문 29에서 논의된 바와 같이, 몇 가지 예로는 사랑하는 사람의 죽음, 심각한 장애를 진단받는 것, 우발적 사고에 연루된 것 등이 있다. 전화 통화나 추가 약속을 정하는 것에 대한 논의는 그런 상황에서 적절할 수 있다.

경계선 내담자에게 흔한 만성적 고통, 자기파괴적 충동, 자살충동은 응급상황으로 여기지 않는다는 점을 주목하는 것이 중요하다. 진행 중인 치료가 기저의 문제를 역점을 두어 다루는 동안, 그것들은 내담자가 그의 힘이 닿는 데까지 감당해야 하는 만성적 조건이기 때문이다. 질문 31의 순서도에서 설명하였듯이, 내담자들에게는 '이런' 충동을 통제할 수 없을 때 치료자가 응급상황 서비스를 제공할 수 있는 것으로 기대하기보다는, 스스로 그러한 서비스를 찾을 것으로 기대된다. 다시 한 번 얘기하면, 이것은 응급상황 서비스가 개인 개업 치료자보다 더 나은 응급상황 보살핌을 제공할 것이라는 현실과, 내담자가 치료자와 더 많은 접촉을 할 수 있게 됨으로써 행동화를 보상받는 이차적 이득의 고리를 차단한다는 개념, 둘 다에 기초하고 있다.

34. 내담자가 치료 계약을 어기면 어떻게 해야 하는가?

내담자가 계약을 위반하면 치료자는 다음의 두 가지 일을 해야 한다. ① 계약 위반에 관한 제한을 설정하기, ② 위반의 의미를 탐색하고 해석을 시도하기. 이 두 과제 사이의 균형은 내담자가 여전히 계약 조건에 동의하거나 거부하는 정도에 따라 다르다. 만일 내담자가 '실수로' 계약을 위반한 것처럼 보이지만 기본적으로는 여전히 계약에 동의한다면, 치료자는 보다 신속하게 탐색을 진행할 수 있다. 예를 들어, 만일 내담자가 여전히 계약에 동의하고 있음을 치료자가 확인했다면, 위반의 의미를 탐색하는 쪽으로 이동하는 것이 적절하다.

> ○○씨는 자기에게 상처를 낸 일이 실수였고 지금도 그런 충동과 싸우고 있다고 했어요. 그럼 어제 왜 그랬는지 살펴봅시다.

이와 반대로, 내담자가 계약거부 의사를 말과 행동으로 전달한다면, 치료자는 계약 파기의 의미를 탐색하기 전에 계약을 재설정할 수 있는지 알아보는 데에 초점을 맞춰야 한다. 그러한 경우, 치료자는 내담자가 치료와 그러한 행동화 사이에서 선택하는 상황을 만들고 있음을 지적해야 할 수도 있다. 예를 들면 다음과 같다.

> ○○씨는 지난주 매일 밤 술을 마셨다고 했어요. 이제 분명한 선택을 해야 될 상황이 되었어요. 우선 술을 끊기로 선택할 수 있어요. 어떤 해독 프로그램 없이도 안전하게 말이지요. 그렇게 한다면 그리고 그것에 대해 전적으로 솔직할 거라면, 왜 술을 마셨고 내게는 얘기하지 않았는지부터 우선 이해하면서 치료를 계속

할 수 있어요. 그러나 ○○씨는 술을 계속 마실 수도 있어요. 그 경우 치료보다는 술을 선택한 것이지요. 나는 그 선택이 비극이 될 거라고 생각하지만 ○○씨는 그렇게 할 수도 있어요. 그런 경우 치료를 계속하는 것은 무의미해요. 술을 마시게 되면 치료가 ○○씨에게 도움이 안 될 거예요. 만일 ○○씨가 치료 대신 술을 선택한다면, 나는 우리 지역의 알코올 치료시설에 의뢰할 것이고 그게 도움이 되길 바랄 거예요. 그렇지만 치료를 끝내게 되는 사람은 내가 아니라 ○○씨라는 점을 다시 한 번 얘기하고 싶어요.

내담자 행동이 치료에 직접적인 위협이 되지는 않지만 완화되지 않은 채로 지속된다면 위협이 될 수도 있는 중간상황이 있다. 여기에서 원칙은 시간이 지나면서 치료를 약화시킬 수 있는 어떤 행동 패턴의 증거가 있다면 그 행동을 멈추지 않을 경우 효과적인 치료가 불가능해질 수 있음을 치료자가 지적해야 한다는 것이다. 그러한 경우 어떤 하나의 고립된 사건보다는 그 패턴에 초점을 맞추는 것이 중요하다. 반복되는 출석의 문제가 이것의 예가 될 수 있다.

이제 ○○씨가 치료에 빠지는 것에 대해 얘기해 봅시다. ○○씨는 두세 번 오면 다음 두세 번은 빠졌어요. 이렇게 되면 우리 치료는 연속성을 갖기가 어려워요. 이런 식으로 해서는 효과가 없을 것이고, ○○씨에게 더 적합한 다른 치료를 찾을 수밖에 없어요. 물론 ○○씨가 왜 이런 행동을 하는지 이해해야겠지만, 다음 달에도 이런다면 그건 ○○씨가 이 치료에 관심이 없다거나, 아니면 어쨌든 이 치료를 할 수 없다는 말이 될 거예요.

내담자가 치료에 매우 저항하는 것처럼 보이는 사례에서조차 치료자에 대한 (비록 갈등적인 것이긴 하지만) 애착은 발달한다는 점에 주목할 필요가 있다(7부의 질문 64A 참조). 오랜 행동화의 과거력이 있는 내담자에게 행동화를 계속할 것인지 아니면 치료를 계속할 것인지를 선택하게 했을 때 내담자가 치료를 선택한다는 점은 (비록 행동화를 완전히 멈출 때까지는 그것이 '돌투성이의 길'일 수 있지만) 때로 치료자를 놀라게 한다.

35. 치료자는 언제 어떻게 치료의 계약 맺기 단계를 마무리하고 치료로 들어가는가?

내담자가 계약에 기술된 협정과 변형기법에 충분히 동의했다고 느낄 때[5], 치료자는 다음과 같이 얘기함으로써 치료가 시작되었음을 나타낸다.

> ○○씨의 어려움과 내가 권고한 치료에 대해 충분히 얘기를 나눈 것 같아요. 더 질문이 없으면 이제 치료를 시작해도 될 거 같아요. 이제 ○○씨와 의논해서 치료 시간의 구조를 만드는 일은 그만하겠어요. 지금 마음속에 무엇이 떠오르는지 얘기해 보세요.

■■■ 5) 완벽한 동의를 기대하는 것은 비현실적이다. 실제로 치료자는 어떤 조건이나 주저함 없이 계약에 완벽하게 동의하는 내담자의 진실성에 대해 의심해 보아야 한다.

36. 치료 구조를 보호하기 위해 치료자가 해야 하는 가장 일반적인 개입 방식은?

치료 구조를 보호해야 하는 요구는 사례에 따라 매우 다양하게 변할 수 있다. 구조를 위협하는 것들에는 내담자가 치료에서 자신의 책임을 다하지 않는 모든 방식(4부-A의 질문 28 참조), 계약이 필요한 어떤 특정 위협(4부-A의 질문 30 참조), 그리고 치료자가 치료자 역할을 이탈하도록 내담자가 유도하는 방식이 포함된다. 앞에서 얘기했듯이, 구조를 보호하는 것에는 치료에 대한 위협을 다루는 것과 그 위협의 의미를 탐색하는 것 둘 다 포함된다.

구조에 대한 흔한 위협으로는 출석 문제, 정보를 얘기하지 않는 것, 치료의 중단[6], 물질남용이나 섭식장애 증상들의 재발 등을 들 수 있다.

구조를 위협하는 보다 미묘한 형태는 내담자가 치료자를 치료자 역할에서 벗어나도록 유도하려고 애쓸 때 나타난다. 내담자는 종종 전이초점 심리치료의 원칙에 동의한 후에도 치료자를 인성조직의 기저 문제를 변화시킬 수 있게 도와주도록 훈련된 전문가로서가 아닌, 그의 생활 속의 적극적인 돕는 이로서 고용한 것처럼 행동한다. 하나의 예는 학교에서 지난 학기를 실패해서 자살을 시도한 내담자다. 그녀는 자기 숙제를 치료자가 함께 검토하는 형식으로 실제적으로 도와주기 원하는 자기 소망에 초점을 맞추

■■■6) 중단은 치료에 대한 위협이라기보다는 치료의 끝처럼 들릴 수 있다. 그러나 애착에 대해 심한 양가성을 가진 경계선 내담자는 치료에서 반복적으로 '중단'되기 쉽다. 우리가 이 용어를 인용부호 안에 넣은 이유는 치료를 중단하겠다는 내담자 말이 치료자와 관여되어 머물러 있는 것이 얼마나 어려운지를 나타내기 때문이다. 만일 이 상황을 적절하게 다룬다면(8부의 질문 65 참조) 대부분의 중단은 피할 수 있다. 불행하게도, 많은 치료자들은 그 상황의 역동을 이해하지 못하며, 중단을 피할 수 있는 방법으로 개입하지 않는다.

기 시작했다.

> 아시다시피 이건 내 힘으로 할 수 없어요. 정말이에요. 또 그러겠지요. 나는 제대로 못할 거예요. 나는 실패할 테고 다시 자살을 시도할 거예요. 아마 이번에는 진짜로 하겠지요. 누군가가 나에게 그렇게 분명하고 간단한 도움을 청한다면, 그리고 그 사람의 생명이 달려 있다면, 난 뭔가 할 거예요. 난 선생님처럼 그렇게 앉아 있지만은 않을 거예요. 선생님이 미친 거 아닌가요? 인정도 없나요? 내가 자살하기를 바라나요?

실제적 지원을 해 주고 싶은 유혹이 치료자에게 많지만 그리고 그렇게 하는 것의 위험이 작아 보일 수 있지만, 그것은 그렇지 않다. 첫째, 만일 치료자가 '실제적 도움'으로 개입한다면, 치료자는 공부를 할 수 없다는 내담자의 생각 속에서 내담자를 만나게 될 것이다[첫 진단 단계에서는 어떤 지능의 결함도 나타나지 않았고 학습 무능력의 과거력도 없었다]. 이러한 의미에서, 치료자는 내담자가 자신의 내적 세계를 관찰하도록 돕기보다는, 그 세계에 들어가게 된다. 치료자는 가난하고 무기력한 자기표상이 바라는 (일시적으로) 이상화된 돕는 이로서 들어갈 것이다. 내담자 내적 세계의 표면적 부분이 이렇게 상연되는 것은 치료자 노력에 대한 내담자의 보다 깊은 수준의 방해에 의해 곧 약화될 것이며, 이를 통해 그녀에게 아무도 없다는 것을 '증명한다.' 그뿐 아니라, 치료자는 전이 속에서 상연되기 시작하는 내적 세계 측면을 탐색해 볼 기회를 놓칠 것이다. 그것은 비록 치료자가 치료를 시작할 때 설명했던 것과 같은 도움을 제공하고 있다고 해도, 상대가 내담자를 실망시키는 경험의 극적인 상연이다.

37. 이차적 이득의 개념은 무엇이며, 그것을 불필요하게 하는 것은 왜 중요한가?

정신분석 관점에서 증상이나 장애의 일차적 이득은 히스테리성 전환 증상의 고전적 예처럼 그것이 주는 불안을 완화시키는 것이다(1부의 질문 6 참조). 이차적 이득은 그러한 일차적인 심리내적 위안을 넘어서서 내담자가 증상이나 장애로부터 경험할 수 있는 어떤 이득이다. 이차적 이득의 범위는 내담자가 자신의 경계선 장애로 인해 치료자와의 접촉을 통해 경험하는 만족으로부터 정신과적 장애로 인해 정부로부터 받는 이득까지 이른다. 어떤 이차적 이득을 알아차리는 것은 중요한데, 이유는 그것이 나아지려는 노력을 방해하기 때문이다. 일부 내담자들은 능동적이고 독립적으로 생활하는 대신에 다양한 형태의 치료에 참여하는 것처럼 보인다. 어떤 내담자가 받고 있는 정신과적 장애의 보상은 자립하려는 그의 노력을 방해할 수 있다. 이러한 이차적 이득의 문제는 일반적으로 치료의 계약 맺기 단계에서 논의된다. 치료자는 치료가 좀 더 자율적인 기능을 지지할 것이라는 점을 분명히 한다. 따라서 제한된 기간의 극단적 경우를 제외한다면, 치료자는 정신과적 장애를 지지하지는 않을 것이며, 직장이나 학교에서 치료에 기대하는 역할을 어떤 수준에서 해낼 것이다.

보다 미묘한 형태의 이차적 이득은 치료과정에서 내담자가 치료자의 주의를 받는 데서 오는 만족을 둘러싸고 나타날 수 있다. 비록 말로 하지는 않더라도, 때로 치료자는 내담자가 만족해하는 것을 감지할 수 있는데, 그것은 현 상태를 받아들이고 어떤 에너지를 써서 변화시키려는 노력을 하지 않는 느낌이다. 치료자와 함께 있는 데에서 내담자가 경험하는 만족감이 치료를 찾는 주된 이유가 된다. 치료자는 이러한 가능성을 탐색해야 한다. 구조에 대한 대부분의 위협과 마찬가지로, 그것은 전이의 함의를 가지며, 내담자 내적 세계의 한 측면을 반영한다. 치료자는 다음과 같이 말할 수 있다.

요즘 ○○씨는 치료시간에 매우 편안해 보이네요. 문제는 가져오지만, 내 말을 별로 귀담아 듣는 것 같지 않고 그걸 해결하려고 애쓰거나 고민하는 것 같지 않아요. ○○씨는 그냥 여기 와서 그 문제를 얘기하는 것만으로 만족하는 것처럼 보여요. 그렇다면 이건 생각해 볼 필요가 있어요. 이 치료는 ○○씨가 변하기 위한 것이지, 그냥 현재 상태를 위로 받기 위한 것만은 아니에요. 좀 생각해 봐야 할 게 있어요. 간단히 말하면 사람들이 치료받으러 오는 이유는 둘 중 하나예요. 첫 번째는 변화하기 위해서이고, 두 번째는 관심을 갖고 잘 들어 주는 사람과 함께 있는 것이 좋기 때문이지요. 물론 실제로는 이 두 가지 이유가 섞여 있겠지요. 그러나 중요한 것은 ○○씨가 여기에 오는 것 자체를 점점 더 좋아하는 것처럼 보인다는 거예요. ○○씨가 내 얘기를 잘 듣지 않는 걸 보면, ○○씨는 끝없이 치료받고 싶어하면서 치료가 끝나지 않도록 변화에 저항하는 것 같아요. 내가 이 얘기를 하는 이유는 이걸 통해 우리가 ○○씨에 대해 더 알 수 있기 때문인데, 그건 ○○씨가 나를 자기 얘기를 잘 들어 주는 친절한 친구로 만들고 싶어한다는 거예요. 만일 우리가 이 상황을 그대로 둔 채 이것을 알아차리지 못하고 ○○씨의 변화를 위해 활용하지 않는다면, 그건 우리가 치료를 포기하는 것이고 변화라는 치료목표도 포기하는 것이에요. 지금 내가 권하는 것은 우선 보살핌 받고 싶은 ○○씨 소망을 더 살펴보고, ○○씨 생활에서 이 소망이 어떤 역할을 하는지 이해하기 위해 노력해 보자는 것이에요. 그리고 상대방이 ○○씨를 보살펴야 하는 치료밖 상황에서, 이 소망이 ○○씨에게 왜 어느 정도라도 채워지지 않았는지 이해해 보자는 거예요.

종종 보살핌 받기 위해 치료를 이용하는 사람들에게서 보살핌 받고 싶은 소망을 탐색해 보면 기저의 이자관계가 드러난다. 그것은 자신에게 그 누구도 진정한 관심을 갖지 않을 것이라고 믿는 의심 많은 자기와, 실제 생활에서 찾을 수 없다고 믿는 것을 보증하기 위해 구조화된 보살핌 상황에 의지해야만 하는 자기다.

우선적으로 다룰
주제 선택하기

A primer of **transference focused** psychotherapy for the borderline patient

38. 한 회기에 나온 자료 중에서 무엇을 다룰지 치료자는 어떻게 결정하는가?

39. 치료자의 주의는 어떤 경제적, 역동적, 구조적 원칙에 따르는가?

40. 세 가지 소통 경로는?

41. 한 회기 내에 제시되는 자료 중에서 우선순위 위계는?

42. 회기 중 매 순간 치료자는 이러한 위계를 어떻게 활용하는가?

43. 이 목록 중 일반적으로 치료자에게 특별한 도전이 되는 항목은?

44. 치료를 방해하는 것을 다루는 것과 분석 작업 자체는 엄격하게 구분되는가?

38. 한 회기에 나온 자료 중에서 무엇을 다룰지 치료자는 어떻게 결정하는가?

어떤 자료를 다룰지 결정하는 것은 경계선 내담자의 치료자에게 가장 중요한 문제 중 하나다. 왜냐하면 치료자는 많은 자료에 접하므로 무엇에 초점을 맞출지 보통 잘 알지 못하기 때문이다. 어떤 자료를 다룰지 결정하는 문제를 논의하면서 다음의 주요 개념을 살펴보겠다.

1. 개입의 경제적, 역동적, 구조적 원칙
2. 세 가지 소통 경로
3. 한 회기에서 나온 자료 중 우선순위 위계

39. 치료자의 주의는 어떤 경제적, 역동적, 구조적 원칙에 따르는가?

이러한 원칙은 마음 안에서 움직이는 역동적 힘, 즉 추동, 정동, 금지 그리고 외부 현실 간의 상호작용을 포함하는 정신분석적 개념에 기초를 두고 있다.

경제적 원칙이라는 용어는 마음 안에서 움직이는 힘의 경제라는 개념을 의미한다. 치료에서 이러한 원리를 실제로 적용하는 것은 치료자가 회기에서 가장 큰 정동을 전달하는 자료에 주의를 집중하는 것이다. 내담자가 자기 어머니가 암 진단을 받았다고 이야기하며 강한 정동을 나타낼 때와 같은 경우에 이는 분명해 보인다. 그러나 어머니가 암 진단을 받았다고 이야기하지만 같은 회기에서 그날 일하러 가는 데 늦었던 것을 좀 더 강한 정동으로 이야기할 수도 있다. 치료자는 우선 정동을 알아보고 탐색해야 한다.

역동적 원칙은 마음 안에서 갈등을 일으키는 역동적 힘을 살펴보고 이것이 이자 대상관계에서 어떻게 나타나는지를 살펴보는 것이다. 이 원칙은 치료자가 해석하는 데 사용할 자료의 순서를 결정할 때 주로 적용된다. 임상 실제 용어로 치료자는 다음과 같이 자문해 볼 수 있다.

무엇이 무엇을 방어하는가?

그리고 일반적으로 방어되고 있는 충동을 다루기 전에 방어 수준을 다루는 개입을 해야 한다. 이를 표면에서부터 심층으로 작업하기라고 부르는데 방어가 의식적 자각에 좀 더 가깝다는 의미에서 그렇다. 예를 들면 다음과 같다.

○○씨는 내가 차갑고 거절하는 가학적인 사람이라고 고집부리고 있어요. 심지어 ○○씨가 월요일에 올 수 없을 때 다른 시간을 내드렸을 때조차 내가 편한 시간을 내줬을 뿐이라고 사납게 반응했어요. 내가 보기에 ○○씨는 지난 몇 주 동안 점점 더 나를 차갑고 허용하지 않는다고 보는 것 같아요. ○○씨가 나를 그렇게 보는 게 맞죠?

이러한 개입은 방어적 기능을 하는 이자관계를 기술하고 있다. 만약 내담자가 그렇다고 하면 치료자는 계속해서 다음과 같이 말할 수 있다.

○○씨는 나를 점점 더 그렇게 보면서 자기 안에 있는 불편하고 불안해지는 감정을 감출 수 있는 것 같아요. 미묘하지만 가끔 눈빛을 보면 ○○씨는 나를 다르게 보는 것 같기도 해요. 이런 미묘한 신호를 보면 ○○씨는 나한테 긍정적인 것도 느끼는 것 같아요. 그러나 어떠한 이유 때문인지 그러면 ○○씨는 불안해져서 나를 더 비난하는 것 같아요. 마치 ○○씨와 나 사이에 긍정적인 것은 아무것도 없다는 것을 확인하려는 듯이 말이에요.

치료자는 방어되고 있는 정동과 충동을 다루려고 하고 있다. 이러한 과정의 최종 단계는 이러한 감정을 방어해야 할 필요를 이해하는 것이 될 것이다 (5부의 질문 51에서 이 문제를 좀 더 논의할 것이다).

구조적 원칙은 광범위한 조직화 원칙으로서 이를 통해 치료자는 심리 내적 힘의 지배 구조를 공식화하고 전체적으로 살펴볼 수 있게 된다. 이 구조는 경계선 내담자에게 있어 지배적인 이자 대상관계로 표상되며, 신경증 내담자와 마찬가지로 원초아, 자아, 초자아라는 좀 더 조직화된 구조로 표상된다. 경계선 내담자에게 있어 이러한 공식화에 도달하는 가장 효율적인 방법은 만성적 기저선 전이(chronic baseline transference)를 파악하는 것이다. 이는 순간순간 관찰되는 변동하는 전이에 기저하며 어떠한 치료적 단계에서 결정적 갈등을 나타낸다. 항상 그렇지는 않지만 대부분의 경계선 내담자들은 치료를 시작할 때 만성적인 편집적 전이를 나타낸다. 즉, 자신은 약하고 상처받기 쉽기 때문에 혹시 어떠한 친밀감이 발전할 수 있는 데 대해서도 경계한다. 왜냐하면 대상이 언젠가는 결국 자기를 거부하고 버리며 상처 주거나 착취하리라고 믿기 때문이다(2부의 질문 17 참조).

요약하면 치료자는 이러한 세 가지 원칙에 따라 다음 사항을 명심해야 한다. ① 내담자의 정동을 따라간다. 이는 어느 시점에서 지배적인 이자 대상관계가 어떠하리라는 것에 지표가 된다. ② 방어적 목적에 사용되는 것 같은 자료를 우선 살펴보고 다룬다. ③ 어떤 표면적 이자관계가 어떤 기저의 이자관계를 방어하고 있는지 측면에서 이자관계가 전체적으로 어떻게 조직화되어 있는지를 살펴본다(이 개념은 5부의 질문 51에서 다시 논의할 것이다).

40. 세 가지 소통 경로는?

1. 내담자 이야기의 언어적 내용 또는 간단히 말해 내담자가 말한 것.

2. 내담자의 비언어적 소통. 즉, 내담자가 말을 어떻게 하는가? (어조, 크기 등), 내담자의 신체 언어가 어떠한가? (자세, 얼굴 표정, 몸짓, 시선 접촉 등)

3. 치료자의 역전이. 이것은 가장 미묘한 소통 경로일 수 있다. 역전이는 매 순간 내담자에 대한 치료자의 전체적인 정서적 반응이다. 이것은 다음의 네 가지 요인에 의해 결정된다는 점에서 복합적인 현상이다.

   a) 치료자에 대한 내담자의 전이

   b) 내담자의 객관적 현실(치료자는 내담자의 생활 환경에 대해 관심을 가질 수도 있고 다른 반응을 보일 수도 있다.)

   c) 자신의 내적 세계에 의해 결정되는 치료자 자신의 전이 성향(역전이의 이러한 측면 때문에 치료자는 자신의 습관적 반응을 자각하고 있어야 한다. 이를 담보하기 위해서 치료자는 스스로 정신분석 또는 심리치료를 받는 것이 좋다.)

   d) 치료자의 삶의 현실(예, 치료자의 업무가 '부진한가', 그래서 수입 때문에 사례를 '유지' 할 필요가 있는가?)

이러한 네 가지 요인 모두가 치료자의 역전이에 영향을 끼치기 때문에 내담자에 대하여 내부에서 일어나는 경험의 원천을 구분해야만 한다. 경계선 내담자와 작업하는 데 있어서 역전이는 특히 중요한 정보원이다. 임상 경험에 의하면 내담자의 성격 병리가 심할수록 내담자의 전이가 치료자의 역전이를 결정한다. 따라서 경계선 내담자의 경우에는 역전이의 많은 부분이 전이에서 나타나는 내담자의 내재화된 이자 대상관계에 의하여 결정된다.

역전이는 일치적일 수도 있고 상보적일 수도 있다.[1] 일치적 역전이 (concordant countertransference)는 치료자가 내담자의 현재 주관적 정동 경험 (내담자는 이를 어느 정도 분명하게 자각할 수도 있다)에 정동적으로 동일시할 때 일어난다. 즉, 치료자는 내담자의 주관적 경험을 공감한다. 이러한 경우, 내담자의 현재 자기표상과 치료자의 공감 사이에 소통이 일어난다. 치료자가 일치적 역전이를 경험할 때 치료자는 시험적 동일시를 통해 내담자가 어떻게 느끼는지를 알게 된다고 말할 수도 있다.

상보적 역전이(complementary countertransference)는 현재 활성화된 이자관계에서 대상표상에 동일시하는 것이다. 상보적 역전이는 내담자의 분열된 내적 대상을 좀 더 느낄 수 있게 해 주므로 현재 이자관계 전체에 대한 감을 제공해 준다.

다음 예는 이러한 개념을 좀 더 분명하게 해 줄 것이다. 만약 내담자가 "시험에 떨어졌어요."라고 말하고 가만히 있을 때 치료자는 가슴이 아플 수 있다. 이는 일치적 역전이를 나타내며, 이러한 경우 치료자는 다음과 같이 말할 수 있다.

세상이 끝난 것 같아서 아무 말도 안하나 봐요.

그러나 똑같은 상황이라도 치료자는 화가 날 수 있다. 이는 상보적 역전이를 나타내며, 이러한 경우 치료자는 다음과 같이 말할 수 있다.

내가 비난할 것 같아서 아무 말도 안하나 봐요.

---

1) H. Racker, "역전이의 의미와 활용(The Meaning and Uses of Countertransference)", *Psychoanalytic Quarterly* 26 (1957): 303-357.

이러한 경우 치료자는 화를 내는 것이 내담자가 전이에 투사한 박해적 대상을 동일시한 것임을 알아차린다.

물론 비경계선 내담자를 치료하는 치료자도 세 가지 경로에 대하여 잘 알고 있어야 한다. 그러나 일반적으로 병리가 더 원시적일수록 두 번째와 세 번째, 즉 비언어적 경로와 역전이 경로가 더 중요하다. 간단히 말해 이는 경계선 내담자의 분열된 내적 세계 때문이다. 일반적으로 내담자는 어떤 시점에서 자신이 말하는 것은 이미 알고 있지만 내적 모순이나 분열된 부분에 대해서는 자각하지 못하므로 이것들은 결코 의식으로 올라오지 못하고 다만 행동이나 신체화를 통하여 표현될 뿐이다.[2] 치료자가 이것을 아는 것은 매우 중요하다. 내담자의 연상을 주의 깊게 경청하도록 훈련은 되었지만 내담자와 치료자의 상호작용 및 역전이를 정확하고 민감하게 관찰하도록 훈련되지 못한 치료자는 오랜 기간 동안 아무런 치료적 진전 없이 시간만 보낼 수 있다.

■ ■ 2) A. Green, 사적 광기에 대하여(*On Private Madness*) (Madison, CT: International Universities Press, 1993), p. 209.

41. 한 회기 내에 제시되는 자료 중에서 우선순위 위계는?

이 위계는 한 회기 내에 나타날 수 있는 문제들을 열거하고 문제가 나타날 때 무엇부터 다룰지 순서를 결정한다. 위계는 두 가지 주요 원칙에 기초해 있다.

1. 첫째, 내담자의 생명이나 안전에 대한 위협 등 치료 수행을 위협하는 것을 먼저 다루라.
2. 그 다음 내담자의 내적 세계 속의 자기표상과 대상표상의 발현(manifestation)이 전이 또는 다른 자료에서 나타나는 것을 다루라.

위협을 먼저 다루어야 하는데 이는 내담자의 내적 세계를 이해하고자 하는 더 중심적인 작업에 방해가 되기 때문이다.

회기 내용과 관련하여 우선순위 위계는 다음과 같다.

1. 전이를 탐색하는 데 방해가 되는 것
   a) 자살 또는 살인 위협
   b) 치료 지속에 대한 직접적 위협(예: 치료 빈도를 줄이고자 하는 요청, 곧 치료를 끝내겠다는 암시)
   c) 회기 중 불성실 또는 고의적 유보(예: 거짓말, 어떤 주제를 다루기 거부함, 회기 대부분 침묵함)
   d) 계약 위반(예: 필요 체중을 유지하지 않음, 단주 모임에 나가서 금주하지 않음, 처방약을 복용하지 않음)

e) 회기 내 행동화(예: 물건을 던짐, 사무실 기물 파손, 너무 크게 소리를 질러 옆 사무실 사람을 방해함, 회기가 끝났는데도 가지 않음)

f) 회기 사이에 치사량에 이르지 않는 행동화

g) 정동이 결여된 사소한 주제로 회기 시간을 독점하기('사소화하기')

2. 자기표상과 대상표상을 보여 주는 전이 발현

a) 치료자에 대한 언어적 언급

b) 내담자가 치료자를 '대하는 방식'(어떤 때 내담자의 태도, 내담자의 어조와 자세, 유혹적 태도로 앉는 것과 같은 내담자의 신체적 소통 등)

c) 전이 현현에 대한 치료자의 추론(예: 다른 치료자나 권위적 인물에 대한 언급 등)

3. 정동이 실린 비전이적 자료

치료 세팅 밖의 내담자 생활에서 인물이나 상황에 대해 이야기하는 것(비록 이러한 자료를 탐색하다 보면 아주 흔하게 전이 주제로 돌아오지만. 치료자가 이러한 자료의 전이적 의미를 알아차리기 위해 가장 좋은 것은 가끔씩 '내담자가 왜 지금 이 이야기를 하는 것일까?'를 생각해 보는 것이다.)

42. 회기 중 매 순간 치료자는 이러한 위계를 어떻게 활용하는가?

치료자가 이러한 목록을 아주 잘 알고 있어서 회기에서 모든 자료를 경청하고 관찰하는 동안 이것이 그들의 사고에서 '제2의 천성'이 되도록 해야 한다. 위계 때문에 치료자는 내담자의 연상 흐름을 끊을 수도 있다. 예를 들어, 내담자가 자살 사고를 지나가면서 언급하고 다른 자료로 옮겨갈 수 있다. 치료자는 우선순위에 주목하여 다음과 같이 언급하며 개입할 것이다.

○○씨는 자살에 대해 이야기하는데 어떻게 된 사정인지 분명하지 않네요. 다른 이야기로 넘어가기 전에 그게 ○○씨 생명이나 치료를 위협하는지 분명히 해야 해요. 그리고 물론 지금 시점에서 ○○씨가 자살 사고를 이야기하는 것의 의미도 이해해야 하구요.

이와 마찬가지로 일정 체중을 유지하기로 치료 계약을 맺은 거식증 내담자가 치료에 왔을 때 훨씬 더 말라 보이는데 섭식 습관에 대해서 아무런 말이 없을 수 있다. 치료자는 '일상적으로' 다른 주제를 다루기보다 이러한 계약 위반을 다루어야만 한다.

우선순위 위계는 계약 맺기에서 논의하였던 치료에 대해 있을 수 있는 위협과 많은 부분 공통된다(4부-A의 질문 30 참조). 그러한 의미에서 우선순위 위계를 따르는 치료자의 기법은 계약 맺기 때의 사고방식을 상기시킨다. 회기 중 치료에 대한 위협이 일어나면 치료자는 항상 그러한 위협을 다루기 위하여 계약 시 수립한 변형기법을 상기하여야 한다. 계약 시 예상하지 않은 위협이 치료과정 중 나타나면 치료자는 그러한 위협을 다루기 위하여 우선 변형기법을 적용해야 한다. 그리고 변형기법이 적용되고 나면 그 자료의 의미를 탐색하는 작업을 진행한다. 치료에서 중요한 규칙은 변형기법이 적용된 뒤에라야 탐색을 진행할 수 있다는 것이다. 변형기법이 적용되면 치료자는 질문을 계속할 수 있다.

이 시점에서 왜 이런 문제가 생겨서 치료를 위협하는지 이제 알아보죠.

예를 들어, 만약 내담자가 치료과정 중 심각한 자살 사고 같이 들리는 것을 이야기한다면 치료자는 주요 우울증 에피소드가 있는지를 우선 감별진단한 뒤 내담자에게 자살 사고를 다루기로 했던 초기의 약속을 상기시켜야 할 것이다(4부-A의 질문 31 참조). 그런 다음에야 내담자가 이 시점에서 이러한 문제를 꺼낸 의미를 탐색할 수 있다.

43. 이 목록 중 일반적으로 치료자에게 특별한 도전이 되는 항목은?

치료자는 종종 치명적이지 않은 행동화 문제를 어떻게 다뤄야 할지 잘 알지 못할 수 있다. 다음에 한정된 것은 아닌데 가벼운 자해, 머리 박기, 머리 뜯기, 약 용량 '가지고 놀기', 주기적인 약물남용 '실수', 아파서 일하러 갈 수 없다고 전화하기 등 다양한 범주가 여기에 속한다. 이러한 종류의 행동화에 치료자가 얼마나 강하게 반응할지는 다음 원칙에 따른다.

1. 그 행동이 초래하는 위험이 얼마나 큰가?
2. 그 행동 때문에 치료자가 너무 불안해서 생각을 분명히 할 수 없는가?
3. 내담자의 내적 세계를 깊이 있게 탐색하는 것이 불가능할 정도로 행동화가 회기의 정동을 '흡수'하는가?

치명적이지 않은 행동화를 다루는 것이 잠재적으로 치명적인 행동화를 다루는 것보다 치료자에게 좀 더 어려울 수 있다. 내담자가 자살 사고를 통제할 수 없으면 응급실에 가거나 입원 치료를 해야 한다. 치명적 행동의 위험이 지나가면 탐색적 치료를 다시 시작할 수 있다. 그러나 가벼운 자해를 했다고 일반적으로 치료를 응급 치료로 옮기지는 않는다. 치료자의 태도는 다음과 같아야 한다. 즉, 치명적이지 않은 행동화는 자해의 경우에 흉터를 남기는 것이나 또 다른 예를 들면 일하러 가지 않아 일자리를 잃어버리는 것처럼 구체적인 방식으로 해가 될 뿐 아니라 치료의 '원자료'를 구성하는 정동을 없애 버리기 때문에 치료 작업에도 해가 된다(행동화의 정의를 상기하라, 4부-A의 질문 28). 만약 자해를 하지 않았다면 또는 일하러 갔다면 내담자는 무엇을 느꼈을까? 지속적인 비치명적 행동화에 대한 치료자의 반응은 다음과 같다.

○○씨는 뒤집힐 때마다 자해를 하는 것으로 불안 문제를 해결하는 것 같아요. 그러나 그것은 그리 좋은 해결책이 아니에요. 우선 흉터가 남잖아요. 그러나 치료의 관점에서 더 중요한 것은 여기서 작업해야 할 내용을 없애 버려요. 감정을 그렇게 쏟아 버리면 치료에서 작업할 필요가 있는 강한 정동이 없어져 버려요. ○○씨가 이런 식으로 감정을 계속 처리해 버리면—행동으로 감정을 쏟아내 버림—작업을 해낼 수가 없어요. ○○씨가 꼭 알아야 될 중요한 것은 이런 식으로 행동화를 계속하면 치료를 계속할 수 없다는 것이에요.

만약 내담자가 주기적으로 행동화를 계속하면, 치료자는 내담자가 탐색적 치료를 불가능하게 하고 있다는 것, 그리고 지속적인 행동화는 문제행동 초점 치료에 의뢰해야 하는 적응증이 된다는 것을 지적할 수 있다. 이러한 상황을 논의하면서 치료자는 물론 지속적인 행동화가 관련된 정동과 의미를 자각하길 회피하는 방법일 수도 있다는 것을 시사할 것이다. 때로 다른 치료에 의뢰하는 것을 논의하면 내담자가 행동화를 중지하거나 상당히 감소시킨다. 내담자를 다른 치료에 의뢰하기로 결정하는 것은 치료자에게 어려운 일이다. 왜냐하면 이는 행동화가 너무 심해서 탐색적 과정을 불가능하게 할 정도로 방해하느냐에 대한 임상적 판단을 필요로 하기 때문이다. 이러한 결정에 절대적인 객관적 지침은 없다. 대부분의 내담자들은 치료 후 첫 6개월에서 12개월 사이에 행동화가 현저히 줄어들긴 하지만 어떤 사례에서는 훨씬 더 오랫동안 치료에서 문제가 될 수도 있다.

44. 치료를 방해하는 것을 다루는 것과 분석 작업 자체는 엄격하게 구분되는가?

그렇지 않다. 심리역동 접근의 치료에서 한 가지 재미있는 사실은 치료에 대한 저항을 작업하면 항상 내담자의 심리적 과정과 관련된 무엇인가를 알게 된다는 것이다. 예를 들어, 치료를 중단하겠다고 위협하는 내담자의 경우에는, 우선 위협을 다루고 그것이 어떤 두려움을 나타낼 수 있는지를 이해하려고 해야 한다. 치료자는 다음과 같이 말할 수 있다.

○○씨가 점점 더 여기가 지루하고 계속 오는 것이 시간이나 돈이 아깝다고 생각하는 것은 중요한 문제예요. 사실 치료 후 3개월이 지났는데 ○○씨 기분이 그다지 좋아지지 않고, 실제로 어떤 경우에는 좀 더 불안하기도 해요. 여기서 지루하게 느끼는 것도 사실일지 몰라요. 그런데 내가 보기에는 불편하고 불안해 보여요. 그 문제는 나중에 다룰 수 있어요. 우선 먼저 다룰 것은 계속할 것인지 그만할 것인지예요. 물론 자유롭게 선택할 수 있어요. 그러나 내 생각에 ○○씨가 이 점은 꼭 알아야 될 것 같아요. ○○씨가 치료를 그만둔다면 그것은 잘못된 판단인 것 같아요. 그렇게 하고 싶은 마음 뒤에는 ○○씨도 잘 모르는 어떤 감정이 있다고 생각해요. 그러나 ○○씨가 치료를 그만둔다면 그러한 감정을 이해해 볼 수 있는 기회를 놓치게 돼요. 그래서 내 생각에 치료를 종결할 생각을 행동에 옮기기 전에 먼저 시간을 갖고 그것을 이해해 보려 해야 돼요. 다시 말해 ○○씨가 그냥 다음 시간에 오고 싶지 않을 때라도 꼭 와서 ○○씨를 그렇게 몰고 가는 감정을 충분히 이야기해야 돼요. 동의합니까?

내담자가 동의하느냐 아니냐에 따라 치료자는 다르게 진행할 것이다. 이러한 상황에서 어떻게 진행시킬지에 대해 조언을 구하려면 후반부의 해석 부분을 참고하라(5부, 질문 50과 51 참조). 여기에 예로 든 것은 치료를 방해하는 것이 내담자의 내적 세계를 더 탐색하고 이해하는 출발점이 될 수 있는지를 보여 주기 위한 것이다.

4부-C

기타 기략들

A primer of **transference focused** psychotherapy for the borderline patient

45. 내담자와 치료자 간 현실에 대한 양립할 수 없는 시각 차이가 생기는 것과 현실에 대한 합의점을 찾는 것 사이에서 치료자는 어떻게 균형을 유지하는가?

46. 전이의 긍정적 및 부정적 측면 둘 다를 분석해야 한다는 것은 왜 중요한가?

45.
내담자와 치료자 간 현실에 대한 양립할 수 없는 시각 차이가 생기는 것과 현실에 대한 합의점을 찾는 것 사이에서 치료자는 어떻게 균형을 유지하는가?

전이초점 심리치료의 일반적 접근은 내담자가 세상을 바라보는 시각, 특히 치료자를 바라보는 시각, 그리고 자신과 치료자 간 상호작용을 바라보는 시각을 분명히 하게끔 하는 것이다. 상호작용에 초점을 맞추는 한 가지 이유는 그것이 경험 자체와 경험을 내담자가 기술하는 것 사이의 차이를 치료자가 정확하게 평가할 수 있는 유일한 세팅이기 때문이다. 즉, 한 내담자가 자기 아내가 자신을 차갑게 대한다고 반복해서 말한다면 치료자는 대개 그 말이 사실인지 다소 왜곡되어 있는지 충분히 알 길이 없다. 그러나 만약 치료자는 자기 역할에 충실하였을 뿐인데 내담자가 자기를 차갑게 대한다고 사납게 비난한다면 치료자는 내담자가 외부의 실제 대상을 내적 대상표상의 왜곡된 시각을 통해 지각하는 경향이 있음을 좀 더 분명하게 알 수 있다. 따라서 전이초점 심리치료자는 자신에 대한 왜곡된 상을 즉각적으로 교정하고 싶은 매우 인간적인 유혹을 이겨 내도록 주의해야 한다. 왜냐하면 바로 이 왜곡된 상이 치료에 핵심적 자료를 가져다주기 때문이다.[1]

다음의 예는 이러한 점을 보여 준다. 한 치료자가 정해진 시간보다 5분 늦게 회기를 시작하였는데 내담자의 첫마디가 다음과 같았다.

---

1) J. Steiner, 심리적 후퇴: 정신병, 신경증, 그리고 경계선 내담자에서 인성의 병리적 조직화 (*Psychic Retreats: Pathological Organization of the Personality in Psychotic, Neurotic, and Borderline Patients*) (London: Routledge and The Institute of Psychoanalysis, 1993), pp. 131-146.

선생님이 나를 좋아하지 않고 만나고 싶어하지 않는다는 것이 점점 더 분명해져요. 매번 그런 게 보였죠. 이렇게 기다리게 하는 것을 보면 내가 가 버리길 바라는 것이 분명헤요. 나는 거의 그럴 뻔 했어요. 만약 1분만 더 기다리게 했다면, 여기를 나가 버렸을 것이고 다시는 나를 볼 수 없었을 거예요.

많은 치료자는 방어하려 하고 안심시키려 하면서 다음과 같이 반응하려 할 것이다. 이는 내담자의 변화 노력을 지지하고자 하는 것이지만 문제의 근원에 닿지는 못한다.

여기서 ○○씨가 보이는 태도를 살펴보는 것이 좋겠네요. ○○씨는 자기나 남에게 너무 고지식하고 요구가 많아 여유가 없는 것 같아요. 5분 늦은 것은 보통 있을 수 있는 일이죠. 그걸 가지고 ○○씨가 나를 비난하고 그것 때문에 내가 ○○씨를 좋아하지 않는다고 생각해 버리는 것은 ○○씨가 누구와도 친해지지 못하는 것과 밀접한 관계가 있는 일이에요.

위와 같이 하기보다 전이초점 심리치료자는 다음과 같이 반응할 것이다.

지금 나를 어떻게 보는지 좀 더 애기해 봐요. 내가 5분 늦게 문을 연 것이 ○○씨를 좋아하지 않는다는 증거라는 거죠. 내가 ○○씨에 대해서 어떻게 느낀다고 생각하는지, 내가 ○○씨를 좋아하지 않는다고 생각하게 된 이유가 무엇인지 좀 더 설명해 볼래요?

치료자는 나중에 다음과 같은 말로 개입할 수 있다.

내가 ○○씨를 좋아하지 않는 것이 확실하다면 내가 지금 ○○씨를 왜 만난다고 생각하세요?

많은 경우 내담자는 이를 설명하면서 스스로 어느 정도 통찰을 얻을 수 있다. 내담자가 자신에 대한 치료자의 태도를 묘사하는 것이 너무나 극단적이어서 지나친 외팔보식 건물 확장이 더 이상 지탱할 수 없는 것과 같이 '스스로의 무게 때문에 무너지기' 시작한다. 내담자는 스스로의 말에 있는 모순을 볼 수 있다. 그가 치료자를 극단적으로 부정적으로 묘사하는 것이 지난주에는 치료자가 내담자를 위하여 일부러 시간을 바꿔 주기도 했다는 사실 같은 다른 자료와 맞지 않는다는 것을 깨달을 수도 있다.

그럼에도 불구하고, 내담자가 자신의 투사를 확고하게 고수하면서 스스로 어떤 통찰도 얻지 못할 때도 있다. 그런 경우 치료자는 좀 더 적극적인 역할을 해야 한다. 극단적인 경우 내담자의 지각이 객관적 사실을 왜곡하기도 한다. 위의 예를 들자면 내담자는 다음과 같이 말할 수도 있다.

선생님은 치료 시간의 절반이나 나를 기다리게 했어요. 차라리 오지 말라고 확실히 이야기하시죠.

이러한 사례에서 첫 번째로 할 일은 이러한 사실이 내담자에게 가지는 의미를 탐색하기 전에 내담자와 치료자가 이러한 사실에 대해 얼마나 공통된 시각을 갖고 있는지 알아보는 것이다. 이러한 상황에서 치료자는 다음과 같이 말할 수 있다.

내가 ○○씨를 치료 시간의 절반이나 기다리게 했다고 했는데 정말 그렇다는 거예요? 아니면 말이 그렇다는 거예요?

내담자가 자신이 과장해서 말했다는 것을 인정하면 치료자는 5분 늦은 것에 대한 내담자 자신의 시각과 의미를 계속해서 탐색해 나갈 수 있다. 그러나 만약 내담자가 다음과 같이 말한다면,

> 선생님은 나를 20분이나 기다리게 했어요. 선생님이 만약 이 점을 인정하지 않는다면 선생님은 거짓말쟁이이고 나는 당장 여기서 나갈 거예요.

치료자는 계속하기 전에 현실에 대한 내담자의 상이한 시각을 직면시켜야 한다. 치료자는 다음과 같이 말할 수 있다.

> 내가 문을 20분 늦게 열었다고 하는데 나는 5분 늦게 문을 열었어요. 우리 둘 다 맞을 수는 없겠죠. 여기서 말이 서로 다른 것을 살펴보아야만 해요. 둘 다 맞을 수는 없어요. 우리 둘 중에 하나는 틀렸는데도 자기 입장을 재고하지 못하네요. 이것은 마치 정상인과 미친 사람이 한 방에 있는 것과 같은 일이에요. 그런데 누가 누군지 알 수가 없군요. 여기에 미친 부분이 있다는 데 동의한다면 그 부분이 누구에게 있는지 알아 봅시다. 유일한 다른 가능성은 우리 중 누가 거짓말을 하고 있다는 것이에요. 내가 거짓말을 하고 있다고 생각하면 얘기해 주세요. 그것의 의미를 탐색해 볼 수 있게요.

이러한 방법을 양립할 수 없는 현실을 탐색하기라고 하고 전이초점 심리치료에서 보통 하는 대로 전이를 탐색하도록 한다. 근본적인 문제는 그 순간에 치료자와 내담자가 똑같은 현실에 기반해 있지 않다는 것이다. 그렇다면 우선순위 문제는 이러한 광기 안에 포함된 환상의 본질을 분명히 하는 것이다. 내담자는 양립할 수 없는 현실을 어떻게 이해하는가? 치료자가 악의적인가? 무심한가? 멍청한가? 아니면 미쳤는가? 시간을 지킬 수 없을 만큼 치료자가

부주의하거나 무관심한가? 치료자가 거짓말을 할 정도로 내담자를 우습게 보는가? 내담자는 그 사건에 대한 자신의 지각이 부정확하거나 왜곡될 수 있는 가능성을 생각해 볼 수 있는가? 치료자가 거짓말을 하고 있다고 내담자가 생각한다면, 치료자는 왜 거짓말을 하는가? 치료자가 거짓말을 할 수 있는 사람이라고 생각하면서 내담자는 왜 그를 만나러 오는가?

극단적인 경우, 내담자는 현실검증력의 일시적 상실을 나타내는 견해를 완강하게 고수할 수도 있다. 이러한 경우에 치료자는 급성 정신증 에피소드인지 전이 정신증인지 감별 진단을 해야 한다. 급성 정신증 에피소드는 경계선 내담자를 치료하는 과정에서 때때로 나타날 수 있고, 전이 정신증의 경우 현실검증력의 상실은 치료자와의 관계에서만 나타나며 치료 바깥에 있는 내담자의 삶에는 영향을 끼치지 않는다.

현실에 대한 왜곡된 시각을 세부적으로 탐색하는 것과 합의점을 수립하는 것 사이에 균형을 맞추는 것에 대하여 마지막으로 말할 것은, 대부분의 경우에 경계선 내담자의 지각이 외부 현실의 어떤 요소에 기초해 있다는 것이다. 이로 인하여 치료자가 균형 감각을 유지하고 주기적으로 스스로 매우 중요한 질문을 해 보는 것이 매우 중요하다.

이 내담자의 반응이 정상 범위 안에 든다고 볼 수 있나?

이 질문은 전이에 대한 실제적, 조작적 정의에 기초해 있다. 즉, 전이는 치료자에 대한 내담자의 어떠한 반응인데, 이는 정상적으로 기대할 수 있는 반응을 넘어선 것이다. 예를 들어, 치료자가 5분 늦게 회기를 시작한 경우 치료자가 내담자를 기다리게 한 것은 사실이다. 그러나 보통 기대할 수 있는 반응은 누구든지 그러한 일이 치료자가 내담자를 싫어한다는 '증거'로서 보지 않고도 때로 일어나는 일이라고 이해하리라는 것 또한 사실이다.

초심 치료자는 내담자의 반응을 정상적으로 기대할 수 있는 반응과 비교할 것을 명심해야 한다. 왜냐하면 내담자의 강한 정동이 너무 커서 자신이 '티끌만한 진실'을 정확히 '해독'했고 이는 분석될 필요가 있는 자신의 내적 세계의 한 측면과는 아무런 상관이 없다고 사람들로 하여금 믿게 만들기 때문이다. 내담자들이 사물을 지각하는 방식에 대한 이러한 신념의 힘은 부정적 전이만큼이나 긍정적 전이 상황에서도 중요할 수 있다. 부정적 전이에 대한 전형적인 예는 상대적으로 무해하거나 있을 수 있는 치료자 행동이 마치 큰 잘못을 한 것처럼 반응하는 경우다.

예를 들어, 치료자가 앞으로 몇 달간 어디에 가기 때문에 시간 조정을 원했을 때 내담자는 이를 명백히 잘못된 치료 사례로 반응하였다.

> 이건 전적으로 비전문적이고 내담자를 존중하지 않는 일이에요. 이건 내담자를 완전히 무시하는 거예요. 내가 아는 어떤 치료자도 그렇게 오랫동안 내담자를 떠나 있진 않아요. 선생님은 처음부터 여기에 대해 말했어야 했어요. [치료자는 계약 맺기 단계에서 치료자가 없을 때의 시간 조정에 대해 논의했었다.] 이건 선생님이 내담자에게 관심이 없다는 뜻이에요. 나에게 이렇게 관심이 없고 오직 자기만 생각하는 사람에게 치료받게 된 것도 내 재수일 뿐이죠. 그러나 이번에는 가만 있지 않겠어요. 나는 선생님을 자격관리 위원회에 고발하겠어요. 선생님이 내담자에게 이런 식으로 한다면 자격을 심사받아야만 돼요. 아마도 선생님은 어떤 내담자도 치료할 수 없게 될 거예요.

이러한 강렬한 맹비난에 부딪쳐, 초심 치료자는 정말 자신이 너무 많은 시간을 조정해 달라고 하였는지, 정말로 비전문적인 것은 아닌지 의심할 수 있다. 만약 치료자가 내담자의 비난이 맞다고 믿기 시작하면 이러한 비난이 내담자의 내적 세계에 존재하는 대상관계에 대하여 무엇을 밝혀 주는지 탐색할 기회를 잃는다.

다음 예는 긍정적 전이 안에서 똑같이 극단적인 반응을 보이는 내담자의 경우다.

> 이번에는 내가 착각한 게 아니에요. 나는 알아요⋯⋯. 선생님은 나를 사랑하시죠. 그렇지 않다면 그런 식으로 나를 볼 리가 없어요⋯⋯. 내가 남편과 헤어질 생각이라고 말했을 때 선생님이 미소 짓는 것을 보았어요. 내가 여기서 많이 좋아졌다고 선생님도 인정하셨죠. 그건 우리가 치료를 빨리 끝내고 나면 자유롭게 원하는 것을 할 수 있다는 것을 그런 식으로 말씀하시는 거죠.

다시, 초심 치료자는 자기가 내담자에게 어느 정도 호감을 느꼈음을 알고 있으므로 내담자가 이러한 환상을 키워 나가도록 자신이 어떤 눈빛으로 보았는가 의심에 사로잡힐 수 있다. 좀 더 노련한 치료자는 자신이 좀 친절하게 바라보았다 하더라도 내담자의 반응은 본질적으로 그녀의 내적 세계의 요소가 표현된 것임을 알아차릴 것이다.

내적 세계와 외부 현실을 꼭 구분할 필요가 있는 것은 바로 이러한 상황에서다. 내적 현실과 외부 현실을 구분하는 어려움으로 인해, 또 어떤 내담자들은 그들의 내적 현실이 외부 현실이라는 것을 상대방에게 확신시킬 수 있기 때문에, 치료자 쪽에서 치료를 잘못하거나 부적절한 행동을 하는 등 경계선 내담자를 치료하는 데 있어서 심각한 실제적 문제가 일어날 수 있다.

46. 전이의 긍정적 및 부정적 측면 둘 다를 분석해야 한다는 것은 왜 중요한가?

어떤 내담자들은 치료자와의 언어적 소통에서 자신의 내적으로 분열된 대상표상의 한 측면만을 드러내는 경향이 있다. 예를 들어, 치료자에 대한 내담자의 감정 표현이 만성적으로 부정적일 수 있다. 즉, 치료자가 아무것도 하지 않고 무관심하고 비허용적이고 차갑고 매정하고 심지어는 내담자의 고통을 바라보며 가학적인 쾌를 얻는다고 계속 비난할 수 있다. 내담자는 이 주제, 즉 내적 분열의 이러한 발현에 사로잡혀 있는 것처럼 보일 수도 있다. 치료자는 때로 이러한 부정적 전이 이상을 보지 못한다. 그들은 이러한 부정적 맹비난을 어떻게 다룰지 확신이 없고 종종 방어적으로 반응하려는 경향이 있다("그러나 당신을 돕기 위하여 제가 할 수 있는 것을 다하고 있습니다."). 그러한 때에는 다른 소통 경로를 매우 신중하게 살펴보고 내담자로 하여금 분열의 다른 측면을 보도록 그리고 내담자가 분열의 필요성을 이해하도록 돕는 것이 중요하다. 최소한 내담자가 회기에 온다는 것은 어느 정도 긍정적 감정이 있다는 신호다. 치료자는 다음과 같이 말할 수 있다.

○○씨는 나에 대해 부정적 감정만 말하네요. 그러나 ○○씨는 계속 여기 오고 있잖아요. 그런 걸 보면 ○○씨에게 다른 감정도 있는 것 같아요. ○○씨가 계속 얘기하는 것이 ○○씨 감정의 전부라면 여기 계속 오는 게 말이 안 되잖아요. ○○씨는 그런 감정을 의식하지 못하는 것 같아요. 그러나 ○○씨가 여기 온다는 것은 희망의 신호가 될 수 있어요. 그러한 소망은 지금은 분명하지 않지만 ○○씨 말과는 다른 것이지요.

어떤 경우, 내담자가 치료에 온다는 단순한 사실 이외에도 분열된 긍정적 측면을 시사하는 증거가 더 있다. 예를 들어, 긍정적 전이에 대한 비언어적 표현은 미소 또는 경직된 자세가 이완된 자세로 바뀌는 식으로 있을 수 있다. 물론 치료자는 자신의 역전이를 관찰하여야 한다. 한 치료자는 그의 내담자가 부정적 전이에 빠져 있었는데 첫 회기 후 내담자가 '마치 어린 사슴처럼, 아름다운 사슴 같은 갈색 눈으로 자신을 기대에 차 바라보았기 때문에' 강한 긍정적 전이가 발달할까 봐 두려워하였던 것을 기억하였다. 치료자는 그의 반응이 치료의 초기 단계에 일치 역전이를 나타낼 가능성을 생각해 보았다(역전이에 대한 논의를 보려면 4부-B, 질문 40 참조). 그리고 그러한 자각을 활용하여 다음과 같이 내담자에게 질문하였다.

> ○○씨는 끊임없이 나를 공격하고 있어요. 실제로 ○○씨는 나에게 좋은 점을 하나도 볼 수 없나 봐요. 그러나 ○○씨가 좋은 것에 대한 희망과 소망, 동경이 너무나 두려워서 부정적 태도로 물러선 것은 아닐까요? 그렇다면 우리는 ○○씨가 좋은 것을 왜 그렇게 두려워 하는지 알아보아야만 해요.

어떤 경우에는 긍정적 전이에 사로잡혀 어떠한 부정적 전이도 직접적으로 표현되지 않게 된 것 같기도 하다. 부정적 전이와 연결된 공격성으로부터 치료자를 보호하기 위하여 내담자의 방어가 조직화될 수 있다. 그러한 내담자들은 치료자의 노력을 매우 존중하고 감사해하는 것 같은 인상을 줄 수 있다. 내담자가 치료자를 확실히 지지적으로 경험하고 어떠한 부정적 감정을 표현하면 그러한 지지를 잃을까 봐 두려워할 때 특히 그러할 수 있다. 문제는 치료자에 대한 내담자의 감사가 삶에서 이에 상응하는 어떠한 호전도 동반하지 않는다는 것이다. 생활에서 이렇게 호전이 없다는 것은 방치되고 결핍된 그 사람의 부정적 이자관계를 표현하는 간접적 방식이 될 수 있다. 치료자는 다음과 같이 말할 수 있다.

○○씨는 거듭 말했지요. 여기서 치료받는 게 매우 고맙고, 나보고 뭘 알고 치료하는 유일한 치료자라고 했어요. 그런데 좀 더 전체적으로 살펴봅시다. ○○씨 생활은 좋아지지 않았어요. 인간관계는 여전히 혼란스럽고, 직장에서는 해고될 위기에 처해 있어요. 이건 내가 치료자로서 도움이 된다는 것과 꼭 맞지는 않아요. 이건 나에 대한 다른 감정을 간접적으로 나타내는 것일 수도 있어요. 예를 들어 어떤 수준에서 ○○씨는 내가 그렇게 도움이 되지 않는다고 느낄 수도 있어요. 그래서 ○○씨 생활이 별로 좋지 못한 것은 은연중에 항의하는 것일 수도 있어요. "이 치료자는 나를 돕는다고 하지만 내 삶이 잘 안 풀리게 내버려 두잖아."라고 말하는 것과 같지요.

내담자는 치료에서 직접적으로 표현되지 않는 전이 측면을 자기 생활에서 다른 중요한 인물을 언급하면서 표현할 수도 있다. 집요하게 부정적 전이를 나타내는 어느 경우에, 내담자는 자기가 동료에게 '반했다'고 끊임없이 이야기하였다. 그에 대하여 이야기할 때 그녀의 감정은 여성의 요염함으로 바뀌었다. 내담자가 애정과 동경을 표현하는 것이 또한 (그리고 아마도 주로) 치료자와 연결되어 있다고 충분히 확신하였을 때, 치료자는 이러한 가능성을 내담자에게 제시하였다.

○○씨는 나에게 부정적인 감정만을 느낀다고 했어요. 그러면서 존에게 반했다는 얘기를 계속하는데, 그 얘길 하면서 ○○씨가 느끼는 것 같은 감정을 보면 표현하는 것과는 반대로 나에게 느끼는 것 같아요. 이런 가능성을 살펴보고 ○○씨가 왜 이런 감정을 의식적으로 자각하기 어려운지 이해해야 할 것 같아요.

전이초점 심리치료에서는 항상 그렇듯이 현재 전이를 탐색하는 것과 그것이 방어하고 있는 것이 무엇인지를 탐색하는 것이 균형에 맞아야 한다. 예를 들면, 한 치료자가 겉으로 보기에 완전히 긍정적, 이상화된 전이의 성격을 좀 더 탐색하면서 다음과 같이 말하였다.

> ○○씨는 아내에게 버림받고, 상사한테도 실망하고, 부모님은 한 번도 ○○씨 옆에 있었던 적이 없었다고 계속 말했지요. 그러면서 내가 완벽한 치료자라고 하고, 게다가 함께 도망가고 싶다고도 해요. 아무도 줄 수 없었던 행복을 나와 함께라면 느낄 수 있을 것 같다면서요. 왜 나만 다른 모든 사람들과 다른지, 다른 사람들에겐 다 실망했는데 나만 왜 완벽하게 만족스러울 것이라 생각하는지 그 이유를 더 이해해 봐야 할 것 같아요.

중요한 것은 이러한 논의에서 전이가 항상 긍정적인 것과 부정적인 것으로 깨끗하게 나뉘어지지 않는다는 것이다. 사랑과 공격성은 내담자의 표현에서 밀접하게 얽혀 있을 수 있다. 예를 들어, 한 내담자는 치료자에게 강한 사랑을 고백하면서 치료자로서의 '인위적 구속'을 포기하고 그녀가 줄 수 있는 최상의 즐거움을 경험하도록 자신을 놓으라고 압력을 가하였다. 그녀는 '아무도 모를 것'이라고, 그리고 둘 다에게 좋은 경험이 될 뿐이라고 거듭 약속하였다. 처음에는 사랑의 표현인 것 같았던 것이 관계에 대한 공격이 되고 치료를 파괴할 수 있는 위협이 되며 치료자로 하여금 함께 내통하자고 하는 유혹이 되었다. 이것은 공격성이 유혹으로 포장되는 예다. 이러한 상황을 어떻게 해석할 수 있는지는 질문 51의 3a 예에서 볼 수 있다. 그 반대가 사실이 될 수도 있다. 화내고 건방진 내담자가 이해받고 사랑받기를 바라는 것이다.

5부

치료 기법

A primer of **transference focused** psychotherapy for the borderline patient

47. 전이초점 심리치료에 사용되는 기법은?

그것은 다음과 같다.

1. 명료화, 직면, 해석 자체를 포함하는 해석과정. 치료자는 명료화와 직면을 해석할 수 있도록 준비시키는 단계로 보면 도움이 된다. 해석은 심리내적인 통합으로 이끌고 결과적으로 인성구조를 변화시킬 수 있는 가장 중요한 도구로 볼 수 있다.
2. 원시적 방어가 전이에 나타날 때 그것을 체계적으로 분석하는 전이분석 (이 기법은 내담자가 투사하거나 부인하는 것을 내담자에게 되돌려 주면서 자아를 장기적으로 강화한다는 점에서 중요하다. 그러나 투사하고 있는 것을 '되돌려 받는' 것에 대한 내담자의 불안 때문에 단기에서는 어렵다).[1]
3. 적절한 기법적 중립성 관리.
4. 해석과정에 역전이 자료의 계속적 통합.

■■■[1] 전이초점 심리치료의 핵심은 정확히 이 기법이다. 투사되고 '되돌려' 받아야 되는 많은 부분은 분열되어 떨어져 나간 공격성과 관련되므로 이 기법은 가혹하다는 비판을 받기도 한다. 문제가 되는 것은 내담자의 심리에서 공격성의 역할이다. 많은 경계선 내담자들이 발달과정에서 심한 공격을 당했다고 아무도 주장하지는 않지만, 인간의 조건을 정신분석적으로 이해한 바에 의하면, 공격성은 모든 사람들을 구성하는 일부이며, 개인이 공격성을 자각하고 통제할 수 있으면 더 잘 적응할 것이고 공격성을 무의식화하면 행동화나 증상으로 나타날 것이다. 그러나 치료에 따라서 내담자가 공격성의 희생자일 경우에만 공격성에 초점을 두고, 공격성이 내담자 심리를 구성하는 일부라고 전제하지 않기도 한다.

48. 전이초점 심리치료에서 명료화란?

　명료화는 치료자가 내담자에게 불분명하고 모호하며 당혹스럽거나 모순적인 정보를 설명하거나 탐색하도록 안내하는 것이다. 치료자가 내담자에게 명료화를 해 주는 것이 아니라 치료자가 내담자에게 명료화를 요구하는 것이다. 이것은 내담자가 가져오는 어떤 자료에도 적용되는데, 가령 외적이고 현실적인 요소, 내담자의 과거, 물론 치료자에 관한 것을 포함하는 현재 감정과 환상과 같은 것이다. 명료화의 목적은 정보를 구체화하는 것과 내담자가 자료를 분명하게 이해하거나 혹은 자료에 의해 혼동되는 정도를 알게 되는 것이다.

　명료화 과정은 선택된 소통에서 새로운 면을 드러나게 하여 전에는 분명치 않거나 몰랐던 면을 선명하게 할 수 있다. 가장 기본적으로 명료화는 치료자로 하여금 표면적 수준에서 내담자가 하는 말을 이해할 수 있도록 한다. 가끔 초보 치료자는 내담자가 내적으로 보통의 혼란상태에 있을 때 필요한 명료화를 주저한다. 이렇게 주저하는 것은 치료자가 완전하고 전지한 양육자여야 한다는 내담자의 암묵적 기대에 부응하는 것이다. 치료자가 모든 것을 즉시 이해하지 못해서 질문을 하게 되면 다 알아서 해 주는 사람이라는 원시적인 기대를 충족시켜 주지 못한다고 생각해서 내담자는 가혹하게 비난하는 것으로 반응한다. 치료자는 이렇게 주저하는 것이 원시적 대상의 투사에 의해 일어났으며 이해할 수도 없으면서 이해하는 척하는 평가절하 반응을 회피하려는 것이 아니라는 점을 이해하는 것이 좋을 것이다.

　명료화를 추구하는 치료자의 예는 다음과 같다.

　－ 방금 대학을 중퇴한 것에 대해 언급했어요. 대학에 대해서는 말하지 않은 것

같네요. 그때 생활에 대해 이야기해 보시겠어요?

– ○○씨가 '수지'라고 한 사람이 누군지 분명치가 않네요.

– 성장 경험에 대해 '비교적 정상적'이라고 말했는데, 그게 무슨 뜻인지 얘기해 보시겠어요?

– 내가 꼭 ○○씨 아버지처럼 ○○씨를 대한다고 했습니다. 그게 무슨 이야기인지 좀 자세히 이야기해 보시겠습니까?

49. 전이초점 심리치료에서 직면이란?

직면은 내담자가 소통할 때 마음에서 분열되어 통합되지 않은 자료가 있다는 증거를 지적하는 기법이다. 직면의 목적은 내담자로 하여금 소통되는 자료에서 일치되지 않은 측면을 자각하게 하는 것이다. 직면은 내담자가 따로따로 경험하거나 혹은 경험하지는 않고 행동화하거나 신체화하는 무의식적, 전의식적, 의식적인 자료들을 통합할 수 있도록 한다. 이 기법은 내담자의 자료에서 나타나는 모순에 주의하는 것인데, 그 자료는 내담자가 자각할 수 없는 것이거나 내담자의 다른 생각, 감정 혹은 행동과 불일치하는데도 완전히 자연스럽게 여겨졌던 것이다. 직면시킬 때 치료자는 같은 경로, 예를 들면 언어적 경로를 사용하면서도 모순되며 다른 때에 소통된 자료를 언급하거나 혹은 다른 경로를 통해 가끔 동시적으로 소통될 때의 모순을 언급한다.

중요한 것은 직면은 정중하고도 기술적으로 적용되어야 하며, 직면이라는 용어가 함축할 수 있는 호전적 특징을 띠지 말아야 한다. 간단히 말하면 적대적 직면이 아니다. 오히려 알고자 하는 직면으로 치료자는 소통의 X요소와 Y요소가 잘 맞는지, 맞지 않는지에 대해 내담자가 어떻게 생각하는지 알고자 한다. 그러나 직면이 적절하고 기술적으로 적용되어도 내담자는 적대적으로 경험할 수 있는데, 그 이유는 기법상 내담자의 분열 방어체계에 초점을 맞추어 질문하기 때문이다.

직면의 예는 다음과 같다.

- 지난번에 왔을 때 ○○씨는 자신의 일에서 누구보다도 잘한다고 말했어요. 오늘 ○○씨는 용서받을 수 없는 실수를 저질러서 해고될 것이 확실하다고 말하고 있군요. 잠시 멈추고 이 두 가지 메시지를 좀 살펴보면, 무슨 생각이

나죠? 어떻게 그 두 생각이 연결되나요?

- 분명히 표현하지 않았지만 ○○씨는 나를 바보스럽고 쓸모없다고 생각하는 것 같아요. 하여간 그렇게 말할 때에도 ○○씨는 상냥하게 미소 지었고 눈은 빛나 보였어요. 어떻게 생각하세요?

- ○○씨는 여기 오는 것이 시간 낭비라고 계속 말했어요. 그런데 오늘 내가 다음 달에 일주일 동안 없을 것이라고 했을 때 ○○씨는 매우 화나 보였고 빠진 시간을 보충할 수 있는지 물었어요. 겉보기에 이건 모순되어 보이는데, 어떻게 생각하세요?

- ○○씨는 다 포기했다고 말하고 있어요. 그리고 행동을 추스르지 못해서 세상과 완전히 상관없이 살 수 없다면 자살해 버릴 것이라고 했어요. ○○씨는 반항적으로 이걸 내게 말했고 그리고 내가 ○○씨를 결코 다시 못 볼 거라고 했어요. 그러면서도 눈으로는 미묘하게 나와 연결되고 싶어 하는 것 같고 내게 ○○씨를 포기하지 말아 달라고 간청하는 것 같아 보여요. 우리는 ○○씨가 하는 소통의 두 면을 다 보아야 한다고 생각해요. 어떻게 생각하세요?

앞에서 언급되듯이 명료화와 직면 둘 다는 해석을 준비하는 것으로 볼 수 있다. 어떨 때 직면은 내담자 스스로 해석 작업을 할 수 있도록 해 준다. 위의 마지막 예에서, 내담자는 다음과 같이 대답할 수 있다.

이걸 바로 보기 어려워요. 하지만 선생님이 옳다고 생각합니다. 요즘 생각하기 시작한 것은 내가 누군가를 더 가깝게 느낄수록 더 도망쳐서 나를 고립시켜 버리고…… . 더 사람들을 밀어내 버려요. 말이 안 되는 것 같은데요. 그렇지만 말이 돼요……. 말이 되는 게 모든 사람이 결국은 나를 차 버릴 것이라는 것을 나는 알기 때문이에요. 그래서 가깝다고 느낄 때 나는 너무 불편해요……. 그렇게 되지 않을 것이라는 건 알아요. 실제로 내가 모든 사람으로부터 완전히 떨어져 살기를 원하

는 건 아닌 것 같아요. 가깝게 지내고 싶은 것 같은데, 그러나 그건 불가능한 것

같아요.

50. 해석이란?

　일반적으로 해석은 내담자의 사고, 감정 그리고 행동에서 무의식적인 자료가 가진 영향에 대한 통찰을 통해 내담자의 심리작용을 이해하려는 시도이다. 더 구체적으로 해석은 특정한 갈등이 그 내담자의 마음에 왜 있는지 그리고 그 갈등의 이유를 이해하면 그것을 해결하는 데 도움이 될 것이라고 전제하고 질문을 하는 것이다. 경계선 내담자의 심리 구조는 추동과 금지를 수반하면서 분열되어 통합되지 않은 자기−타인 이자관계의 특징을 보이므로, 이 경우 해석은 파편화되고 분열된 심리 내적 구조가 왜 유지되는지, 즉 내적인 파편화가 지속되는 동기에 대해 질문한다.

　해석은 세 가지 소통 경로에 조심스럽게 주의하면서 명료화와 직면으로부터 얻은 정보를 사용한다. 세 경로는 내담자가 의식하는 자료를 내담자의 이해(지각방식), 정동, 동기와 기능에 영향을 준다고 생각되는 추론적이고 가설적인 무의식적 자료와 연결시킨다. 따라서 치료자는 내담자가 의식적으로 자각할 수 없어 보이는 내적인 경험 영역을 내담자가 자각할 수 있도록 한다. 다음에 치료자는 왜 이 자료를 내담자가 자각할 수 없는지에 대한 가설을 제안한다. 이 과정에서 전제되는 것은 내담자의 내적인 세계에서 통합되지 않은 부분들 간의 무의식적 갈등을 내담자가 이해하게 되면, 겉으로 보기에는 모순되는 것이 논리적이 되고 부적응적 행동이 이해될 것이라는 것이다.

　전이초점 심리치료에서 치료자는 지금 여기에서의 전이해석에 초점을 둔다. 그럼에도 해석은 또한 내담자의 현재 외적인 현실, 과거의 외적인 현실, 혹은 특징적 방어를 다룬다. 그리고 치료자는 이 모든 요소를 가정된 무의식적인 과거(발생기원적 해석)와 연결한다.

51. 해석의 상이한 수준이란?

치료자는 내담자 심리기능의 상이한 수준을 다룬다. 치료자는 다음과 같이 한다.

1. 행동화나 원시적 방어가 내적인 경험을 자각하지 못하게 하는 방식을 해석한다.
2. 이자관계에서 자기표상, 대상표상과 관찰되는 역할 역전을 기술하면서 현재 활성화된 이자적 대상관계를 해석한다.
3. 현재 활성화된 이자관계가 방어하는 것으로 보이는 이자적 대상관계를 해석한다.

치료자는 일반적으로 첫 번째 수준부터 세 번째 수준으로 해석하도록 권장되는데, 왜냐하면 내담자의 방어는 대체로 더 즉시 관찰될 수 있기 때문이다. 즉, 방어는 방어되는 자료인 충동과 갈등보다 자료의 '표면'에 더 가깝고 내담자가 자각하기 더 쉽다. 이것을 표면에서 심층으로의 해석이라고 한다. 중요한 것은 해석의 수준이 상호 배타적이 아니라는 것이다. 왜냐하면 방어는 종종 이자적 대상관계로 표현되기 때문이며, 또 갈등, 충동 그리고 방어는 서로 연관되어 있기 때문이다.

그 수준의 예는 다음과 같다.

1a) 내가 한 주 없는 동안 전 남자친구를 불러 낸 것이 이번이 두 번째군요. ○○씨는 남자친구와 연락이 닿지 않는 것은 언제나 끔찍하다고 했어요. 그리고 그 사람은 다 믿을 수 없고 '달콤한 이야기'로 거짓 약속을 해 댄다고 했어요. 이 행동은

내가 없는 동안 뭔가를 느끼지 않으려는 시도인 것 같아 보이네요. 이때 그 사람을 만나서 ○○씨가 뭘 하더라도 별 효과가 없는 것 같군요. ○○씨가 계속 기분이 좋지 않은 걸 보니까요. 내가 떠나 있는 동안 ○○씨 안에서 무엇이 일어났는지 더 충분히 이해해 보려 하는 것이 가장 좋겠어요. 그래야 자꾸자꾸 기분 나쁘게 하는 이 행동 패턴을 반복하지 않을 테니까요. [내적인 경험의 자각을 회피하는 것으로 행동화를 해석하기]

이 예에서 내담자가 자각하길 회피한 것은 치료자로부터 버림받는다는 감정이 아니라, '버려질' 때 치료자를 향해 일어나는 분노를 자각하는 것일 가능성이 많다. 치료자가 휴가 가는 것에 대한 내담자의 행동은 자신에게 위험하기 때문에, 암묵적으로 치료자가 자신에게 상처를 주고 있다고 비난하고 있는 것이다.

1b) 여기서 ○○씨가 화난 것 같다고 내가 말할 때마다 남편이 성질을 부려서 ○○씨는 두렵고 위험하다고 느낀다는 다른 예를 내놓는 것 같네요. 내가 남편이 심하게 화를 냈는지 묻지 않았는데도, ○○씨는 자신이 화났다고 느끼게 될까 봐 눈에 띄게 불편해 보여요. 한편 ○○씨는 지난 시간에 여기서 문을 쾅 닫고 뛰쳐나가면서 시간을 끝냈어요[그것을 전이로 가져옴]. 또 관련되는 것은 ○○씨는 '뜬금없이' 내가 화가 났냐고 가끔 질문을 해요. 이런 것들로 보아 의문을 갖게 되는데요. ○○씨는 정말 화가 나면 그게 너무 싫어서 그대로 경험하지 않고 가끔은 맞을 수도 있지만 때로는 부정확하게 다른 사람이 화났다고 느끼는 게 아닌가 하는 겁니다. [투사를 해석하기]

2a) 분명하게 말하지는 않지만, 나를 대하는 ○○씨 태도를 보면, 매번의 결정을 불안해하면서 정당화하는데, 그 태도는 겁을 잔뜩 먹고 움츠러들어 나를 두려워하

는 것 같아요. 그건 마치 나는 즉각 ○○씨를 벌줄 수 있는 화나고 제멋대로인 폭군이고 ○○씨는 폭군에게 내맡겨진 무기력하고 무방비한 사람 같아요. [현재의 활성화된 대상표상을 해석하기]

주지해야 할 것은 많은 초보 전이초점 심리치료자도 이 해석 수준에 도달하지만, 이러한 이자관계를 경험하는 '이유'를 탐색하는 제3수준에 이르기는 어렵다는 것이다.

2b) ○○씨는 점점 더 크게 화를 내면서 말을 했어요. 내가 6월에 일주일 동안 휴가 간다는 것을 좀 더 일찍 말하지 않았기 때문에, 내가 ○○씨를 함부로 대했다고 느낀다고요. ○○씨가 말하고 있는 내용은 내가 ○○씨를 전혀 존중하지 않고 '개똥' 취급하기 때문에 의사면허를 취소해야 마땅한 '쓸모 없는 돌팔이'라는 거죠. ○○씨는 자신을 내내 무기력하지만 고상한 희생자로 느끼는 것 같군요. 이 상담실에서 바로 지금 무엇이 일어나고 있는지 잠시 돌아보는 것이 좋겠어요. ○○씨가 크고 화난 목소리로 모욕적인 말을 하는 것을 보면, ○○씨는 화내고 함부로 할 수 있다는 건데, 자신은 그것에 대해 거의 자각을 하지 못하고 있는 것 같네요. [이자관계에서 역할 역전을 해석하기]

3a) ○○씨 말로는 ○○씨가 나를 사랑하고 우리가 각자의 배우자를 떠나 함께 도망간다면 완전히 행복할 것이라고 생각한다고 했는데, 그건 ○○씨가 내게 긍정적인 감정, 극단적으로 긍정적인 감정을 느낀다는 거군요. 그러나 ○○씨도 알다시피 치료자가 내담자와 얽히는 것은 극단적으로 신뢰가 깨지는 것이고, 내담자에 대한 배신이에요. 또한 그것은 치료자의 경력에 가장 파괴적일 수 있습니다. 여기서 우리 더 살펴봅시다. 나는 ○○씨가 나에 대해 매우 긍정적이고 사랑이라고도 할 수 있는 감정이 있다는 것을 의심하지 않아요. 그러나 ○○씨가 그걸 표

현하는 방식을 보면 매우 파괴적이고, 이 치료관계에 파괴적이고, ○○씨에게도 파괴적이고, 나에게도 파괴적인 감정이 있는 것 같군요. ○○씨가 느낀다고 말한 강렬한 사랑의 감정은 반대의 다른 감정을 나오지 못하게 하려는 것일지도 모르겠어요. ○○씨가 나를 사랑하기 때문에 동시에 내게 느끼는 시기심과 경쟁심을 인식하고 경험하면서 다루기 매우 어려울 수 있을 겁니다. 그럼에도 불구하고 이 감정은 ○○씨가 나에 대한 사랑을 표현한 바로 그 방식에서 매우 미묘하게 볼 수 있어요. [현재 활성화된 이자관계가 다음의 이자관계를 방어하고 방어하려는 욕구에 대한 동기를 제공할 것이라고 해석한다—시기심과 경쟁심은 내담자의 의식에서 긍정적이고 사랑하는 감정과 공존할 수 없다는 것이다]

3b) 지난 몇 주 동안 ○○씨 행동에서 어떤 패턴을 볼 수 있었어요. 상담을 하면서 때로 좋은 감정이 생겼었죠. ○○씨와 나 사이에 긍정적으로 연결되는 감정이요. 내가 본 것은 상담시간에 그런 감정이 생길 때마다, 그다음 시간에 와서는 매우 화내고 반항적으로 치료가 소용없고 내가 엉터리니 치료를 그만두기로 결정했다고 말했어요. 흥미로면서도 중요한 질문은 이겁니다. 이 두 마음 상태를 연결하는 것은 무엇인가? 라는 겁니다. 내 느낌으로는 무슨 일이 일어났냐 하면, 여기서 긍정적인 접촉을 경험하면 자신에게 너무 무서운 자기의 부분, 즉 도움을 받기 위해 누군가를 몹시 믿고 싶어 하면서 찾는 자신의 부분에 닿는데, 그 누군가는 그 순간에는 내가 되죠. 그 순간에 ○○씨는 보통의 분노감정을 보이지 않아요. 그 대신 보살펴 주는 부모와의 관계처럼 진지한 관계에 대한 동경이 곤두서서 조심스럽게 나오는 것 같아 보여요. 그리고는 그다음 시간에 와서 화가 나서 반항하게 되죠. 내 추측으로는 긍정적 관계에 대한 감정은 ○○씨를 매우 과민하게 만들고 그러면 ○○씨는 반항적 자세로 물러서는 거 같아요. 긍정적 관계를 느낄 때 왜 그렇게 곤두서게 되는지는 매우 중요한 문제이기 때문에 우리는 이해해 보려 노력해야 합니다. ○○씨는 그것을 매우 위험하게 느끼는 거 같네요. 마치 계속될

수 없거나 진짜가 아니라는 듯이 말이죠. '얼음은 녹아 버릴 것이다.' 식이죠. 그래서 ○○씨는 화나서 반항하는 것이 안전하다고 생각해서 그쪽으로 물러나는 거 같군요. 내 생각에 중요한 것은 이 분노가 다가 아니고, 그 밑에 긍정적인 관계에 대한 동경이 있다는 것을 이제 우리가 알게 되었다는 것입니다. [공격적으로 점유된 이자관계가 리비도적으로 점유된 이자관계를 어떻게 방어하는지 해석한다. 이 예는 또한 치료자가 해석을 하기 위해 필요한 모든 자료를 모으기 위해 가끔은 많은 회기에 걸친 내담자의 행동 패턴을 고려해야 한다는 것을 보여 준다.]

3c) ○○씨는 이번 시간을 시작하면서 치료를 포기했다고 내게 말했어요. ○○씨 말로는 ○○씨 삶에서 다른 사람들과 내가 결국은 다 마찬가지라는 거죠. 처음에 ○○씨는 내가 ○○씨 편이며 나를 믿을 수 있다고 생각했죠. 그리고 다음에는 내가 이기적이고 ○○씨에게서 내가 얻을 수 있는 것에만 관심이 있다고 하네요. 그래서 ○○씨 계획은 모든 것, 남편, 아이들, 그리고 집을 떠나 어디 멀리 가서 '혼자 해보려는' 거죠. ○○씨는 자신이 얼마나 성공할 가능성이 없는지 알고 있고 그래서 결국 그 계획은 자살로 끝날 것 같다고 말하고 있어요. 이 계획이 편안하게 느껴지는 이유가 '아무도 믿을 수 없는 세상에서 할 수 있는 유일한 것'이기 때문이라고 하네요. ○○씨 생각에는 어떤 내적인 논리가 있다고 나는 생각합니다. 그러나 ○○씨 생각에 대한 전체 그림을 그려 보면, 나는 그렇지 않다고 생각해요. 그 이유는 ○○씨 눈에서 보이는 것 때문입니다. ○○씨 눈에는 내게 도와달라고 애원하는 미묘한 눈빛이 있어요. 어딘가에 잡혀 있어서 말하기를 두려워하는 그런 사람의 눈빛 말입니다. ○○씨는 어떤 면에서 붙잡혀 있는 거 같아요. 아무도 믿지 않는 ○○씨의 부분 말이에요. 모든 사람이 이기적이고 이용한다는 생각에 사로잡혀 있어서 ○○씨 자신도 타인에 의해 이용당하고 기만당하는 대상일 뿐일 수 있다고 느끼는 거죠. 그렇지만 ○○씨 눈을 보면, 누군가와 진솔하고 진정한 관심이 있는 관계가 있을 것이라고 느끼면서 그걸 희망하는 또 다른 면을 읽

을 수 있어요. 그러나 이 가능성은 두려움에 눌려서, 즉 잘못되면 이용당하고 나서 다시 상처받게 될 거라는 공포 때문에 더 냉소적인 ○○씨의 어떤 부분이 말하지 못하게 하고 있는 거 같아요. 아이러니하게도 차라리 죽음을 선택하는 것이 다른 사람과 정직한 관계가 있다고 믿는 것보다 ○○씨에게는 더 안전한 거 같네요. 우리는 ○○씨가 죽는 것보다 관계를 왜 더 두려워하게 되는지에 대해 좀 더 살펴보아야 합니다.

52. 해석은 어떻게 해야 하는가?

치료자가 내담자의 행동과 말에서 그리고 역전이에서 얻은 자료가 충분하다고 느끼면, 자세하고도 확신 있게 분명한 해석을 해야 한다. 해석은 가설이지만 확신 있게 제시하는 것이 가장 좋은데, 그 이유는 해석이 가용한 자료를 주의 깊게 분석한 것에 근거했고 내담자는 그 해석이 옳더라도 저항할 수 있기 때문이다. 방어 분석에 대한 논의에서 강조할 것은 내담자는 부인하거나 투사하는 자신의 내적 현실의 부분을 얼마나 수용하기 어려운지에 대한 것이다. 해석할 때는 내담자의 분열된 내적 세계를 강조하는 말로 시작하는 것이 도움이 될 것이다. 예를 들면, 치료자가 분열되어 나간(예, 공격성) 내담자의 내적 세계에 대해 이야기한다면 치료자는 다음과 같이 말할 수 있다.

> 내가 말하려는 것을 비판이나 모욕으로 들을 수 있다는 것도 압니다. 그렇지만 자신이 느끼는 비난이 자기 안에서 나오는 것일 수 있다는 점을 생각해 보세요.

해석은 여느 소통 형식과 마찬가지로 대체로 생각의 소통이므로, 해석의 전달은 대부분 얼마나 효과적인가와 관련된다. 따라서 노련한 치료자는 관련성, 선명성, 깊이, 해석의 속도라는 주제를 염두에 두어야 한다. 해석이 현재 순간에 정동적으로 우세한 갈등을 다룬다는 점에서 관련적인가? 해석은 선명하게 진술되나? 지적인 개입은 효과가 없으며, 정동과 마음을 연결하면서 단순하고 선명한 언어를 사용할 때 개입이 가장 효과적이다.

치료자의 개입 속도는 적절한가? 치료자가 너무 빨리 직감으로 개입하면 자료에서 충분한 정보를 지적하면서 가설을 확인하는 작업을 할 수 없게 된다. 그 대신 내담자는 그 빠른 개입에 대해 자기가 바랐던 완벽한 양육자의 전지함을 치료자가 갖고 있다는 증거로 받아들인다. 치료자가 개입하는 데 너무 오래 기다리면 치료적 대화는 생명이 없어진다. 초보 치료자는 절대적으로 확신할 수 있을 때까지 주저하면서 생각을 이야기하지 못할 수 있다. 이들의 주저는 종종 내담자와의 상호작용의 파편화, 즉 한 이자관계에서 다른 이자관계로의 빠른 변화나 한 이자관계 안에서 자기/대상 양극의 역전에 의해 생겨난, 비연속성에 대한 반응일 수 있다. 이때 치료자는 경험하고 있는 이자관계를 가능한 빨리 명명하는 것이 좋다. 전체 그림이 분명히 그려질 때까지 기다리면 진술이 빠르게 변할 때 길을 잃게 될 수 있다.

해석의 깊이는 적절한가? 정상적일 때, 해석은 '표면에서 심층으로'[2] 나아가는데 처음에는 방어 수준에 대해 기술하고 다음에는 방어된 것이 무엇인지에 대한 해석으로 이어진다. 초보 치료자는 종종 후자를 포함시키지 않는다. 고전적 예는 다음과 같이 말하는 치료자다.

○○씨는 ○○씨를 실험실의 쥐로만 취급하는 냉정한 과학자로 나를 보고 있네

---

[2] 이 규칙에 예외는 치료가 위험에 빠지는 극단적인 상황(예를 들면, 내담자가 그만두려 할 때)일 때 치료자는 표면에서 심층으로 작업하지 않고 즉시 깊은 해석으로 나아가야 한다. 예를 들면, "당신은 여기 오는 것이 시간 낭비라고 오지 않겠다고 했어요. 그것에 대해 매우 단호하고 그 결정에 마음 편해 하는 것 같군요. 지금 당장에는 태도나 행동에 그 표시가 분명치 않지만 말이죠. 내가 생각하는 이유는 치료를 지금 그만두겠다는 당신의 결정이 어떤 면에서는 좋아지기 시작했기 때문이기도 하지만 다른 면에서는 당신이 그 감정을 견디기 어려워서입니다. 내가 당신을 도울 수 있다는 것이 당신이 열등하고 모욕적이라는 반응을 촉발했을지도 모르겠습니다. 그래서 당신은 모욕을 주는 원천을 공격하는 거죠. 당신을 도울 수 있는 바로 그것인 치료 말이죠. 나는 당신이 치료를 그만두려는 충동을 행동으로 옮기기 전에 이 가능성을 생각하는 것이 매우 중요하다고 봅니다." 치료자의 이 해석은 내담자의 자기애적 역동에 대한 이해에 근거한다. 내담자가 치료를 그만두려고 하지 않는다면 이 해석을 하기 전에 치료자는 내담자가 모욕적이라고 느끼는 증거를 더 확보할 때까지 기다려야 한다.

요. ○○씨가 우리의 관계를 이렇다고 고집하는 것은 ○○씨가 나를 더 인간적으로 경험하는 순간에 느끼는 불안 때문입니다. 긍정적 관계를 경험하면 자동적으로 두려움이 뒤따르는 것 같아요. 내가 ○○씨에게 어떠한 진솔한 관심을 보여도 그 뒤에는 잔인하게 거부당하고 버려질 것 같다는 거죠.

마지막으로 내담자에 대한 치료자의 접근에는 내적인 일관성이 있어야 한다. 구조적 원칙(4부-B, 질문 39)을 염두에 두는 것이 도움이 될 수 있다. 그 순간의 상호작용에 주의하면서 치료자는 '배경', 즉 가장 기본적인 갈등 혹은 만성적인 기저의 전이 문제를 염두에 두어야 한다. 예를 들면, 내담자가 "지루해요. 오늘 오지 말았어야 하는 건데."라고 상담 시간에 불평을 하면 치료자의 첫 반응은 지루함을 탐색하는 것이다. 그러나 내담자가 "지루해요, 그냥 지루하단 말이에요. 모르겠어요?"라고만 반복할 뿐 더 나아가지 않으면 치료자는 현재의 치료 단계에서 기저의 기본 주제를 이해하고 현재 상황을 그러한 주제와 연결해서 개입해야 한다. 예를 들면 다음과 같다.

○○씨가 지루해하는 것은 이전 시간에 우리가 얘기했던 것들과 연결되지 않는 것 같네요. 그러나 이게 내가 없는 것에 대해 지난주에 ○○씨가 표현했던 강한 분노와 별개로 보이지만 그건 동전의 양면일 뿐이죠. 그건 나와 연결된 어떤 감정이나 우리가 하는 작업이 갖는 어떤 의미라도 공격하고 파괴해 버리려는 분노를 나타내는 것일 수 있습니다. 지루하기만 하지만, 그 뒤에는 ○○씨 인생에서 다시 한번 유혹당하고 버려질 것에 대한 분노감정이 있는 거죠.

53. 치료자는 전이에 나타나는 원시적 방어를 어떻게 분석하는가?

1부의 질문 7에서 논의된 바와 같이 원시적 방어기제와 이자적 대상관계 간에는 밀접한 관계가 있다. 원시적 방어는 마음의 기본적 분열구조를 유지하게 한다. 이러한 분열구조는 매우 미숙한 방식으로 내담자가 불안을 느끼지 않게 하므로 치료자는 이 방어가 저항으로 사용된다는 것을 명심하고 해석해야 한다. 내담자는 내적인 분열의 한 면을 외재화하거나 부인해서 내적인 갈등과 고통을 겪지 않게 하기 위해 분열을 유지하려고 하기 때문이다. 분열구조에서의 이러한 점유로 인해 많은 내담자들은 치료자에게서 분열을 강화하는 반응을 찾는다. 그 예로 자신의 공격적인 부분을 부인하고 외재화하기 위해 치료자로 하여금 자신은 희생자일 뿐이며 모든 공격성은 외부로부터 온다는 관점을 받아들이라고 요구하는 내담자이다. 따라서 치료자는 원시적 방어기제를 분석하는 것이 내담자에게 고통을 유발할 수 있다는 것을 공감적으로 이해하고 작업해야 한다. 그렇지만 내담자가 폭넓은 정동을 경험하고 더 성공적이고 깊이 있게 삶에 참여할 수 있도록 하는 통합된 내적 구조가 만들어지려면 그렇게 할 필요가 있다.

• 분열: 치료자는 내담자가 자기와 타인을 극단적으로 기술하고 또한 한 극단에서 다른 극단으로 갑자기 변하는 경향을 보일 때 분열이 일어났다는 것을 알게 된다. 치료자는 분열에 주의하면서 언제나 다음의 질문을 생각해야 한다.

내담자는 왜 이렇게 해야 하나……. 그 목적은 무엇인가?

내담자가 분열을 하는 이유를 이해하면 치료자는 내담자가 원시적 수준에서 기능하려는 욕구를 넘어서게 도와줄 수 있을 것이다. 예를 들면, 내담자가 반복적으로 치료자를 전적으로 이상화했다가 평가절하했을 때 치료자는 내담자에게 이해한 바를 다음과 같이 이야기했다.

> ○○씨는 나를 아주 좋게 보았다가도 내게 실망할 때마다, 그게 상담 시작이 단 몇 분간 늦어지는 경우라도, 내가 가치 없고 쓸모없으며 여기 오는 것이 시간 낭비라고 해버립니다. ○○씨가 매번 정말로 그렇게 느낀다는 것을 알지만, 생각이 왜 그렇게 빨리 변하는지 이해하는 것이 좋겠네요. 나에 대해 ○○씨가 긍정적으로 생각하는 것, 내가 완벽하게 현명하고 많이 알고 ○○씨를 이해할 수 있는 유일한 치료자라는 생각은 너무 극단적입니다. 그건 ○○씨에게 이상적으로 그리고 완벽하게 반응해 줄 수 있는 사람이 이 세상에 있다고 믿고 싶은 ○○씨 자신의 욕구를 나타낼 뿐입니다. 내가 ○○씨를 완벽하게 배려하지 않는다는 생각이 들 때마다 되풀이해서 나를 소용없다고 즉시 거부해 버립니다. 나의 불완전함이나 한계를 받아들일 수 없는 것은 ○○씨가 아주 소중하게 생각하는 이미지, 즉 완전하게 줄 수 있는 사람에 대한 이미지를 붙잡고 있기 때문입니다. 그러나 내가 불완전하다고 나를 다 거부해 버리면 ○○씨는 아무 도움도 받지 못하고 혼자 남게 되는 거죠. ○○씨에게 관심을 보이는 사람이 있으면 가장 크게 위협이 되는 것은 나나 그 사람의 불완전함이 아닙니다. 그것은 ○○씨의 완벽한 이미지/기대를 채워주지 않는 사람에 대한 공격성입니다. 이런 의미에서 자신을 구해 줄 것이라고 붙잡고 있는 이상적인 생각이 실제로는 ○○씨를 더 크게 고립시키는 생각과 행동을 하게 합니다.

위의 예에서 볼 수 있는 것은 이상화/평가절하가 분열의 한 형태라는 것이다. 또 다른 예에서 한 내담자는 반복해서 치료자를 공격했는데, 치료자는 내담자가 내는 돈에만 관심이 있고 돈을 얻어 내기 위해 계속 내담자를 아프게 둔다고 비난했다. 내담자는 자신을 재정적으로 도와준 부자 남자들과 관계를 가졌었다. 내담자는 자신이 다른 사람을 이용한다는 것을 자각하는 것을 견디지 못해서 치료자에게 투사했다.

• 투사: 위의 예에서 보듯이 분열은 종종 투사로 표현된다. 경계선 내담자의 치료에서 흔한 투사는 가혹하고, 비판적이고, 비난조로 일어난다. 치료자가 내담자가 한 말에 대해 명료화하려 할 때마다, 내담자는 그 질문이 비판하고 책망하는 것이라고 하면서 다음과 같이 말한다.

> 내가 말할 때마다 간섭을 하시는군요. 선생님은 내가 취업 면접을 왜 가지 않았는지 궁금해 하시네요……. 그냥 가지 않았어요. 그걸로 안 되나요? 그리고 지금 선생님은 그것 때문에 나를 비난하고 있어요.

종종 내담자는 가혹한 비판조의 판단이 내담자 자신의 내적 세계의 일부라는 것을 받아들이기 어려워한다. 자기와 타인에 대해 자주 가혹하게 비판한 충분한 증거가 있을 때조차도 말이다.

• 투사적 동일시: 이러한 투사 형태에서 내담자는 경험하지만 통합하기 불편한 정동을 치료자에게 유발시킨다. 이 방어를 검색하기 위해서 치료자는 역전이를 정확히 자각해야 한다. 이 기법의 하나는 치료자가 회기 내에서 자신의 일상적 반응에서 이탈된 어떤 내적인 반응도 자각하는 것이다. 예를 들면, 개인력에서 폭력적 자살 시도가 있었지만, 그런 시도의 사이에는 매우 통제되고 온순한 행동을 보였던 내담자와 함께 치료자가 앉아 있었다. 치료의 첫 달 동안 내담자는 매우 잘 행동했다. 그러나 치료자는 내담자와 함께

작업할 것이 없다고 느꼈고 갑자기 잔인한 자살 시도의 개인력이 반복될까 봐 불안했다. 상담 시간에 치료자가 휴가를 갈 것이라고 하자, 내담자는 차갑고 무심하게 치료자를 비난하기 시작했다. 별 정동도 나타내지 않으면서 내담자는 다음과 같이 말했다.

> 휴가를 가신다니 재밌군요. 선생님께서 그 말을 하기 전에 내가 말하려고 했던 건 여기 오는 게 얼마나 쓸데없는 짓인가 하는 생각이었으니까요. 이런 감정은 두 번째 시간부터 느끼고 있었어요. 그렇지만 나는 다른 사람의 감정을 상하게 하는 것이 어려워서 말하지 못하고 있었어요. 그렇지만 선생님 감정을 생각해서 내 시간과 돈을 더 이상 희생할 수 없다고 결심했어요. 여기 오는 건 소용이 없고 그걸 말하고 그만두는 게 더 나은 것 같아요. 여기 앉아서 선생님이 훌륭한 치료자인 체하는 것은 눈가리고 아웅하는 거예요.

치료자는 내담자가 치료자를 평가절하하는 것을 치료자가 얼마간 떠나있는 것에 대한 분노와 연결하려고 했다. 내담자는 어떤 연결이 있다는 생각을 조용히 무시하면서 평가절하하는 말을 계속했다. 이렇게 40분이 지난 후, 치료자가 내담자의 목을 조르는 이미지와 같은 폭력적인 환상이 저절로 치료자 안에서 일어나기 시작했다는 것을 자각했다. 이것을 돌아보면서 치료자는 이것이 내담자에 대한 자신의 일상적인 반응의 범위에 있지 않으며 따라서 이 환상의 출현은 내담자의 투사적 동일시에 의해 유발되었을 가능성이 높다는 것을 깨달았다. 치료자는 환상에서 증오를 자각하게 되었고 내담자가 치료자에게 분노하는 것 같다는 치료자의 지적이 치료자를 파괴하려는 소망에 비해 약하다는 것을 깨달았다. 내담자는 이 소망을 자신에게서 분리해서 치료자에게 투사해 버렸던 것이다. 이런 자각을 하면서 치료자는 더 확신을 가지고 구체적으로 개입할 수 있었다. 치료자는 분노보다는 '증오'와

'파괴하고자 하는 소망'에 대해 말했다. 내담자는 결국 이 증오를 인식했고, 전에 그걸 인정할 수 없었던 것은 그 공격성과 접촉하는 사람을 실제로 파괴할 것 같아 두려웠기 때문이라고 나중에 이야기했다. 자신의 내적 세계에서 중심적인 그러한 정동을 부인하려 했기 때문에 내담자는 치료 첫 달 동안의 특징이었던 단순한 정서적 마비상태로 있게 되었던 것이다.

투사적 동일시의 한 측면은 치료자에게 유발하는 정동에 대해 내담자가 어느 정도의 통제감을 느낄 수 있다는 것이다. 이 점에서 투사적 동일시는 **전능적 통제**의 한 요소로 회기 내에 다른 방식에서도 관찰될 수 있는 방어기제다.

강한 자기애적 양상을 보이는 내담자에게서 볼 수 있는 전능적 통제의 흔한 형태는 치료자와의 대화를 독점하려는 경향이다. 내담자에게 마음에 떠오르는 것을 얘기하라고 하는 것이 사실이지만, 어떤 내담자는 몰아붙이듯이 계속 이야기를 하고 치료자가 개입하려고 하면 치료자를 밀어내고 이야기를 한다. 이 상황에서 내담자의 이야기 방식이 내담자가 말하는 내용보다 더 중요한 정보를 제공한다. 치료자가 내담자의 이야기에서 어떤 특정한 주제를 잡으려고 하는 것은 무의미하다. 이때 가장 중요한 정보는 내담자가 치료자와 상호작용하는 방식이다. 따라서 치료자는 내담자가 말하는 방식을 다루어야 하며 이때 내담자가 이렇게 행동하는 것이 왜 중요한지에 대한 질문을 염두에 두어야 한다. 치료자는 다음과 같이 말할 수 있다.

나도 말 좀 합시다. 내가 뭘 말하려는지에 관심이 있습니까? [치료자는 이것을 단호하게 말해야 하는데, 내담자는 대체로 계속해서 말하기 때문이다. 내담자가 멈추면 치료자는 계속한다] 중요한 것은 ○○씨가 내게 말하는 방식입니다. ○○씨는 멈추지도 않고 주제를 바꾸어 가면서 계속해서 말을 해요. 내가 말할 틈도 주지 않아요. 여기에 뭔가 있는 것 같은데 그걸 이해하는 게 중요합니다. 두 가지 생각이 떠오르는데, 달리 이해할 수 있을지도 모르지만요. 첫 번째 생각은 ○○씨가 말하는 방식이 이 상황을 통제하고 나를 통제한다는 겁니다. 그건 분명해 보입니다. 중요한 것은 ○○씨가 왜 그렇게 해야 하는지를 이해하는 것입니다……. 그렇게 하지 않으면 ○○씨가 예상하는 두려운 일이 일어나리라는 거겠죠. 아마도 두려워하는 것은 ○○씨가 우리의 관계를 계속 통제하지 않으면 내가 ○○씨에게서 등을 돌리거나 어떤 식으로든 공격할 것이라는 거죠. [잠정적으로 한쪽 이자관계를 동일시하면서] 이게 그렇게 확실한 건 아니지만, 우리는 이 가능성을 알아봐야 합니다. 이 두 번째 생각은 ○○씨는 정보들을 끊임없이 내게 집어넣는 것 같다는 겁니다. 아마도 ○○씨는 내게 충분한 정보를 준다면 내가 ○○씨를 도울 힘을 가지고 ○○씨에게 있는 잘못을 고쳐 줄 것이라고 아마 생각하는 것 같아요. [두 번째 가능한 이자관계를 확인하기]

54. 전이초점 심리치료에서 기법적 중립성은 무엇이며 치료자는 이를 어떻게 지켜나가는가?

첫 번째 중요하게 강조해야 하는 것은 기법적 중립성은 만화에서 분석적 치료자를 묘사하고 있는 건조하고, 단조로우며 무관심한 모습이 아니라는 것이다. 중립성은 내담자의 갈등을 논의하고 탐색할 때 내담자를 편드는 것을 치료자가 피하는 것이다. 심리적인 갈등에는 원초아, 자아, 초자아, 그리고 외부 현실에서 서로 경쟁하는 힘이 들어 있다. 기법적 중립성은 내담자의 갈등에서 활동하는 모든 힘을 관찰하고 이해해서 가능한 한 충분히 알고 결정할 수 있도록 돕는 것을 말한다.

> 나는 이 남자를 바에서 어젯밤에 만났어요. 그 사람은 너무 섹시해서 나는 남편을 버리고 그와 함께 도망갈 생각이에요. 모르겠어요…….

예를 들면, 위의 내담자 진술에서 볼 수 있는 것은 리비도적인 원초아 힘(성적 욕망), 초자아 힘(규칙과 가치), 자아 힘(판단), 그리고 외부 현실(내담자의 생활에 전반적 영향이 무엇일까?) 간 갈등이다. 전이초점 심리치료자는 세 가지 이유로 그러한 갈등에서 한쪽 편을 드는 것을 피해야 한다. 첫째, 치료자가 한쪽 편을 들면 이해와 자율성이라는 내담자 성장의 전반적 목표에 역행된다. 둘째, 탐색을 좀 더 해 보면, 힘들의 상호작용이 드러나는 것과는 다를 수 있다. 예를 들면, 아마도 '도망'하고자 하는 충동은 리비도적 힘이 아니라 처벌적인 초자아에 의해서 결정되는 것 같은데, 도망이 내담자의 생활에 곤란한 문제를 야기하면 내담자는 리비도적 충동을 가진 자신을 처벌할 것이다. 셋째, 전이초점 심리치료의 관점은 언제나 내담자가 치료자와 갖는 상호작용의 의미에 대한 이해를 포함한다. 즉, 이 상황에서 내담자는 치료자가 대신 행동하게 만드는가? 만약 그렇다면 왜 그런가? 치료자는 전이와 함께 시작해서 이것들을 하나하나 다루어야 한다.

> ○○씨가 상황을 설명하는 것을 보면 ○○씨는 충동적으로 행동하기 직전에 있는 것 같아요. 충동적인 행동이 ○○씨 삶에서 주된 문제라는 것은 우리 둘 다 알고 있어요. 그래서 ○○씨가 말하고 있는 상황은 여기 와서 그것에 대해 말하는 방식에서도 볼 수 있습니다. ○○씨가 이렇게 말하는 방식을 보면 내게 개입하고 관여해 달라는 것 같습니다. 우리는 이 시간에 ○○씨가 얘기한 이 상황을 살펴보면서 그 소망을 검토해야 합니다.

상황의 전이적 측면과 함께 상황 자체를 탐색하면 상황에서 나타난 심리 내적인 힘들의 양상에 대해 더 충분히 이해할 수 있을 것이다. 예를 들면, 위에서 제시한 바와 같이 명백한 원초아 힘(섹시한 남자와 함께 도망)은 실제로 자신의 성적인 충동에 대해 자신을 벌주는 처벌적인 초자아 힘을 나타낸 것일 수 있다. 치료자가 편을 들면서 상황으로 뛰어들면, 이 상황을 충분히 탐색할 가능성이 줄어든다.

치료자가 기법적 중립성을 유지한다는 일반적 규칙에도 불구하고 경계선 내담자가 만드는 어떤 상황에서는 치료자가 이 규칙에서 이탈해야 될 때도 있다. 이런 경우는 내담자가 치료에 직접적으로 해가 될 행동을 충동적으로 하려고 할 때다. 위의 예에서 내담자가 다음과 같이 말할 때다.

> 나는 이 섹시한 남자를 바에서 만났어요. 굉장했어요……. 믿을 수가 없었어요. 전에는 그렇게 느껴 본 적이 없거든요. 그 사람과 같이 살면 다 잘 될 거라고 확신해요. 우리는 오늘 밤 함께 도망치기로 했어요. 남편한테는 그냥 약 사러 약국

에 간다고 말할 거예요.

이 내담자와 작업할 수 있으려면 치료자는 자료를 다루고 탐색할 시간이 필요하므로 내담자가 말한 계획은 두 가지 측면에서 치료에 즉각적인 위협이 되고 있다. 첫째, 내담자는 현재 재정적으로 남편에게 의존하고 있고 그래서 남편을 떠나면 치료비를 지불할 길이 없어질 것이고(아마도 치료자가 '정말로 그녀를 사랑하는지', 사랑한다면 돈을 받지 않고 그녀를 볼 것이라는 시험의 일부일 수도 있다), 그리고 둘째, 내담자의 계획은 치료에서 떠나 버리면서 바에서 만난 남자와 함께 '알 수 없는 영역'으로 떠나 버리는 것이다. 이 상황에서 치료자는 내담자의 합리적이고 관찰하는 자아의 가용한 부분과 손잡아야 한다.

치료자는 다음과 같이 말할 수 있다.

아시다시피 나는 ○○씨가 어떤 결정을 내릴 때 보통으로는 아무런 개입을 하지 않아요. 그러나 ○○씨가 지금 말하고 있는 것은 치료에 위협이 되기 때문에 내 의견을 말해야겠어요. ○○씨 삶에서 무얼 할지 결정하는 것은 내가 아닙니다. 그리고 나는 아직 우리가 생각해 볼 시간이 없었기 때문에 이 상황에서 무엇이 최선인지 안다고 하지는 않겠습니다. 그러나 지금은 매우 강하게 내가 생각하는 바를 말해야되겠어요. ○○씨가 지금 어떤 행동을 하는 것은 큰 실수가 될 거예요. 왜냐하면 이 상황이 갖는 의미와 관련성이 분명치 않고 ○○씨 계획이 그걸 이해할 기회를 빼앗아 가 버릴 것이기 때문이에요. 그래서 탐색할 시간을 가질 때까지 이 남자와 도망하려는 계획을 미룰 것을 강력하게 권합니다. 나는 대개 이렇게 강한 입장을 취하지 않습니다. 그러나 ○○씨가 갓 만난 남자가 미래의 행복을 보장한다고 느끼면서 치료를 갑자기 그만두겠다고 하니 나는 그렇게 할 수밖에 없습니다.

중립성을 포기하게 될 때마다 상황을 분석하는 과정에서 치료자는 내담자가 치료자로 하여금 그렇게 하도록 만든 의미를 탐색해야 한다. 즉, 상황분석은 그것의 전이적 의미를 이해하는 것이다. 앞의 예에서, 치료자는 이 점에서 다음과 같이 말할 수 있다.

바에서 만난 그 남자와 있으면 미래가 행복할 거라고 말하면서, 지금 ○○씨가 매우 위험하다고 느끼는 상황에서 ○○씨를 '구해' 주어야 하는 입장으로 나를 몰아넣는 게 흥미있군요. 그건 마치 내가 ○○씨를 구하는 '영웅'으로 행동하지 않으면, 물러나 앉아서 ○○씨가 절벽에서 그냥 뛰어내리게 놔두는, 말하자면 무관심한 방관자가 될 수 있을 그런 입장인 셈이죠. ○○씨 마음에서는 누군가 ○○씨를 구하는 데 적극적으로 뛰어들지 않으면 그 사람이 무관심하다고 느끼는 건가요?

55. 치료자는 자신의 역전이를 어떻게 관찰하며 그로부터 배운 것을 어떻게 치료에 통합하는가?

일반적 원칙은 일상적 반응에서 이탈하는 어떤 반응에 대해서도 치료자는 내담자에 대한 치료자 자신의 반응을 살펴보는 것이다. 또한 이것은 일상적이고 예상할 수 있는 범위가 아닌 어떤 내담자 반응을 살펴보는 것과 병행된다. 이 과정을 복잡하게 만드는 것은 치료자의 반응이 내담자 안의 것이거나 혹은 치료자 자신의 마음속에 있는 어떤 것에 의해서도 유발될 수 있다는 것이다. 예를 들면, 내담자가 공격적인 환상을 기술하고 치료자는 두려움을 느꼈다면 치료자의 반응은 다음을 나타낼 수 있다.

1. 일치적 역전이(내담자의 현재 자기표상과의 동일시로 치료자에게 내담자의 현재 주관적 상태를 알게 해 준다.)
2. 상보적 역전이(투사해서 분열되어 나간 대상표상과의 동일시로 치료자에게 내담자 안에서 분열된 상태를 알게 해 준다.)
3. 치료자의 마음에서 갈등이나 주제의 활성화

4부-B, 질문 40에서 논의된 바와 같이 치료자는 자신의 역전이 근원을 분석하고 이해할 수 있어야 한다. 이 일은 언제 하더라도 쉽지 않으며 성찰에는 시간이 걸린다. 중요한 것은 치료자가 개인적 치료경험에서 자신의 내적 세계를 탐색할 기회를 갖는 것이다. 또한 중요한 것은 전이초점 심리치료의 치료자가 일차 과정의 자료, 즉 환상, 꿈, 행동화된 행동에서 나타나는 기본 추동, 정동과 관련되는 일종의 원시적 감정(일차 과정 자료에 대한 9부, 질문 74 참조)을 편하게 대할 수 있어야 한다는 것이다.

때로 개인이나 집단 슈퍼비전에서 사례를 논의하는 것은 치료자가 자신의 반응의 어떤 부분이 내담자에 의해 유발되었고 어떤 것이 치료자로부터 나왔는지를 가늠하는 데 도움이 된다.

6부

계약 후
치료진행

A primer of **transference focused** psychotherapy for the borderline patient

56. 전이초점 심리치료의 단계는?

전이초점 심리치료는 치료의 시작, 중기, 종결의 논리적이고 연계적인 분석으로 기술될 수 있다. 치료의 시작은 평가와 치료 계약 설정으로 이루어진다. 앞에서 내담자에 대한 개인력 청취와 구조진단을 하기 위한 구조적 면접의 면에서 평가를 기술하였다. 우리는 또한 치료계약 맺기의 중요성과 과정을 기술하였는데, 계약에서는 치료자와 내담자의 책임과 의무를 명확히 정하고 치료조건에 대한 내담자의 동의를 얻는다. 치료 중기에는 회기 중 지금 여기에서의 상호작용에서 나타나는 지배적 대상관계를 반복적으로 분석하게 된다. 치료 종결에는 상세히 검토된 관계의 종결에 이르는 것에 서로 합의한다.

우세한 전이의 관점으로 보면, 전형적으로 내담자는 편집적 전이에서 우울적 전이의 심리적 조직으로 진행한다. 이것은 2부, 질문 17에 서술되어 있다.

개별 내담자에 따라 치료 단계는 기간과 내용 면에서 다양하다. 그 이유는 경계선 조직 수준인 내담자는 대인관계, 어떤 내적인 가치의 존재 대 부재, 그리고 공격성의 만연성 정도에서 다양하기 때문이다. 더 혼란스럽고 낮은 수준의 경계선 내담자는 자기 경험과의 관계에 공격성이 더 많이 투입될수록 치료 동맹을 맺기 더 어렵고 많은 영역에서 보다 많은 변화를 필요로 한다. 전이초점 심리치료의 목표가 인성조직의 변화라면 이 과제는 경계선 조직 내담자에게 더 느리게 일어나고 긴 시간을 요할 것이다. 왜냐하면 이들은 일상생활에서 공격성이 더 만연해 있고 타인과 관계할 초기 능력이 더 빈약하기 때문이다.

57. 치료에서 호전은 회기에 정비례하여 나타나는가?

아니다. 일반적으로 진전이 진행되면서 '안정기'와 퇴행기가 혼합되어 나타난다. 이 시기의 중간에 치료는 어느 때나, 특히 초기에는 정동 폭주에 의해서 중지될 수 있다(6부, 질문 61 참조). 안정기 동안 치료자는 내담자의 내적 세계에서 근본적인 이자관계와 이들이 어떻게 갈등을 일으키는가를 이해하기 위한 기본적인 작업에 초점을 두어야 한다. 진전이 나타날 때는 내담자의 내적 세계에서 새로운 면이 보이거나 부분들 간의 관계를 이해하기 시작할 때다. 두 유형의 진전과 퇴행의 예는 아래에 논의될 사례에서 볼 수 있다(7부, 질문 64A). 이 사례에서 내담자는 치료 첫 달 동안 치료자에 대한 어떤 감정도 부인했고 기분 나쁜 것과 행동화하는 것만을 치료자가 멈추게 해 주면 내담자는 다른 사람들과 떨어져 독립적으로 살 수 있을 것이라고 했다. 이 사례에서 첫 번째 진전은 내담자가 매우 의존적으로 달라붙는 부분이 극적으로 드러났을 때로, 치료자가 두 번째 휴가를 간다고 했을 때 나타났다. 내담자는 "선생님은 갈 수 없어요!"라고 했다. 물론 그 이후에도 내담자는 일상적으로 그 반대의 반응으로 돌아가곤 했다. 그때 내담자는 "나는 선생님 아니라 누구라도 필요하지도 않고 원하지도 않아요."라고 했다. 치료자가 두 측면 간에 모순을 직면시키자 내담자는 상담자가 떠나기를 원치 않는다고 자신이 말했다는 것조차 때로 부인했다. 이 주제에서 두 번째 진전은 몇 달 후에 찾아왔다. 치료자가 해석을 여러 번 반복했을 때인데 그 해석은 내담자가 완전히 독립하고자 하는 강한 소망을 고백하는 것이 누군가와 친밀해지고 싶은 커다란 동경을 자각할 때마다 경험하는 불안과 고통 때문이라는 것이다. 내담자는 다음과 같이 말했다.

선생님이 맞다고 생각해요. 저는 가깝다고 느낄 때마다, 단 일 분간이라도 말이죠. 두려워서 그것과 싸우게 돼요.

이 이야기는 분열되어 나간 부분을 통합하는 정도를 나타낸다. 이 이야기를 한 후에도 내담자는 다음 달 치료 내내 주기적으로 분열로 퇴행했다. 그 지점에서 치료자의 노력은 내담자의 이 부분들이 분열되어 버린 이유를 더 탐색하는 것이었다.

58. 치료에서 만나는 초기 문제는?
초기 문제 I – 치료구조/계약의 시험

내담자는 종종 치료 계약에 동의하지만 동의한 바를 지킬 것이라고 치료 자는 확신하지 못한다. 따라서 내담자는 계약의 일부에 도전하는 방식으로 치료자에게 강하게 도전하면서 치료를 시작한다. 내담자 역동의 관점에서 보면, 이 도전은 대체로 치료자를 통제하거나 패배시키려는 소망과 치료자 가 그 도전을 강하게 잘 견뎌 주기를 바라는 기저의 소망 간 갈등을 나타낸 다. '낮은 수준'의 경계선 내담자에게는(극단적인 나르시시즘, 악성 나르시시 즘, 혹은 반사회적인 성격) 치료자를 통제하거나 패배시키려는 소망이 치료 자가 힘을 보여 주길 바라는 것보다 더 크다. 반대로 '더 높은 수준'의 내담 자는 치료자가 강하게 잡아 주길 바라는 소망이 더 크다. 어느 경우든 치료 자는 심한 도전에 직면하게 되는데, 그것은 방법에 대한 신념뿐 아니라 경 계선 내담자와 작업할 때 유발되는 격렬한 정동을 견디는 능력에 대한 도전 이다.

예: E씨는 약물과다 복용으로 입원한 후에 치료를 시작했다. 개인력에는 수많은 종류의 약물과다 복용과 잦은 손목 긋기가 있었다. 이전 치료에서는 눈에 띄는 어떤 변화도 없었다. 치료 계약을 정할 때 치료자 D 박사가 강조 한 것은 E씨 자신이 안전에 책임을 지고, 필요할 때 응급서비스를 부르고, 입원 권유를 받아들일 필요가 있다는 것이었다. E씨는 처음에 정신병원을 비하하면서 입원하지 않을 것이라고 했다. D 박사는 치료자 입장의 이유를 설명했지만 E씨는 자기주장을 계속했다. 다시 D 박사는 이렇게 중요한 문제 에 대해 견해가 계속 그렇게 다르다면 함께 치료를 시작하는 것은 맞지 않다 고 설명했다. 이에 대해 E씨는 기분이 좋지 않지만 치료 조건을 받아들이겠

다고 했다.

계약 2주 후에 치료가 시작되었고 E씨는 약물과다 복용으로 응급실을 통해 일반 병동에 입원했다. 다음 날 의학적으로 문제가 없어서 병원의 정신과 의사는 정신과 병동으로 전과해서 더 치료받고 난 후에 외래 치료를 받기를 권했다. 내담자는 이 권고를 거부했다. 병원 정신과 의사는 D 박사에게 전화를 걸어 이런 상황을 알렸다. D 박사는 병원 정신과 의사에게 내담자가 계약과 정신과 병동 입원을 거절하면 자신이 내담자를 치료하지 않겠다는 사실을 E씨에게 상기시켜 달라고 부탁했다. 이 이야기를 듣고 E씨는 병동에서 침대 옆에 있던 자신의 남편을 시켜 D 박사에게 전화를 걸도록 했다. 처음에는 내담자의 남편이, 다음에는 내담자 자신이 D 박사에게 치료를 다시 받을 수 있게 해 달라고 훈계하듯 요구했다. 그들은 D 박사가 내담자를 버린다고 비난했고 전문성을 공격했다. 치료자를 이기적이고 무책임하다고 비난했고 좋지 않은 일이 내담자에게 일어나면 소송하겠다고 위협했다. 그리고 내담자의 남편은 병원비가 얼마나 부담이 되는지를 이해해 달라고 했다. 내내 D 박사는 내담자와 내담자의 남편에게 자신이 아는 한 최선을 다해 치료를 하고 있었다는 사실을 상기시켰다. D 박사는 좋은 치료는 위험을 감수해야 하는 상황에서는 일어날 수 없으며 자신은 자문 병동의 정신과 의사의 견해를 존중해야 하고 병원에 있는 동안 무엇이 문제여서 약물과다 복용이 일어났는지 이해하는 것이 중요하다고 설명했다.

자신이 잘했다고 생각하면서도 D 박사는 내담자를 버린다고 비난 받는 것에 대해 속에서 화가 났다. D 박사가 아는 한, 내담자가 자신과 하는 치료로 돌아오지 않는다면 퇴원 전에 정신과 병동 의사가 외래 치료를 예약할 것이다. 그러나 D 박사가 걱정한 것은 내담자가 만든 긴장과 응급적인 분위기에 휘둘려 만들어지는 대안적 치료계획이 잘될 가능성이 적다는 것이었다. D 박사는 계약을 떠나 내담자에게 동의하려는 마음도 들었지만 그렇게 하는 것은 어떤 치료 효과도 생길 수 없을 것이라고 믿었다. 치료 시작 시에 말한 것을 치료자 자신이 믿지 않거나 지킬 확신이 없다는 것을 보이게 되면, 내담자의 위협이 치료자의 좋은 판난을 언제라도 눌러 버릴 수 있을 것이라고 느끼는 것은 아마 당연할 것이다. 상황이 그렇게 되면 치료자는 자신의 역할을 포기하고 내담자에게 반응하는 관계로 들어갈 것이고 다음에는 내담자의 내적인 역동에 의해 관계가 결정되는 과정이 전개될 것이다.

D 박사는 상황에 대한 해결을 짓지 않은 채, E씨와 그녀의 남편과 전화를 끊었다. D 박사는 양측의 주장이 이미 모두 분명하게 얘기되었고 자신은 입장을 바꾸지 않을 것이라고 했다. 치료자는 E씨로 하여금 선택하도록 두었고 내담자가 결정을 해서 그날 늦게 전화로 알려 달라고 했다. 그날 늦게 내담자의 남편이 전화해서 내담자가 정신과 병원으로 입원하는 것을 받아들였다고 했다. 외래 치료가 재개되었을 때 계속해서 강렬하고 종종 혼란스러운 정동의 특징을 보이기는 했지만, 이번에는 그것이 간직되고 탐색될 수 있는 치료 구조 내에서 일어났다.

이 예는 내담자가 계약을 시험하는 많은 방식 중 하나일 뿐이다. 일어날 수 있는 다른 시험은 규칙적으로 오지 않고, 치료비를 내지 않고, 술을 끊지 않고, 상담 시간에 말을 하지 않는 것 등이 있다. 이 상황들 중 어느 하나가 일어나도 치료자는 계약 준수의 중요성을 인식해야 하고 그것에 대한 도전의 의미를 이해하는 것이 중요하다. 불행히도 치료 계약에 대한 첫 번째 시험이 일어날 때 치료자가 단호하게 지킨다고 해서 앞으로 더 많은 시험이 없을 것이라는 의미는 아니다. 여기에는 많은 요인이 작용한다. 그중 하나는 내적인 통합 과정에 대한 내담자의 자연스러운 저항이다. 두 번째 요인은 어떤 내담자는 치료자보다 강하고 자신이 좋아지지 않더라도 치료자를 이기고 (악성 나르시시즘 요인) 싶어한다는 것이다. 세 번째 요인은 내담자가 치료자에게서 감지하는 어떤 양가성이다. 계약을 고수하는 데 있어 치료자가 동요하는 듯이 보이면 내담자는 계약에 대한 도전을 계속하려는 유혹을 받는다. 이것은 전이초점 심리치료를 하는 치료자들에게 슈퍼비전 집단에 참여를 강하게 권고하는 이유 중 하나다. 집단은 치료자가 '포기' 하고 싶을 때 계약 고수와 치료 구조 유지의 중요성을 볼 수 있도록 한다.

59. 초기 문제 II - 의미 있는 소통은 미묘(subtle)하며 내담자의 말보다 행동에서 더 잘 드러난다.

어떤 문제는 계약이 되고 치료가 시작된 후에 종종 일어난다. 중요한 것은 가장 의미 있는 소통은 내담자가 말하는 것보다는 내담자가 치료자와 갖는 상호작용에 있다는 것이다. 이에 대한 해결책은 치료자가 상호작용에 초점을 두어 '이해하는' 것이고 정확한지 확실치 않을 때라도 이 이해에 근거해서 가설을 세우는 것이다.

예: C씨는 병원에서 퇴원하면서 치료를 시작했다. 병원 입원은 자살 시도 때문이었다. 진단적으로 이 내담자는 경계선과 자기애적인 인성장애의 양상을 보였다. 내담자는 작가로 자신의 입지를 굳히려 했고 초기에 어느 정도 성공도 거두어서 훌륭한 잡지에 소설을 출판했다. 이 덕택에 내담자는 유명한 문학잡지의 편집인과 친해지면서 그곳에 고용되었다. 내담자가 자살 시도를 한 것은 편집인과 화가 나서 다투다가 함께 일하자는 계약이 취소된 직후였다. C씨는 성공할 수 있는 모든 기회를 망쳐 버렸다고 느꼈고 어떤 성공이라도 했다고 생각되는 사람에게는 심한 시기심을 느끼며 힘들어했다. C씨의 어머니는 사회활동에 대부분의 시간을 보냈고 아버지는 자신의 경력을 쌓는 데 몰두한 사람이었다.

C씨는 초기에 치료에 회의적인 태도를 보였다. 현재 24세인 내담자는 14세 이후부터 이따금 치료를 받았지만 별 도움을 받지 못했다. 이번에는 병원 정신과 의사가 이 치료자가 전문가라고 강력히 권했기 때문에 치료를 받는 것에 동의하였다. C씨는 자살이 자신의 가장 매력적인 선택이었다고 말하면서 치료를 시작했다. 내담자는 부모에게 전화를 걸어 '내 머리를 날려 버리고 싶다.'고 하면서 위협했다. 다음에 부모는 치료자에게 전화를 했고, 치료자

는 내담자와 부모가 같이 만나는 것을 주선해서 진단, 위험, 필요할 때 응급 도움을 받는 것에 대한 내담자의 책임, 그리고 보장할 수는 없지만 호전될 수 있는 좋은 기회가 있다는 것을 모든 사람에게 확실히 말했다.

이 만남 후에 치료가 진행되면서 C씨는 치료 시간에 점점 더 불편해했고 자신이 치료자를 '좋아하게 되었다.' 고 인정했다. 치료자는 내담자가 이걸 말하기 얼마나 어려운지에 대해 공감적으로 반응했는데, 특히 치료자가 내담자에게 완전히 무관심하다고 내담자가 느끼는 것 같기 때문일 것이라고 했다[대상표상의 동일시].

예를 들면, C씨는 매 회기가 끝나기 몇 분 전에 불편해했다. 치료자는 내담자가 회기가 끝나는 것을 치료자가 무관심하다는 증거로 느낀다고 말했다. 크리스마스 공휴일 동안 일주일간 치료를 중단한 후에 C씨는 치료 시간에 한 주제에만 집착했다. 즉, 치료는 '멍청하고' '소용없으며' 시간과 돈의 낭비일 뿐이라는 것이었다. 이렇게 말하고 나서 그는 **침묵**하였다. 치료자는 먼저 상황의 심각성, 특히 만성적 자살 시도에 대한 부인을 언급하면서 반응하였다. 그건 마치 내담자의 의식에서 증발해 버리고 치료 자체만 문제가 되는 것 같았다. 치료자는 이 말을 하면서 세 가지가 떠올랐다. 첫째, 치료자는 내담자와 합리적으로 논쟁하면서 내담자를 확신시키려 했지만 그건 거의 성공하지 못했다. 둘째, 치료가 문제가 되는 것은 내담자 입장에서는 일리가 있었다. 이것은 실제로 전이초점 심리치료에서 예상되는 것이다. 즉, 내담자는 전이를 경험하면서 문제는 치료로 들어온다. 그런 다음에 작업할 기회가 생긴다. 셋째, 치료가 얼마나 멍청하고 소용없는지 주장한 후에 침묵이 반복되는 것은 이해되고 해석되어야 하는 행동이다. 침묵으로 빠져드는 것에 대한 이해의 일부는 역전이에서 나왔고 다음 개입으로 이어졌다.

내 생각에 여기에 뭔가 있는 것 같네요. 내가 ○○씨를 돕지 않는다고 말하고 나서 침묵하는 것은 내게 뭔가를 하라는 암묵적 요구로 보여요. 더 구체적으로 나더러 ○○씨를 돌보라는 암묵적 요구 말이죠. ○○씨가 그걸 원하는 것도 무리가 아닌데, 살면서 아무도 ○○씨를 돌봐 주지 않았다고 하는 것을 보면 말이죠. 또한 이해가 되는 것은 ○○씨가 그 소망/요구를 직접 표현할 수 없는 이유가 그런 일은 결코 생기지 않을 것이고 내가 ○○씨에게 완전히 무관심하다고 느끼기 때문일 테니까요. 치료를 냉소적으로 거부하고 물러나 버리는 것이 ○○씨에겐 더 쉽겠군요. 내가 ○○씨에게 관심을 갖고 돌봐 주기를 바라는 깊은 소망을 느끼고 인정하기보다는요. 이 시간에 이런 분위기를 보면, 좀 시간이 지났지만 몇 주 전에 ○○씨가 내게 반했다고 말한 것이 생각나요. 더 최근의 거부적 태도는 그것에 대한 반응으로 보이고, ○○씨가 느끼는 모욕감에서 도망치려는 시도 같아 보입니다. ○○씨가 나를 매우 좋아하기 시작했는데 내가 어떤 식으로든 ○○씨에게 관심을 가질 것이라고 상상할 수 없기 때문일 겁니다.

내담자는 이 개입을 인정하면서 고개를 끄덕였다. 물론 이런 단 한 번의 개입이 문제를 해결하지는 않지만 핵심 주제를 논의할 수 있게는 한다. 그것은 내담자의 내적 세계에는 양육하는 대상에 대한 소망이 있지만 현실에서는 그런 대상을 발견할 가능성이 없다는 것이다. 이 전제 때문에 염려해 주는 것으로 경험되는 어떤 대상도 의심의 대상이 되었다. 이 편집적 태도는 문학 편집자와의 관계에서처럼 내담자와 타인과의 관계에 해를 끼쳤다. 관계에서 초기의 좋은 감정은 어쩔 수 없이 분노로 바뀌었는데, 그것은 내담자가 치료를 그만두는 것을 타인이 실제로 자신에게 관심이 없다는 증거로 해석하면서였다.

이 예에는 많은 주제가 있지만, 이 사례에서 중요한 것은 내담자가 침묵하는 것에 치료자가 주의해서 그것을 정보의 기본 출처로 사용하는 것이다.

60. 초기 문제 Ⅲ - 치료자는 자신이 내담자에게 얼마나 중요해지는지에 대하여 어려워한다.

앞의 예에서 치료자가 자신에 대한 내담자의 감정을 초점에 두어 논의한 후에, C씨는 치료자가 자신에 대해 관심이 없을 것이라고 믿은 이유를 상세히 설명하기 시작했다. 첫째, 내담자는 치료자가 그냥 돈 때문에 자신을 만난다고 확신했다. 둘째, 내담자는 치료자의 모든 내담자들이 치료자와 사랑에 빠졌고 자신은 치료자의 작업선상에 놓인 한 대상일 뿐이라고 확신했다. C씨의 말을 들으면서 치료자는 치료 첫 3개월 동안 치료자를 향한 내담자의 감정이 얼마나 강한지 좀 더 분명하게 느꼈다. 어떤 치료자는 이런 현실을 불편해한다. 이때 치료자는 자신에 대한 내담자의 감정이 강하다는 것을 부인하고 이 감정을 내담자 삶에서의 다른 사람에게로 돌린다. 치료자가 이런 어려움을 가졌다면 C씨의 사례에서 치료에 대한 내담자의 공격이 애착이 증가되는 것에 대한 방어라는 사실을 알아채지 못할 수 있다. 치료자는 타인이 어떻게 내담자를 실망시켰는지에 초점을 맞추면서 지금 여기에 있는 강렬한 감정을 놓칠 수 있다.

치료자가 치료자에게 내담자가 가지는 감정의 강도에 불편해하면 이 감정은 부인되거나 왜곡될 수 있다. 내담자는 치료자의 이런 반응을 두 가지 (혹은 둘의 조합)로 경험할 수 있다. 내담자는 치료자가 부인하는 것과 공모해서 정동이 상담실에서 없어져 버리게 하면서 감정이 줄어드는 것을 느낀다. 이 경우에 치료에서는 아무것도 일어나지 않고 치료는 한없이 계속된다. 대신 내담자는 가장 두려운 것이 가시화될까 봐 무서워할 수 있다. 내담자의 감정은 그냥 부인되고 거부된다. 이 경우에 내담자는 치료를 중단하기 십상이다.

전이초점 심리치료 작업을 하기 위해서 치료자는 내담자와의 관계가 실제 관계라는 사실을 받아들여야 한다. 그것은 내담자 삶에서의 여느 다른 관계와는 다르다. 그것은 상호작용의 특성에 분명한 한계가 있다. 그러나 이것은 내담자가 치료자와의 관계에서 느끼는 것을 제한하기 위한 것이 아니며 오히려 내담자가 치료자와의 관계에서 가장 강렬한 감정의 충분한 범위를 경험할 수 있게 하기 위해서이다. 내담자는 종종 치료자와의 관계에서 가지는 감정의 강도를 방어하면서 다음과 같이 말한다.

이건 진짜 관계가 아니잖아요. 그냥 직업적인 관계일 뿐이죠.

치료자는 이렇게 말하는 것의 방어적 특성을 지적할 수 있는데, 그것은 어느 장면에서나 두 사람 사이에서 생기는 감정은 그것을 행동으로 옮길 가능성이 없더라도 진짜라는 것이다.

61. 치료자는 정동폭주에 어떻게 대응하는가?

정동폭주에는 두 유형이 있다. 첫 번째 유형은 솔직하고 직접적인 유형으로 내담자는 때로 요구적인 특성을 띠면서 강한 공격성을 표현한다. 내담자는 소리치거나 방을 왔다 갔다 하는 등의 행동으로 몰아치고 인지와 반성 능력이 감소한다. 두 번째 유형은 표면적으로는 반대로 나타난다. 내담자는 경직되고 통제된 침묵으로 철수해 버린다. 치료자가 개입하려고 하면 이 침묵은 더 직접적인 정동폭주로 폭발해 버릴 수도 있다. 어느 유형의 정동폭주이든 비언어적 소통과 역전이는 치료자에게 주된 정보원이다.

정동폭주에 대해 치료자는 구체적인 것을 강조하면서 행동을 해석하는 원칙에 근거해서 접근해야 한다. 첫째, 정동의 격렬함과 치료 시간에 행동화 가능성 때문에 치료 구조가 강조되어야 하는데, 이것은 무엇이 용인되고 무엇이 용인될 수 없는지의 면에서 치료적 세팅의 경계에 대한 분명한 감각을 필요로 한다. 둘째, 정동의 강도를 인식하고 그 시점에서 치료자가 한 말이 내담자에게 견딜 만한지 질문하면서 개입을 진행하는 것이다. 내담자가 치료자로부터 어떤 것도 듣고 싶지 않다고 하면 경계위반이 아니라면 침묵하고 나서, 다음에 치료자로부터의 어떤 소통도 견딜 수 없어 하는 이유에 대해 해석하는 것이 적절하다. 역전이 강도가 너무 강하면 분석해야겠지만, 반응하지 않고 내담자 정동의 강도를 견딜 수 있는 치료자의 능력은 Winnicott의 버텨 주기나 Bion의 간직하기 개념과 관련된다. 내담자의 행동과 치료자 자신의 역전이를 연결해서 이해하고 해석함으로써 통합하는 치료자의 능력도 버텨 주기 혹은 간직하기에 기여한다.

치료자의 해석은 행동화를 표상적 경험으로 변환될 수 있도록 하는데, 이는 내담자가 그 순간에 경험하고 반응하고 있는 자기와 대상 간의 관계를 명료화하고 정동과 인지를 연결하면서 일어난다. 또한 현재 활성화되는 대상관계에 대한 기술은 해당되는 원시적 방어, 특히 투사적 동일시의 기술을 포함한다. 그러나 정동폭주의 와중에 있는 내담자는 어떤 해석도, 특히 투사적 동일시에 대한 해석도 받아들이지 않을 것이고 그 해석을 치료자가 공격하거나 비난하는 것으로 지각하는 경향이 있다. 이럴 때 Steiner의 권고[1])를 따르면 도움이 되는데, 그것은 투사된 것의 특성을 '분석가-중심' 혹은 대상-중심으로 해석하면서 그것을 받아들이거나 거부하지 않고 치료자에 대한 내담자의 지각을 상세히 설명하는 것이다("당신은 내가 세상에서 가장 냉정하고 멍한 사람이라고 느끼는군요."). 따라서 점차로 내담자는 자신이 투사하고 있는 것을 더 잘 견딜 수 있게 되고 무엇이 투사되고 투사하는 이유가 무엇인지 명료화한 후에 해석을 통해 투사를 내담자에게 돌려 준다. 정동폭주의 전형적 역동은 내담자가 자기 파괴적으로 굴복할 때만 사랑을 주는 가학적 대상과의 무의식적인 동일시다. 정동폭주는 그 내용이 내담자가 치료자를 나쁜 사람이라고 할지라도 내담자가 가학적 대상과 동일시하고 굴종적 자기를 치료자에게 투사하는 것을 나타낸다.

치료자는 또한 개입할 때 정동 수준을 자각해야만 한다. 치료자는 언제나 이를 자각하고 있어야 하며 정동폭주가 일어날 때는 더욱 그렇다. 고함을 치면서 겨루기로 들어가지 않으면서도 치료자는 어느 정도 내담자가 표현하는 정동의 강도에 필적하는 강하고 단호한 어조로 이야기해야 한다. 치료자가 만화에서 치료적 중립성으로 묘사하듯 조용하고 온화한 반응을 보이면 내담자는 더욱더 분노하게 되며 이를 무관심과 관여가 없는 것으로 경험하게 된다. 그리고 매우 중요한 것은 치료자가 자신이 하는 개입에 안전감을 느끼는

---

1) J. Steiner, 심리적 철수: 정신병, 신경증, 경계선환자에서의 인성의 병리적 조직화(*Psychic Retreats: Pathological Organization of the Personality in Psychotic, Neurotic, and Borderline Patients*)(London: Routledge and The Institue of Psychoanalysis, 1993), pp. 131-134.

것이다. 내담자를 무서워하는 것은 내담자의 공포와 때로 치료자 자신의 잠재적 파괴성에 대한 공포를 방어하여 분노만 크게 만드는 강력한 메시지가 되기도 한다.

중시해야 할 부작용은 정동폭주가 치료 시간에서 치료 밖의 내담자의 생활로 넘쳐 버리는 것이다. 어떤 경우에는 치료 시간 밖에서 내담자의 행동에 한계를 정하거나 극단적인 상황에서는 내담자의 생활에 직접 개입할 필요가 있다. 예를 들면, 내담자가 화가 나서 치료 시간을 끝내고 나가면서 다시 오겠다 하고는 다음 주에 오지 않았다면 치료자는 먼저 내담자한테 전화를 해야 한다(8부, 내담자의 중단 위협에 대한 질문 65). 치료자가 내담자와 연락이 되지 않으면, 내담자의 배우자에게 전화해서 내담자가 치료를 중단할지 모르겠다는 경고를 주면, 배우자는 내담자를 치료에 돌려보내거나 다른 치료를 받게 하고 싶을 수도 있다. 중립성으로부터 어떤 이탈도 나중에 해석되고 이해될 것이다.

어떤 내담자는 정동폭주를 전능 통제의 일부로 사용하여 가족들과 치료자를 놀라게 하고 결국 치료자를 마비시켜 특정 문제에 대해서는 두려워하면서 다루지 못하게 할 수 있다는 것을 배운다. 치료자는 내담자와 어떤 문제는 피하면서 작업할 수 없다는 것을 자각하게 되면 슈퍼비전을 받아야 한다.

가끔 심한 전이 행동화와 생활에서 외견상 관련 없어 보이는 응급상황이 동시에 발생해서 치료 시간에도, 그리고 외부 생활에서도 정서적 위기가 나타난다. 이러한 일종의 이중 정동폭주를 보이는 내담자는 치료자로 하여금 방향을 어떻게 잡아야 할지 어렵고 혼란스러운 상황에 놓이게 한다. 이때 치료자는 먼저 매 회기마다 가장 긴급해 보이는 것을 결정해야 한다. 내담자 생활에서 위기가 실제로 긴급하고 위험하다면 전이에서의 문제를 활성화시키거나 회피하기 위해 외부 위기를 이용할 수 있다는 것을 염두에 두고 충분히 탐색해야 한다. 어떤 경우에 회기 수를 일시적으로 늘려서 내담자 생활과 전이 의미에서의 정서적 위기를 다루는 데 좀 더 시간을 갖자고 제안하는 것이 도움이 될 수 있다. 회기를 더 자주 갖자는 제안이 가지는 위험은 이차적 이득이다. 내담자가 이차적 이득을 얻기 위해 정동폭주를 이용하는 양상을 보이면 이것을 해석해야 한다.

62. 전이초점 심리치료에서 호전의 신호는?

먼저 언급해야 할 것은 호전에 대한 논의는 경계선 내담자에게 급성 불안을 유발할 수 있는데, 이들은 거부에 민감하고 호전에 대한 어떤 논의도 치료자가 내담자를 '내쫓을' 계획을 가지고 있다는 신호로 해석할 수 있기 때문이다. 따라서 내담자에게 언급하기 전에 치료자는 내적으로 호전에 유념하는 것이 최선이다.

다음은 호전을 나타낸다.

a) 치료 초기에 보였던 행동화가 내담자의 외부 생활에서 줄어들고 치료 시간 내 분위기가 정동적으로 더 강렬해진다.

b) 내담자의 코멘트가 치료자의 개입에 대한 반영과 탐색을 나타낸다.

c) 내담자는 증오와 사랑에 대한 자각을 견디기 시작한다.

d) 내담자는 정동이 즉각적 행동으로 방출되지 않고 의식적으로 경험될 수 있는 내적인 심리 공간의 발달을 나타내는 환상을 견딜 수 있다.

e) 내담자는 원시적 방어기제의 해석을 받아들이고 투사를 거둬들이고 분열의 두 측면을 경험하기 시작한다.

f) 지배적 전이가 편집에서 우울로 옮겨가고 우울 포지션으로 들어가면서 죄책감과 감사를 경험하는 능력이 나타난다.

63. 내담자가 종결에 가깝다는 신호는 무엇이며 치료자는 종결을 어떻게 개념화하고 논의하는가?

종결을 준비할 때는 앞에서 본 호전을 나타내는 모든 것을 고려한다. 종결 준비를 하는 데 있어 가장 중요한 신호는 상당 기간 동안 심리 내적 통합이 지속되어 보이는 것이다. 이에 대한 증거는 종종 분리를 둘러싸고 나타난다. 많은 경계선 병리는 분리와 관련되므로 이것은 논리적으로 맞다. 분리 문제는 애도와 관련되므로 치료과정 동안 내담자가 성공적으로 애도할 수 있는지를 고려하는 것이 중요하다. 초기 병리의 일부는 이상화된 대상을 애도할 수 없다는 것이다. 따라서 삶에서 불가피한 상실을 받아들일 수 없는 병리가 지속된다. 왜냐하면 안정된 내적 표상이 없으므로 상실은 대상의 전체적 상실로 경험되기 때문이다. 경계선 내담자는 종종 분리를—한 회기가 끝날 때도—거절과 전체적 상실로 경험한다. 그러나 매우 자기애적인 내담자는 표면적으로는 전적으로 무관심하게 경험한 것으로 표현하면서 이것을 방어한다. 타인은 그들을 일시적으로 떠나는 것이 아니라 거부하거나 버려 버린다. 다음에는 이에 대한 반응으로 경험하는 분노 때문에 타인에 대한 내적 표상을 공격하고 파괴할 위험을 느끼고 공허해진다.

최종적인 종결 준비의 일부로 회기가 끝날 때나 치료자의 휴가로 생기는 분리를 둘러싼 내담자의 불안과 환상을 작업한다. 이 주제와 관련된 작업은 편집적 전이 포지션에서 우울적 포지션으로 호전되는 것이 바람직하다. 전자에서 내담자는 치료자를 내담자를 이용하거나 학대하고 나서 버린 대상으로 경험하여 분리와 관련된 분노가 이어진다. 해석, 치료자와의 경험, 그리고 아마도 자기애적 방어가 해결되면서 내담자는 자신을 도울 수 있는 치료자의 역량을 점점 더 많이 자각하기 시작하고 일반적으로 우울 포지션의 특징을 더 많이 띠게 된다. 내담자는 자신의 욕구의 무게가 치료자를 지치게 하고 치료자를 한없이 잡아 두려 한다고 느낀다. 내담자는 이 '나쁨'에 대해 죄책감을 느끼고 쫓겨나는 것이 마땅하다고 느낀다. 이러한 환상에 대한 논의와 해석에 따라 내담자는 치료자와 다른 사람들이 도움을 줄 수 있는 것에는 현실적인 한계가 있다는 것을 수용하고 이 한계가 치료자의 야비함이나 내담자의 나쁨 때문이 아니라는 것을 이해할 수 있게 된다. 이러한 자각과 이상적 대상을 현실적으로 애도함으로써 내담자는 좌절에 대해 재난을 당한 것처럼 반응하지 않고 실제 관계에 만족할 수 있게 된다. 내담자는 대상을 전적으로 거부하거나 공격하지 않으면서 좌절로 인한 괴로움과 분노를 경험할 수 있다. 내담자는 이제 가치 없다고 느끼지 않고도 공격적 정동에 대한 죄책감을 경험할 수 있고 타인에게 전적으로 신세졌다는 감정 없이도 감사를 느낄 수 있다. 부정적인 정동을 경험할 때도 파괴되지 않는 안정된 내적 표상을 유지할 수 있다.

실제로 종결에 앞서 치료가 호전기에 들어가면 성적인 감정 혹은 성공에 대한 죄책감이나 양가감정과 같은 신경증적 수준의 문제를 정의하고 대처하게 된다. 분열된 내적 세계를 통합하는 주요 경계선 문제를 해결한 경계선 내담자와 이러한 주제에 대해 종결하기 전에 얼마나 작업할 것인지를 결정하는 것은 치료자에게 달려 있다. 또 다른 선택은 종결하고 나서 내담자가 내적인 분열 조직을 해결한 후에 일정 기간(최소한 6개월) 동안 생활을 어떻게 경험하고 조직하는지 검토하는 것이다. 그 후에 내담자는 다루고 있는 신경증적인 수준의 문제와 관련지어 치료나 정신분석을 받는 것이 도움이 될지를 치료자와 상의하여 결정할 수 있다.

치료의 후기 단계에서는 내담자가 경계선 수준에서 기능할 때의 삶에서 선택과 관련된 주제가 나타난다. 내담자는 종종 파트너나 배우자 선택에 대해 질문한다. 그들은 환상에서 자신의 구세주이거나 박해자(무의식적인 동기에 더 근거한 선택)이거나 혹은 양육자로 이용할 수 있다고 느끼는 사람을 선택할 수도 있다. 더 실제적으로 상호 관계를 하게 되면서 그 선택은 이제 더 이상 만족스럽지 않게 느껴질 수 있다. 그런 상황에서 치료자에게 중요한 것은 배우자에 대한 내담자의 경험이 아직도 통합되지 않은 대상표상에 어느 정도 근거하는지 그리고 또한 배우자를 비난하는 정도가 치료자를 계속적으로 이상화하는 것의 짝인지를 탐색하는 것이다. 어떤 경우에는 부부 치료와 같은 특정 형태의 치료에 의뢰하는 것이 이 문제를 다루는 데 도움이 될 수도 있다.

종결 논의는 대체로 일어난 변화에 주목하면서 내담자와 치료자 간의 치료적 대화에서 나온다. 종결을 제안할 시기라고 느끼면 치료자는 종결 전 6개월을 이 문제를 다루는 데 사용할 수 있어야 한다. 종결을 고려할 때 중요한 것은 내담자 생활의 모든 문제가 해결되리라고 기대하지 않는 것이다. 완전해야 한다는 것은 부인의 한 방식이고 무한히 종결을 미루게 만든다. 종결은 치료자에게도 문제일 수 있으므로 치료자는 내담자와 공모해서 종결을 회피할 수 있다. 치료자는 종종 죄책감(내담자가 치료자 없이 살 수 없을 것이라는 걱정으로 경험되는), 상실 그리고 감사와 슬픔의 혼합(내담자는 '성장했고' 치료자 없이도 살 수 있다)된 감정을 느낄 수 있다.

전이초점 심리치료에서 종결은 내담자와 치료자가 더 이상 접촉을 하지 못하게 되는 것이 아니다. 치료자는 이후에도 상담에 응할 수 있다는 것을 내담자에게 주지시켜야 한다. 그러나 최선은 위에서 언급한 대로 최소한 6개월간 중단을 해 보면서 (응급상황을 제외하고) 종결이 실제이며 유사 종결이 아니라는 것을 다루는 것이다.

7부

몇 가지 전형적인
치료 궤도(trajectory)

64. 치료가 진행되면서 전이초점 심리치료 원칙들을 예시하는 몇 가지 전형적인
치료 궤도를 기술할 수 있는가?

    A. 애착에 대한 기저의 갈망과 필사적으로 투쟁하는 만성적으로 편집적인 전
       이를 보이는 내담자

      A-1. 전이에 초점을 맞추어 과거의 자료를 치료자가 어떻게 통합하는가?

    B. 공격성이 의식에서 분열되어 행동으로만 드러내는 내담자

    C. 치료를 통제하는 내담자

    D. 정신병질적 전이로 치료를 시작하는 자기애성 인성과 반사회적 특징이 두
       드러진 내담자

64. 치료가 진행되면서 전이초점 심리치료 원칙들을 예시하는 몇 가지 전형적인 치료 궤도를 기술할 수 있는가?

경계선 내담자를 치료하는 데 있어 복잡한 요인 중 하나는 진단이 광범위한 범위의 상이한 임상 양상을 포함한다는 것이다(1부, 진단적 문제들 참조).[1] 어떤 내담자는 좀 더 의존적이고, 수동적이며, 우울할 수 있다. 다른 내담자는 좀 더 사납고, 혼란스러우며, 공격적일 수 있다. 게다가 다른 내담자들은 좀 더 거리를 두고 폐쇄적일 수 있다. 그럼에도 불구하고 임상 경험은 많은 내담자들이 그들의 치료 궤도에서 광범위한 패턴에 속한다는 것을 보이고 있다. 우리는 이들 중에 좀 더 전형적인 몇 가지를 개관할 것이다. 이러한 역정은 상호 배타적이지 않고, 한 내담자가 이들 중에 두 가지 이상의 요소를 보일 수 있다는 사실에 주목해야 할 것이다.

■■■1) J. K. Clarkin, J. W. Hull, & S. W. Hurt, "경계선 인성장애 규준의 요인 구조(Factor Structure of Borderline Personality Disorder Criteria)", *Journal of Personality Disorders* 7 (1993): 137-143.

A. 애착에 대한 기저의 갈망과 필사적으로 투쟁하는 만성적으로 편집적인 전이를 보이는 내담자

이 유형의 한 예는 FE씨의 사례다. 그녀의 사례사의 첫 부분은 6부, 질문 58 '치료 구조/계약의 시험'에서 이미 기술되었다. 입원 이후에 치료가 지속되었을 때, FE씨는 다음과 같은 태도로 치료에 임하였다.

> 나는 나를 약하게 만드는 미친 행동과 반응을 극복하려고 왔어요. 나는 강해져서 누구에게도 의존할 필요가 없었으면 좋겠어요. 선생님도 누구에게도 의존할 수 없어요. 사람들은 서로를 이용하고 속이는 사기꾼들이에요. 문제는 내가 그것을 잘 못한다는 것이에요. 나는 약하고 상처를 잘 받아요. 속이 잘 상하고 마음이 아파요. 나는 이것을 극복하고 싶어요. 그래서 강해지고, 돈을 많이 벌고, 남편과 헤어져 가능한 한 아무도 만나지 않고 혼자 살고 싶어요.

이것에 대한 D 박사의 반응은 그것이 전체 이야기를 다한 것처럼 보이지 않았다는 것이었다. 그는 그녀가 말한 대로 그녀가 느꼈다고 믿었지만, 또한 그것과 갈등되는 다른 감정이 그녀에게 있다고 믿었다. 그의 확신은 다음과 같은 사실에 근거하였는데, 그녀는 때로 남편과 가깝게 느끼는 것처럼 보였고, 때로 D 박사에게도 그런 식으로 느끼는 것처럼 보였는데, 예를 들어 그녀는 회기의 마지막에 망설였고 떠나는 것을 원치 않는 것처럼 보였다. FE씨는 D 박사가 틀렸고 그녀를 알지 못한다고 단호하게 진술하면서 자신의 입장을 유지하였다. 그녀가 입원한 이후 2개월 동안의 치료는 이러한 논의가 특징이었고, 다른 주제 또한 회기 내로 들어왔다. 다른 전형적인 주제는 그녀가 어머니로서 부적합했고 어리석었다는 느낌이었다. FE씨는 이러한 주제를 그녀가 단지 더 강해질 필요가 있다는 그녀의 주장과 연결지었다. 그녀는 때로 팔과 다리에 상처를 내면서 행동화를 계속하였다. 그녀는 '긴장을 완화' 하기 위해서 이것을 했다고 보고했지만, 더 이상 이 행동을 이해하는 데 호기심을 보이는 것 같지는 않았다.

치료가 시작된 지 3개월이 되면서, D 박사는 일주일간 떠나 있었다. 그는 FE씨에게 한 달 앞서 알려 주었다. 그녀는 그가 떠나는 것에 대해 무관심을 표현하였고, 심지어는 별것 아닌 것을 과장했다면서 그를 조롱하였다. 그가 돌아왔을 때, FE씨는 일주일은 평범했고, 평상시와 다름없었다고 보고하였다. D 박사는 내적으로 안심하였다. 앞선 것과 본질적으로 유사한 주제로 또 다른 두 달이 지나갔다. 그때 D 박사는 다시 일주일간 떠날 것이라고 말하였다. 이번에는 내담자의 반응이 달랐다. 그녀는 "선생님은 갈 수 없어요!"라고 외쳤는데, 마치 그녀의 말로 그를 통제하려는 것처럼 하였다. D 박사는 내담자의 분열된 내적 갈등 측면이 터져 나오는 것을 보고 있었다. 수개월 동안 그는 그녀와 함께 작업하였고, 강렬한 애착이 발달되었다. FE씨는 지금까지 이것을 부인하는 데 성공했었다. 그러한 자료가 이렇게 극적으로 나타났다는 것은 D 박사에게 그의 해석을 지지하는 더 많은 자료를 제공하였는데, 그것은 FE씨가 애착과 돌봄을 받으려고 하는 것과 독립적이고 거부적이려고 하는 것 사이의 극심한 갈등 때문에 내적으로 괴로워했다는 것이다. 그러나 이러한 내적 분열에 대한 작업은 집중적이고 도전적으로 지속되었다.

FE씨는 친하고 싶은 다소의 소망이 있었다는 것을 인정하였지만, D 박사가 떠나는 것에 대해서는 그녀가 그러한 감정을 없애고 전적으로 독립적이려고 하는 그녀의 좀 더 강렬한 소망이 옳다는 것을 증명하는 거라고 지적하였다.

내가 옳다는 것을 이제 아시죠? 나는 누구에게도 의존할 수 없어요. 내가 막 선생님을 믿기 시작할 때……. 선생님은 가 버렸어요. 어떻게 그럴 수 있죠? 선생님은 남들과 다를 바 없어요. 선생님은 내가 필요할 때까지 기다렸다가 떠나는군요. 선생님은 내게 상처를 주려는 것 같아요.

D 박사는 내담자가 어떤 대상을 믿을 수 있다고 느끼기 위해, 완벽한 대상을 바라는 내담자의 욕구를 작업하려고 시도하였고, 버려지는 경험에서 공격성이 어떤 역할을 하는지에 대한 논의를 포함시켰다.

이제 우리는 ○○씨가 애착을 갈망할 때 느꼈던 어려움을 더 잘 이해할 수 있어요. ○○씨에게 완벽하게 관심을 두지 않고 미진하거나 벗어나면, ○○씨는 다른 사람이 관심이 없다는 증거로 받아들여요. 여기에는 뭔가 더 있는 것 같아요. ○○씨는 실망하면 화와 분노로 반응하고, 마음 속에 있는 다른 사람의 이미지를 공격해요. 예를 들어, 내가 떠난 것은 사실이지요. 하지만 ○○씨 마음 속의 내 이미지를 간직하지 않고, 화를 내며 이미지를 지워버려서 ○○씨는 외롭고 공허함을 느끼게 되었어요. 결국 ○○씨를 전적으로 공허하게 한 것은 내가 일주일간 떠난 것이 아니라, ○○씨 마음에 있는 내 이미지를 공격한 것 때문이라고 생각해요.

위에서 언급한 것에 포함된 내담자와 치료자의 논의의 종류는 긴 치료 기간 동안에(수개월에서 수년) 지속될 수 있다. 물론 다양한 변화가 있고 진전도 있지만, 내담자의 내적 표상과 좀 더 현실적이고 통합된 자기와 타인에 대한 표상 사이의 고군분투는 시간이 걸린다.

FE씨는 D 박사가 그녀를 실망시키고 심지어 배반한 것에 대해 '다른 사람과 다를 바 없다.'고 계속해서 비난하면서도 열심히 치료를 받으러 왔는데, 이것은 다르게 느끼는 측면이 있다는 것을 시사한다. D 박사는 그가 진실되고 믿을 만하다는 것을 그녀에게 확신시키려 하기보다는 그녀의 전이를 깊이 있게 탐색하려고 시도하였다. 실제로 그가 단지 그녀를 속이고 상처를 주기 위해 그녀의 믿음을 얻으려고 했다면, 그렇게 하게 한 그의 동기는 무엇인가? 그녀를 도우려고 하는 치료자로서 자신을 드러내는 데 그가 정직하지 않았나? 혹시 그녀에게서 관찰한 고통에서 즐거움을 얻는 가학적인 것이 그에게 있는가? 때로 내담자는 스스로 이런 생각들 중 몇몇은 극단적이고, D 박사의 현실에 맞지 않는다는 것을 알 수 있었는데, 그는 치료의 초기에 정의하였듯이 일관되게 그녀에게 가용하였다. 그러나 다른 시기에 상황의 현실은 전혀 중요하지 않았고, FE씨는 회기를 끝내는 것과 같은 사건을 D 박사가 그녀에게 무관심한 증거로 경험하였다. 이렇게 왜곡된 지각과 좀 더 현실적인 지각이 번갈아 일어나는 것은 오랜 기간 동안 지속될 수 있고, 세 가지 소통 경로에서 오는 모든 자료를 다루는 치료자의 인내와 반복된 개입을 요구한다.

A-1. 전이에 초점을 맞추어 과거의 자료를 치료자가 어떻게 통합하는가?

치료자가 전이에서 드러나는 내담자의 내적 표상을 이끌어 낼 때, 타인의 표상에 대한 이해를 알리기 위해 과거의 자료를 사용할 수 있다. 하지만 그렇게 할 경우 치료자는 다음과 같은 사실에 조심해야 하는데, 그들이 듣고 있는 과거에 대한 기술이 내담자가 내재화한 것이지 과거 현실의 객관적인 표상이 아니라는 것이다. 이것은 내담자의 기술이 과거 현실과 연결되지 않았다고 말하는 것은 아니다. 하지만 경계선 내담자 마음의 통합되지 않은 구조는 부분적이고 모순된 특성을 초래할 수 있다. 그러므로 치료자는 예를 들어, '당신 어머니'라고 말하기보다는 '~한 어머니'라고 언급한다. FE씨의 경우 치료자는 내담자의 어머니가 반복해서 우울했었고, 우울할 때 치료를 받기보다는 술을 마시거나 마약을 했다는 것을 알고 있었다. D 박사가 무관심하다는 FE씨의 신념에 대해 논의할 때, D 박사는 당시 전이에서 활성화되었던 대상표상을 기술하는 데 있어 내담자의 내재화된 과거 부분을 언급하였다.

> ○○씨는 내가 불쌍한 소녀에게 전혀 반응하지 않는, 마약에 중독된 어머니인 것처럼 반응하고 있어요. ○○씨는 나를 마치 중독된 사람처럼 무표정하고 표현이 없는 누군가로 느끼네요……. 그리고 극단적인 상황에서만 반응하는 그런 사람으로요. 이것은 마약에 중독된 어머니와 수도 없이 주고받은 경험을 반복하는 것일거에요.

내재화된 과거에 대한 이러한 언급은 논의를 확대시켜 내적인 이미지의 정교화를 허용하는데, 이러한 이미지가 기억된 과거와 연결되고, 억제되거나 억압되었던 과거의 요소들과 연결되면서 이루어진다. 몇몇 과거는 의식적인 기억 없이 전이에서 재현되면서 나타날 수 있다. 내담자가 자신의 내적 세계의 일부에 대한 자각을 얻는 것은 전이에서 재현되는 것을 통해서이며, 그리하여 이러한 부분들을 좀 더 의미 있고 완전한 자기감과 통합할 수 있게 된다. 그러나 과거의 내재화된 이미지와 전이에서의 자료를 연결 짓는 것 그 자체가 반드시 갈등을 통합하거나 해소로 이끌지는 않는다.

예를 들어 FE씨는 '중독된 어머니'에 대한 D 박사의 언급에 동의하였지만, 이것이 매우 부정적인 전이를 즉시 해소하지는 않았다. 그녀는 반응하기를,

나는 그런 상호작용을 수없이 반복하면서 하루 24시간을 살아요. 나는 그것을 벗어날 수 없어요! 교회에서 누군가가 나를 위해 기도할 때에만 잠시 편안함을 느껴요.

교회에 대한 그의 언급은 D 박사에게 그녀의 내적 분열을 다루는 더 많은 자료를 제공하였다.

지고의 선(goodness)으로 한정된 곳에서만 ○○씨는 누군가의 보살핌과 관심을 믿을 수 있는 것처럼 보이네요. 하지만 그때조차도 좋은 감정은 매우 일시적이군요. 이번뿐만 아니라 대체로 상황이 모호하거나 불확실하면, ○○씨는 상대방을 차갑고 무심하다고 – '중독된' 것으로– 경험하는 '기본' 입장으로 돌아가네요.

내재화된 과거와 전이를 연결 짓는 것이 반드시 통합으로 이끌지 못하는 한 가지 이유는 내재화된 이미지가 부분적이고 서로 분열되었다는 것이다. 다른 많은 내담자들과 마찬가지로 FE씨는 어머니에 대한 부정적인 이미지를 이상적인 것으로 바꿀 수 있었다.

그러나 어머니는 환자였어요……. 어머니에게 무엇을 바랄 수 있겠어요? 어머니는 내가 잘되기를 바라셨죠. 분명히 나에게 무언가 문제가 있어서 어머니를 행복하게 해 줄 수 없었어요……. 나는 너무 바보 같아요……. 지금도 그렇고 아이였을 때도 그랬어요.

치료자는 다시 자기표상과 대상표상의 역전과 이자관계에서 방어적인 전환을 추적해 가는 기본 방략을 고수해야 한다.

결국 FE씨는 그녀의 내적 세계가 통합되었다는 것을 분명히 보여 주었다. 실제로 치료가 일 년 반 정도 진행된 이후에 그녀 자신이 한 말은 편집-분열에서 우울 포지션으로 변화하는 Melanie Klein의 개념에 대한 보통 사람의 기술과 같았다.

사람들이 완벽하지 않다는 것을 이제는 알아요. 아마 기준이 높았던 것 같아요. 이제는 완벽한 사람이 없다는 것을 알았어요. 나는 사람을 숭고하게 만드는 그런 동화 같은 사랑을 원했어요. 그런 일이 항상 일어날 수 있다고 믿었죠……. 그것은 가끔 있기는 하지만, 영원할 수는 없겠지요. 그래서 내 마음이 아파요. 나는 정말 낭만적인 사람이에요……. 내가 바란다면, 그것은 500%죠.

이 인용은 좀 더 높은 수준의 자각과, 이상적 대상의 포기에 수반하는 슬픔을 전달하고 있다.

B. 공격성이 의식에서 분열되어 행동으로만 드러내는 내담자

몇몇 내담자는 공격성 경험에 대한 의식적인 자각 없이 난폭한 행동화를 하는 경우가 있다. 한 예는 LS씨 사례인데, 전이초점 심리치료를 시작할 당시 24세의 젊은이였다. 그는 약물 과다복용으로 심각한 자살 시도를 한 이후에 의뢰되었다. 연이은 입원 동안에 과거 3년간 LS씨를 치료했던 치료자는 그들이 관여하였던 지지적인 심리치료 대신에 좀 더 특별한 치료로 의뢰되어야 한다고 주장하였다.

LS씨는 15세에 자살 시도를 한 이후로 많은 치료를 받아 왔다. 그때부터 수많은 자살 시도 이후에 여러 번 입원을 하였다. LS씨는 중산층 뉴잉글랜드 출신 가족의 하나밖에 없는 아들이었다. 그의 부모는 공동체에서 유별나게 보였는데, '히피 양식' 때문이었다. 그들은 사회적 규범에 비판적이었고 집에서 이른바 '자유'와 '평등'을 장려하였는데, LS씨는 어려서부터 그들을 '엄마'와 '아빠'로 부르기보다는 '샐리'와 '짐'으로 불렀다. 부모는 또한 집에서 나체주의자로 지냈고, 종종 자신들 침대에 LS씨를 재웠으며 사춘기가 될 때까지 함께 목욕하였다. 그의 아버지는 쉽게 화를 폭발하였고 가학적인 행동을 하였는데, 예를 들어 뒤뜰에 새먹이 통을 매달아 놓고 그곳에 먹이를 먹으러 오는 새들을 쏘았다. 이와는 대조적으로, LS씨는 동물에 특별한 관심이 있었고 동물 대피소에 지원해서 버려지거나 부상당한 동물들을 돌보는 것을 도왔다. 그의 아버지는 LS씨가 여자처럼 노는 것에 대해 혹독하게 비난하였고, 한때 LS씨의 머리를 밀어서 그가 해병처럼 보이기도 했다.

LS씨는 Z 박사와 치료를 시작했는데, 그는 자신의 자살 충동을 통제할 수 없다면 응급 치료를 받겠다는 내담자의 책임을 포함하는 치료 계약을 설정하였다. 계약의 다른 부분은 LS씨의 알코올 중독 경험과 술을 먹지 않고 단주 모임(AA)에 참석할 필요가 있다는 것과 관련되었다. 내담자는 협조적인 것처럼 보였고 치료를 '정말로 활용'하고 싶은 열망을 표현하였는데, 이 치료가 이전 치료보다 좀 더 정확하게 자신의 문제를 다룬다고 늘었기 때문이었다. 나타난 첫 번째 주제는 LS씨가 수업을 받기 어렵다는 것이었다. 그는 학점제로 의예과에 다녔고, 강의실에서 불안으로 마비되는 것을 느꼈다. 치료한 지 한 달이 지나서, LS씨는 응급실에 갔고 자살 사고로 입원하였다. 그는 병원에서 빠르게 안정되어 3일 후에 퇴원하였다. Z 박사는 입원하게 한 자살 사고에 포함된 감정을 탐색하려고 하였다. LS씨는 새로운 치료에 적응하는 것이 입원하게 된 이유와 관련될지 모른다고 말하였다. 그는 불편감을 느낄 때 이전 치료자를 부르곤 하였는데, 이제 그는 이것을 스스로 다루어야 한다는 것을 깨달았다. 그러나 그는 Z 박사의 방법을 따를 것이라 말하였고, '그의 삶을 계속해서 다루고', 자신의 교육과정에서 그를 마비시켰던 불안에 대하여 '무언가를 행하기를' 원하였다. Z 박사는 내담자가 별 마음의 움직임 없이 피상적으로 말하고 있다는 인상을 받았고 이것을 지적하였다. LS씨는 다시 Z 박사의 방법을 따르려면 얼마간의 시간이 필요하다고 말하였다.

한 달 후에 LS씨는 다시 응급실에 갔고 자살 사고로 입원하였다. 자살 감정이 빨리 해결되면서 다시 짧은 기간 동안 입원을 하였다. Z 박사는 첫 입원 이후에 더욱 걱정이 되었다. LS씨는 계약에 충실하였지만, 이러한 입원은 중요한 무언가가 분열되었고, 치료에 들어오지 않았다는 것을 시사하였다. 그는 곧 이에 대한 증거를 보였는데, 단주모임에서 만났던 새 여자친구에 대해 이야기를 시작하면서였다. 그녀는 의대생이었고, 그는 너무나 의대에 가기를 희망하였기 때문에, 이것이 긍정적인 관계일 것이라고 생각하였다. 그러나 다음 주에 LS씨는 새 여자친구가 학교 다니는 내내 동급생들에게 마약을 팔아서 학교 공부를 계속했다는 것을 밝혀 내었다. 그는 그녀와 합류하기로 결정하였는데, 그가 졌던 빚을 갚고 치료 비용을 도움받기 위해서였다.

Z 박사는 그가 묘사하였던 선택의 파괴성에 대해 LS씨를 직면시켰다. 그는 위험에 대해 논의하였고, 또한 불법으로 그리고 다른 사람에게 해가 되는 방식으로 얻어진 수입으로 치료 비용을 지불하기로 계획하는 한, 치료가 더 이상 불가능해질 것에 대해 논의하였다. LS씨는 대답하기를 Z 박사가 요즘 학생들이 어떻게 지내는지에 대해 '감이 없고' 잘 모른다고 하였다. Z 박사는 이 주제가 더 이해될 필요가 있지만, 우선 변형기법을 수립하는 것이 중요하다고 느꼈다. 그는 마약 판매가 치료와 양립 불가능하다고 생각했고, LS씨에게 둘 중에 하나를 선택해야 한다는 것을 분명히 하였다. 내담자는 화를 내면서, 그는 이제야 대단한 여성을 만났고, 그녀는 약물을 조금밖에 취급하지 않으며, Z 박사는 그것에 대해 간섭할 권리가 없다고 말하였다. Z 박사는 그가 말한 모든 것에 대해 고려해 보도록 하였고, 거기에서 회기를 마쳤다.

다음 날 Z 박사는 응급실에서 한 의사로부터 전화를 받았는데, LS씨가 그곳에 와 있고 평가를 기다리는 동안에 자살 사고로 양 손목을 심하게 그었다는 것이었다. 이번에 내담자의 입원 기간은 좀 더 길어졌으며, Z 박사는 병원에서 그와 한 회기를 가질 수 있도록 주선하였다. 회기를 시작할 때, 그는 내담자에게 그가 입원하게 된 사건에 대해 듣기를 원하지만, 또한 그가 만났던 여성과 그녀가 마약을 취급하는 것에 대한 새로운 치료 변형기법을 받아들이기로 결정하였는지에 대해 논의하는 것이 중요하다고 말하였다.

LS씨는 입원에 대해 다음과 같이 말하였다.

> 지난 시간에 선생님이 하신 말씀은 나를 너무 기분 상하게 했습니다. 선생님은 좋은 치료자지만, 나에게 별로 도움이 안돼요. [단주모임의] 엘런은 내가 오랫동안 만난 첫 번째 여자예요. 그녀는 나에게 정말로 관심을 가지고 있어요. 선생님은 나에게 선택하라고 강요했어요. 나는 계속 오락가락했고, 결정을 내릴 수 없었어

요. 점점 더 미칠 것 같았고, 이 지경에 이르렀어요. 거의 폭발할 것 같았어요. 응급실에 갔지만……. 그들은 바보 같았어요. 내가 너무 초조해서, 그들은 나를 심리실에 데려갔고, 남자 간호사가 내 옆에 가까이 있었어요. 나는 잡지를 집었고, 읽는 척하면서 지갑에 숨겼던 면도칼을 꺼냈어요. 그것을 보았어야 했는데! 잡지를 바로 치우고는 두 손목을 그었어요. 마루에 피가 흘렀고, 이 사람이 바로 옆에 있었어요! 그가 처음 피를 보았을 때, 그 사람의 얼굴을 보았어야 했어요! 그는 도움을 청하러 밖으로 나가야 할지, 내가 더 이상 못하게 옆에 있어야 할지 어쩔 줄 모르더라고요.

Z 박사는 LS씨의 정동을 언급하는 것이 중요하다고 느꼈다.

○○씨가 어떤 감정으로 나한테 이 말을 하는지 알고 있는지 모르겠네요. 고소해하는 것 같기도 하고요. 그 남자 간호사가 자기 일을 안 한다고 모욕하면서요. 잠깐 멈춰서 지금 뭐가 일어나고 있는지 생각하는 것이 중요해요. 여러 가지가 있을 수 있는데 중요한 것 중 하나는 그 사람을 괴롭히는 것을 즐기고 있는 거예요. 많은 원인이 있을 수 있을 텐데. 이것은 내가 이전 치료자처럼 해 주지 않아서 내가 내 일을 안 한다고 느끼며 나한테 보복하는 한 방법일 수도 있어요. ○○씨가 그렇게 자주 모욕당한다고 느끼니까 상황이 뒤집히면 만족스러울 수 있겠죠. ○○씨 안의 가학적인 공격성을 과시하면서 뻐길 수 있어요. 그것은 ○○씨가 깨닫기 어려운 어떤 것이죠. 가학적인 느낌은 그리 특별한 건 아니고, 그게 반드시 나쁜 것도 아니죠. 진짜 문제는 그것을 의식적으로 자각하지 못한다는 것이에요. 그래서 ○○씨는 그런 감정으로 하는 행동을 잘 통제하지 못하는 거죠. ○○씨가 문제를 일으키고 병원에 입원하게 한 많은 원인이 이것과 관계가 있어요.

처음에는 화를 냈지만, LS씨는 Z 박사가 말하는 것에 동의하였다. 그는 Z 박사가 치료에서 설정한 변형기법에 대한 반응으로 Z 박사에게 화가 났다는 것을 인식하였다. 그는 엘런과 했던 반항적인 계획이, 적어도 부분적으로는 Z 박사가 자신을 돌보지 않았다는 그의 감정에 대한 반응으로 어떻게 '자신을 돌보는지'를 Z 박사에게 보여 준 것이었다는 데 동의하였다. 더 나아가 그는 이러한 형태로 '자신을 돌보는 것'이 Z 박사와 자신 둘 다를 향한 두 갈래의 공격이었다는 것도 인식하였다. Z 박사는 LS씨가 치료자에게 화가 나면 왜 자신을 공격하였는지를 물었다. LS씨는 그것이 '자신의 본성'이라고 말하는 것 이외에는 이유를 찾을 수 없었다. Z 박사는 이것을 더 탐색하자고 제안했지만, 두 가지 초기 가설을 제시하였다. 우선 LS씨는 Z 박사를 공격한 것과 연결된 죄책감 때문에 자신을 공격하였다는 것이었다. 두 번째로는, 첫 번째와 상호 배타적이지 않은데, LS씨가 Z 박사로부터 예상된 복수를 우선 피하기 위해 자신을 공격하였다는 것이다. 이 경우 LS씨는 적어도 자신을 향한 공격성의 통제하에 있을 것이다.

이 회기 이후에 LS씨는 엘런과의 관계를 포기하고, Z 박사와 치료를 계속하는 것에 동의하였다. 이 입원 후에 치료는 통제할 수 없는 자살 사고나 자기 파괴적인 행동에 의한 입원으로 더 이상 중단되지 않고 지속되었다. 치료의 첫 몇 개월 동안 특징적으로 나타났던 분열된 공격 감정은 이제 치료에서 언어적 과정의 일부가 되었다. LS씨는 이전에 그가 행동화했던 것을 인식할 수 있었고, 그의 공격성에서 즐거움의 요소도 인식할 수 있었다.[2]

※ 2) 치료자는 이러한 자료를 비판단적으로 다루어야 하는데, 정신분석적 관점에서 공격적 추동은 일반적이고, 적절하게 지향되거나 승화되면 허용되는 즐거움의 원천일 수 있기 때문이다.

C. 치료를 통제하는 내담자

몇몇 내담자는 수년간 치료를 받았지만 아직 어떤 변화도 보이지 않았다. 이러한 결과가 일어날 수 있는 한 가지 이유는, 어떤 내담자들은 치료를 포함하는 모든 상호작용을 통제하려는 강한 욕구를 경험한다는 것이다. 내담자의 '기본 규칙'이 자유 연상인 세팅에서, 치료자가 소통 경로 2와 3에서 전반적인 상호작용을 지각할 때 그것의 중요성에 대해 방심하면, 내담자는 통제하는 담화를 한없이 계속할 수 있다.

SP씨는 쿵 소리와 함께 치료를 시작하였다. 그녀는 첫 상담 회기에 치료자 사무실에 걸어 들어와서는, 심지어 앉기도 전에 지하철에서 그녀를 막 불쾌하게 했던 사건에 대해 멈추지 않고 이야기하였다. 치료자는 그녀에게 이것이 상담 회기라는 것과, 그가 그녀 문제의 본질에 대해 논의하지 못했거나 치료에 대한 접근에 동의하지 않았기 때문에 그녀와 특정 문제를 다룰 수 없다는 것을 상기시키기 위해 그녀에게 말을 해야 했다. 회기를 구조화하고 구조적 면접을 수행하려는 U 박사의 노력은 좌절되었는데, 내담자가 반복적으로 그의 질문을 무시하고 당시 그녀를 괴롭혔던 것에 대해 독백만 하였기 때문이었다.

그러한 상담 회기가 세 번 진행된 이후에, U 박사는 슈퍼비전 집단에 도움을 요청하였다. 집단의 권고는 그가 내담자와의 상호작용에서 필요한 정보를 얻고 있었다는 것이고, 대개 구조적 면접에서 얻는 모든 명백한 자료 없이 SP씨와 치료 계약을 수립하려는 시도를 진행할 수 있다는 것이었다. 계약 회기는 도전적이었지만, U 박사는 SP씨의 주된 어려움이 심한 자기애적 특징이 있는 인성장애이고, 치료가 특정 조건에 대한 동의가 필요하다는 그의 이해를 제시하였다. 계약의 일반적인 측면은 제외하고, SP씨에 대한 특정한 주요 변형기법은 그녀에게 구조화되고 생산적인 활동에 참여하도록 할 필요와 관계가 있었다. 치료 전 6개월 동안에 대학 교육을 받았던 SP씨는 집에서 TV를 보며 지냈다. U 박사는 이러한 유형의 치료에 대한 조건으로, 그녀가 공부 또는 적어도 시간제라도 어떤 형태의 일에 참여하도록 제안하였다. U 박사는 그녀에게 그것에 대해 생각하고, 다음 회기에서 더 논의하자고 권유하였다. SP씨는 반나절 근무하는 자원봉사 일을 얻었다고 이야기하면서 다음 회기를 시작하였다.

치료가 시작되었다. SP씨는 이전에 시작했던 것처럼 계속 넘치는 이야기로 U 박사에게 퍼붓기 시작하였다. 주된 주제는 그녀의 인종적 배경 때문에 계속 부당한 대우를 받았다는 것이었다. 그녀는 부당한 대우에 대한 끊임없는 예들을 제공하였고, 그녀를 향한 다른 사람의 악의 때문에 결코 인생에서 성공할 수 없다고 주장하였다.

U 박사의 생각은 세 가지에 집중되었다.

1. 그녀는 자료를 그에게 퍼붓고 있다—이것이 그가 그녀를 치료해 달라는 암묵적 요청/요구인가?
2. 그러나 그가 목소리를 높일 때마다, 그녀는 그를 무시했고, 그보다 더 큰 소리로 이야기하였다. 이것은 자기애적인 주제—통제하려는 욕구와 옳다는 욕구—가 적어도 일시적으로 의존 욕구보다 우세한 것을 시사하였다.
3. 그의 경험은 부당한 대우를 당하고, 거칠게 다루어지고, 고려되지 않는 것이었는데, 이것은 SP씨가 다른 사람에게 당한다고 불평한 것과 유사하였다.

치료 방략을 따르려는 시도에서, U 박사는 그가 역할 연기자를 명명하는 것을 시작할 수 있다고 느꼈다. 그는 SP씨가 그를 평가절하하고 배려하지 않았다는 것을 지적하려고 하였다. 그러나 내담자는 그가 말한 것에 대해 성찰하려는 어떠한 지표도 없었다. 그녀의 전형적인 반응은 사람들이 얼마나 자기를 불친절하게 다루는지에 대한 예들을 증폭시켰고, U 박사가 그녀 말을 경청하고 있지 않았기 때문에 다른 사람들과 똑같다고 주장하였다.

그녀가 그에게 계속해서 이야기했기 때문에, U 박사는 몇 번의 회기 이후에, SP씨가 말하고 있는 것의 내용을 다루기보다는, 그녀의 상호작용 스타일과 그것이 나타내는 방어에만 초점을 두어야 했다.

그런데 ○○씨가 말하는 것에 집중하기가 어렵군요. 그리고 사실 ○○씨가 말하는 방식─○○씨가 나를 대하는 방식─에서 더 중요한 정보가 있는 것 같아요. ○○씨가 쉬지 않고 이야기할 때 나를 통제하려는 것처럼 보여요. ○○씨가 왜 나를 통제하고 싶어하는지 이해하는 것이 중요할 것 같아요. 어떻게 생각하세요?

SP씨는 화가 난 채로 그녀는 단지 그가 하라고 요구한 것─마음에 떠오르는 것을 말하기─을 하는 것이라고 대답하였고, 그는 이제 그녀가 항상 알았던 것을 제시하고 있었고, 그녀가 말해야만 하는 것에 그가 실제로 관심이 없다고 대답하였다.

U 박사는 논평하기를,

바로 거기에 답이 있는 것 같아요. ○○씨는 내가 관심이 없고, 신경을 안 쓴다고 믿는군요. 그렇게 믿는 사람은 관계를 통제하고 싶어할 것 같아요. 자기가 통제하지 못하면 상대를 잃을까 봐 두렵기 때문이에요.

SP씨는 대답하였다.

> 물론 관심이 없으시겠죠. 우리 부모님도 관심이 없었는데, 선생님이 무슨 관심이 있겠어요?

U 박사는 심지어 그가 그녀에게 관심이 있는지 알아볼 기회를 SP씨가 허용하지 않았다는 것을 지적하였다. 그녀에게 관심과 '유사한 것'을 만들기 위한 상호작용을 통제함으로써, 그녀는 그가 관심이 없다는 신념을 막연히 주장하였다. 게다가 그녀는 그에게 관여하지 않은 채 무관심하였는데, 그녀가 상호작용을 독점하는 것은 그녀에게 의미 있는 사람으로서 그가 방에 있는 것을 허용하지 않았기 때문이다. 그는 그녀가 통제하는 이차원의 마분지 종이처럼 그곳에 존재하였다.

이러한 논평 이후에 처음으로 그 방에서 대화가 존재하는 것처럼 보였다. SP씨는 U 박사가 방에 '존재'하는 것을 자신이 허용하지 않았다는 것을 인식할 수 있었고, 그 이유는 그녀가 그를 통제할 수 없을 것이고 그가 그녀를 위해 그곳에 있지는 않을 것이라는 점을 두려워하였기 때문이었음을 인식할 수 있었다. 대화를 통해 다음과 같은 생각이 발전되었다. 즉, 이러한 방략은 그녀를 홀로 남겨 두었다는 것인데, 이 경우에는 치료자 없이 있는 것이었다. 이것은 그녀가 다른 사람에게 비난했던 그런 상태였다.

이러한 긍정적인 회기 이후에, SP씨는 처음에 그녀가 보여 주었던 동일한 유형의 상호작용을 보이는 치료로 되돌아갔다. U 박사는 다시 돌아가서 그녀의 전능한 통제와 그것이 나타내는 두려움을 다시 해석해야만 했다. 이러한 해석을 수많이 반복한 이후에야, 비로소 그녀에 대한 U 박사의 관심을 SP씨 스스로 감지하는 관계 맥락에서, SP씨의 행동이 변화하기 시작하였고 'U 박사를 끼워 주고' 경청하는 역량이 증가하였다.

그리하여 치료적 대화가 수립되었을 때, SP씨는 U 박사가 처음에 지적하려고 시도하는 것이 무엇인지를 보기 시작할 수 있었는데, 그녀는 다른 사람들이 그녀를 다루는 것에 불평하는 것과 유사하게 다른 사람들을 다루었다. 그녀의 부당한 대우에 대한 불평은 상호작용에서 그녀의 적대적이고 통제하는 역할을 볼 수 있게 되면서 감소하였다. 결국 그녀는 그녀의 일에서 다른 사람과 좀 더 긍정적인 상호작용을 보고하기 시작하였다. 이러한 일은 그녀의 치료에서 첫 9개월에 일어났다. SP씨의 경우, 누구든지 그녀를 상세히 알게 되면 결국 그녀를 거절할 것이라는 편집적인 걱정을 다루기 위해서는 치료에서 시간이 더 필요하였다.

　'전형적인 궤도'로 지금까지 제시한 세 사례는 내담자가 치료 시작에서 보일 수 있고, 치료과정에서 전개될 수 있는 방식들을 보여 준다. 이러한 사례들은 치료자가 이러한 내담자들과 작업할 때 만날 수 있는 상이한 상황과 치료에 대한 완전한 그림을 제공하지는 않는다. 다음 사례는 심한 반사회적 특징이 있는 내담자에게 나타나는 특별한 어려움들을 제시한다.

D. 정신병질적 전이로 치료를 시작하는 자기애성 인성과 반사회적 특징이 두드러진 내담자

'정신병질적 전이'는 내담자가 치료자에게 정직하지 않고 기만하는 방식으로 행동하고 또한 그러한 속성을 치료자에게 투사하는 상황을 일컫는다. 내담자의 의식적이고 고의적인 기만성을 다루는 것은 경계선 내담자를 치료하면서 중요한 사항이다(4부-B, 질문 41 참조). 많은 치료자들은 정신병질적 전이에 대해 공감이 어렵고, 그렇기 때문에 내담자들이 그들에게 거짓말을 하거나 기만적으로 대하고 있다는 것을 스스로 혹은 내담자에게 인정할 때 경험할 수 있는 저항에 유념해야 한다. 정신병질적 전이에 대한 치료적 접근의 중심 국면은 내담자에게 기만성에 대해 재치 있지만 직접적으로 직면시키는 것이다.

내담자가 온전한 반사회성 인성장애가 아닌 경우에는(2부, 질문 15 참조), 일반적으로 분열된 부분 간의 심리 내적 갈등이 존재하는데, 하나는 정직에 대한 열망을 표상하고, 다른 것은 이러한 열망을 공격하고 오염시킨다. 정신병질적 전이가 있는 자기애적 내담자는 일반적으로 가학적으로 스며든 거대 자기를 드러내는데, 이것은 다른 사람과 의존적인 관계를 열망하는, 좀 더 약하지만 건강한 자기 부분과는 대립된다. 치료에서의 정직한 소통은 어렵게 되는데, 모든 친밀성이나 관여는 기만적이고 위험하다는 내담자의 가정 때문이다. 이러한 내담자는 그들의 공격적 환상과 소망을 치료자에게 투사한다. 그러므로 그들은 기만성만이 공격이나 착취, 그리고 그들이 치료자로부터 기대하는 비판이나 평가절하로부터 그들을 보호한다고 가정한다. 이러한 내담자들은 치료자가 그들에게 표현하는 관심이 거짓이고, 착취 그리고/또는 공격성을 감추는 것이라고 가정한다. 이러한 내담자들은 치료자가 그들과 유사하다고 가정하기 때문에, 치료의 초기 단계를 게임처럼 경험한다. 누가 누구보다 나은가? 누가 다른 사람보다 우월하고 누구를 평가절하하는가? 이러한 입장은 진정한 관계에 대한 희망이 없거나 그들 내에 존재하는 갈등을 해소해 주지 않는다.

이러한 종류의 사례가 진전이 있으려면, 관계를 맺게 하는 인간적인 친밀함, 의존, 관여에서의 만연한 부패가 어떠한 변화도 불가능하게 만든다는 것을 내담자가 깨닫기 시작해야 한다. 이것을 깨닫게 된 내담자들은 변화를 하려면 개방성이 필요하다는 것을 점차 이해하기 시작한다. 그러나 개방에 대한 예상으로 인해 내담자는 공격, 비판과 거절의 위험에 노출된다. 내담자의 딜레마는 개방성이, 그리고 반항적이고 경멸적인 경계를 내려놓는 것이 비판이나 치료자로부터의 공격에 위험하게 노출된 느낌을 가지게 한다는 것이다. 치료적인 관점에서 보면, 이렇게 내담자의 방어자세가 약화되고 두려움과 외현적인 의심성의 증가는 나아진 것이다. 이것은 정신병질적 전이에서 편집적 전이로의 발전을 나타낸다. 편집적 전이는 치료자에 대한 내담자 의심의 내적인 기원을 치료자가 탐색하면서 훈습될 수 있다.

<사례>

이 사례는 강한 반사회적 특성이 있는 내담자가 '고전적인' 경계선 증상으로 간주되는 '전형적인' 자기 파괴적 행동을 어떻게 보이지 않을 수 있는지를 예시한다. 그럼에도 불구하고 이러한 내담자들은 경계선 인성조직의 스펙트럼에 분명하게 들어가는데, 이들의 심리기능이 분열에 기초하기 때문이고, 심지어 이들이 자기애적인 거대자기를 세상에 보일 때에도 정체감 혼미로 고통받기 때문이다.

대체로 반사회적 행동 문제로 치료 받으러 온 내담자들이 그렇듯이, GD씨는 그녀의 부모가 의뢰하였다. 저명한 변호사인 그녀 아버지는 T 박사에게 전화하였고 그의 22세 된 딸을 도와 달라고 부탁하였다. 그녀는 아버지가 개입하지 않으면 반복해서 부도 수표를 써서 체포되곤 하였다. 게다가 그녀는 최근에 직장을 잃었는데, 고용주에게 거짓말을 했기 때문이었다. 아버지는 그녀가 '바른 길을 가기 위해' 도움이 필요하다고 느꼈다. T 박사는 주저하면서 그녀를 만나보는 데에 동의하였다. 반사회적 행동은 나쁜 예후의 징표였다.

GD씨는 치료에 대해 피상적인 동기를 보였다.

> "나는 엉망이에요. 내 삶이 나아졌으면 좋겠어요. 내 친구들은 다 부자가 되고, 나는 망했어요." 삶이 '엉망'인 것이 무엇인지를 물었을 때, GD씨는 '판단력 부족'이라고 대답하였고, 부모님을 비난하였다. 부모님이 오랫동안 심각한 불화가 있었고, 아버지가 여러 번 바람을 피웠다는 것이다. "그런 모델들을 보고 내가 어떻게 살아야 하는지 알 수 있겠어요?"

GD씨가 그녀의 행동에 대해 책임감을 갖지 않았다는 사실은 T 박사를 걱정시켰다. 그는 반사회적 행동의 전체적인 역사를 탐색하였다. 전하는 바에 의하면, GD씨는 7학년까지 학교에서 잘 지냈고, 사립학교에 들어갔을 때 그녀는 많은 부유한 동급생과 비교하여 자신을 '가난'하다고 보았다. 그녀는 고등학교에서 친구들에게 마약을 공급해서 많은 돈을 벌었다. GD씨는 고급 레스토랑과 비싼 옷을 즐겼다. 그녀의 부모는 그녀와 가깝지 않아서 그녀가 그런 생활 방식을 어떻게 감당하는지를 묻지 않았다. GD씨는 자신이 마약을 팔았지만 충분히 현명해서 규칙적인 마약 사용에 휘말리지는 않았다고 보고하였다. 그럼에도 불구하고 그녀는 그 경험이 어떤지 보기 위해 친구들에게 팔았던 마리화나, 코카인, 헤로인, 엑스터시를 자신도 복용해 보았다고 인정하였다. 그녀는 알코올 중독은 부인하였다. 또한 절도, 납치, 다른 사람을 향한 폭력, 동물 학대 혹은 방화와 같은 경험도 부인하였다.

GD씨는 대학에 입학했을 때 고등학교 친구들과 접촉하지 않았다. 새로운 환경에서 그녀는 자신의 배경과 가족의 경제적 지위에 대해 거짓말하면서 친구들을 사귀었고, 값비싼 레스토랑과 클럽에 동급생들을 초대하여 관심을 끌려고 시도하였다. 그녀는 이러한 외유를 지불하기 위해 부도 수표를 사용하였고 법적인 문제를 일으켰다. T 박사는 뉘우치는 기색이 없는 것이 염려되었다. 그녀의 비난은 다시 부모에게로 바뀌었다. "부모님이 나를 이런 식으로 키웠어요. 내가 부모님처럼 지낼 수 있으려면 부모님이 비용을 지불해야 해요."라는 그녀의 언급은 그녀의 기생적인 의존성을 반영하였다. 내담자는 또한 어머니 차를 사용하면서 많은 주차위반 딱지를 받았고 속도위반을 했다. 대인관계에서 그녀는 많은 남자친구들이 있었다고 보고했지만—가장 긴 것이 일 년—그들 중 어느 누구와도 사랑에 빠지지 않았다고 덧붙였다. 그녀는 자신의 성적 경험을 상세하게 말하지 않고 '만족스러웠다'고 기술하였다. 그녀는 성적으로 문란한 행동의 역사에 대해서는 부인하였다.

T 박사는 반사회성 인성장애와 반사회적 특징이 있는 자기애성 인성장애의 감별 진단에 관심을 가졌다. 그는 GD씨가 그녀의 세상에서 누군가에 관심을 가진 적이 있는지—그녀가 공감 역량이 있는지—혹은 다른 사람을 단지 그녀의 목적을 위한 수단으로만 보는지를 확증하려고 시도하였다. GD씨는 그녀 어머니에 대해 어느 정도의 진정한 애정과 관심처럼 보이는 것을 표현하였는데, 그녀의 어머니는 기본적으로 좋은 사람으로, 남편의 지배적이고 자기중심적인 특성 때문에 고통을 받았던 것으로 보았다. GD씨는 그녀의 아버지가 다른 사람에게 겁을 주거나 이용하는 식으로 본질적으로 '자기 좋은 대로만' 했다고 느꼈다.

내담자에게 어느 정도의 공감 역량이 있다는 인상을 받고 T 박사는 반사회적 특징이 있는 자기애성 인성장애라고 잠정적인 진단을 내렸다. 치료가 높은 수준의 구조로 진행되는 한(주의, 경험적으로 경계선 병리의 수준이 낮을수록 치료에서 구조가 더 요구된다는 것이다), 이 진단은 조심스러운 예후가 허용되었다. 그녀의 어려움의 상대적인 이해에 대한 논의를 준비하면서 T 박사는 GD씨에게 그녀 문제를 어떻게 이해하는지를 물었다. 그녀는 반복해서 자기가 "좋은 역할 모델을 가지지 못했다."고 하였다. T 박사는 그의 인상을 듣는 것에 대해 내담자가 관심이 있는지를 물었고, 나아가 인성장애에 대한 보통 사람의 이해를 제공하였는데(4부 A, 질문 26 참조), 여기에는 낮은 자기감을 덮으려는 시도인 거대성과 허세와 같은 자기애적인 주제에 대한 언급이 포함되었다. T 박사는 치료가 일주일에 두 번씩 이루어지고, 내담자가 인식하고 다루기 어려운 자신의 이해 측면을 붙들고 씨름하는 노력에 참여하도록 요청받을 것이라고 설명하였다. 그는 치료 계약을 예상하면서, 내담자가 거짓말을 한 역사가 있기 때문에, 치료에는 다음과 같은 조건이 일어날 수 있다는 것을 덧붙였다. 즉, 치료자는 치료 중간에 내담자에 대한 중요한 정보를 확인해 줄 수 있는 내담자 부모나 다른 사람과 자유롭게 소통할 수 있다는 것이었다.

GD씨와 함께한 T 박사의 계약에는 그녀가 모든 회기에 참석해야 한다는 것뿐만 아니라, 그녀가 참석하지 않을 때마다 T 박사가 부모에게 경고할 것이라는 점도 포함되었다. 또한 무선적인 약물 검사 실시를 포함시켰는데, 치료자는 내담자가 약물이나 알코올을 복용한 적이 없다는 보고를 액면 그대로 받아들이는 것이 순진하다고 느꼈기 때문이었다. 계약은 또한 내담자가 부도 수표 쓰기, 주차위반 딱지 받기와 같은 모든 불법 활동을 그만두기로 규정하였다. 계약의 순향적인 부분은 머리가 좋았던 GD씨가 직업을 가지고 부모에게 진 빚을 갚기 시작하고, 그러면서 대학에 재등록하는 데 필요한 허가 과정을 이수한다는 것이었다. GD씨는 치료 계약의 조항에 동의하기는 했지만, 이 진단을 받은 내담자들에게 보이는 전형적인 방식으로, 공허하고 진실되지 않게 들렸다. T 박사는 다음으로 모임을 계획하였는데, 치료 접근과 부모의 역할을 설명하기 위해 내담자 부모를 포함시켰다. 이 모임에서 그는 GD씨가 경험하는 어려움의 특성 때문에 그녀가 반사회적 행동으로 되돌아갈 수 있는 높은 위험에 놓이게 된다는 것을 강조하였다. 이것은 부분적으로 그녀가 규칙과 법 위에서 자신을 경험하고, 부분적으로 장기적인 목표보다는 자기 욕구의 신속한 만족을 우위에 두었기 때문이었다. GD씨의 부모는 T 박사의 예후가 낙관적이지 않은 것에 대해 실망하였지만, 이전 치료자들과 대조적으로 T 박사가 부모를 치료에 적극적으로 관여시켰다는 사실에 감사하였다.

일단 다시 GD씨의 치료가 불안정하게 시작되었다. 그녀는 일상생활에 대한 사소한 정보나 자신의 부모에 대한 불평으로 회기를 채우는 경향이 있었다. 그녀에게 치료받아야 할 심각한 문제가 있다는 것은 그녀 대화에 나타나지 않았다. 게다가 그녀는 첫 두 달 동안에 4번의 회기당 평균 1회를 빼먹었다. T 박사는 우선 치료구조에 대한 문제를 제기해야 한다고 느꼈으며, 내담자가 있어야 하는 필요성을 상기시키고, 그녀가 이야기한 치료에 대한 관심과 그녀의 행동 간 모순에 직면시켰다. 그녀는 치료의 관여에 대해 공허하게 들리는 변명과 보장으로 대답하였다. T 박사는 이러한 초기의 비순응, 내담자의 동기 부족, 그리고 정신병질적 전이의 조합이 외부 구조의 강화를 요구한다고 결론지었다. 그는 가족 모임을 요청하였고, 내담자 행동을 다루는 가장 좋은 반응이 무엇인지에 대한 논의를 하였다. GD씨는 타당한 이유 없이 회기를 빠질 때마다 그다음 주에 어머니 차를 사용하지 못한다는 데에 동의하였다. 내담자는 아이처럼 다루는 것에 대해 불평하였지만, 이 조건을 받아들이는 것 외에는 별다른 선택이 없었다. 치료 구조에 대한 내담자의 동의가 충분히 자발적이지 않은 이러한 상황에서 치료자들이 치료를 수용하는 경우는 심한 반사회적 특성을 가진 내담자를 치료할 때가 유일하다.

　가족 모임에 대한 GD씨의 반응은 중요한 전이 자료를 드러내었다. T 박사에게 거의 관심을 표현하지 않았던 내담자는 그녀의 참여 여부에 그가 관심을 갖는 이유를 궁금해하였다. 그녀는 그녀가 빠진 회기에 상담비가 지급된다는 것을 알았다. 그렇다면 그가 아무 일도 하지 않고 지급받는 것을 좋아하는가? T 박사는 이 주제에 대해 더 생각해 보도록 그녀에게 요구하였다. GD씨는 T 박사가 그녀 아버지를 무서워해서, 너무나 많이 빠진 회기에 비용을 청구하게 되면, 그녀 아버지가 치료비 지급을 그만둘까 봐 두려워한다고 생각하였다. 이것은 T 박사에게 중요한 이자적 대상관계를 이해하고 정교화하는 기회를 제공하였다. 한편으로 GD씨는 T 박사가 그녀에게서 벗어나는 것에만 관심이 있고, 본질적으로 착취적이어서 '그녀에게 가치가 있는 모든 것을 빼앗아 갈' 것이라고 느꼈다. 다른 한편, 그녀는 T 박사가 두려움과 협박 때문에 기능하고 있는 것이라고 느꼈다. 여기에는 유일한 두 가지 선택이 있다. 그가 무자비하게 그녀를 이용하거나 아니면 그가 두려워하고 겁을 먹는 것이었다. T 박사는 이러한 이해를 GD씨에게 제시하였고 다음과 같이 요약하였다.

　　"○○씨에게 세상은 단지 두 유형의 사람들로 나누어지네요. 강자, 힘 있는 사람과, 그리고 강자에 대한 두려움 때문에 행동하는 약자."

처음으로 GD씨는 명백한 관심을 보이며 쳐다보았고 말하였다.

　　"아주 정확해요!"

T 박사가 계속했다.

"○○씨는 강자 중의 한 사람이 되려고 하는군요. 하지만 망쳐 버렸어요."

GD씨는 다시 이해한 것처럼 보였고 T 박사가 말하고 있는 것이 유용하다는 느낌을 가졌다. 그녀는 의심스러운 눈초리로 물었다.

"선생님은 이렇게 말하는 것에서 무엇을 얻을 수 있나요?"

내담자는 T 박사가 적절하고 의미 있는 것처럼 보이는 어떤 것을 말하고 있는 것에 놀란 것처럼 보였다. 물론 그는 이전부터 그렇게 하는 데 분투해 왔지만, 일반적으로 공허한 내담자의 대화는 과제를 어렵게 만들었다. T 박사가 그녀 아버지가 고용한 용병 혹은 공허한 대화를 끝없이 따라 할 수 있는 바보가 아닌 것처럼 GD씨가 행동한 것은 이번이 처음이었다. 그러나 그가 둘 중 어느 것도 아니라면, 그녀는 무엇이 그를 그렇게 만드는지를 알지 못했고, 그녀에게 의심과 호기심을 불러일으켰다.

이러한 편집적 전이의 출현은 치료에서 어떤 전환점이 되었으며, 진정한 대화의 기회로 이끌었는데, 내담자가 T 박사와 관련된 그녀의 혼동을 인식하면서였다. 그럼에도 불구하고 대부분 그렇듯이 치료는 퇴행 에피소드와 함께 진전되었다. GD씨의 치료과정에서 중요한 걸림돌이 생겼는데, 내담자가 가게 물건을 훔치다가 잡혀서 경찰에 고발당한 때였다. 그녀의 부모는 석방을 위해 보석금을 내야만 했다. 사건은 신문에 보도되었다. T 박사는 계속되는 반사회적 행동과 치료 계약의 위반은 치료 유용성을 의문시하게 된다는 그의 염려를 표명하였다. GD씨는 그녀가 체포된 것이 '어리석은 행동을 하지 않게 하고' '지금이 절호의 기회' 라는 것을 깨닫게 하는 '바닥을 치는' 경험이었다고 반응하였다. 그녀는 그녀가 법 위에 있지 않고, 그녀의 삶과 치료에 대해 진지해야만 하고 그렇지 않으면 그녀의 인생이 실패일 수 있다는 것을 깨달았다. T 박사에게는 이것이 의미가 있는지 아니면 공허한 이야기인지 분명치 않았다.

한편 내담자가 체포된 후에 그녀의 언니는 자신의 딸 세례식에 그녀를 초대하지 않았다. 이러한 거절은 다음 세 회기에서 중심 주제가 되었다. 내담자는 사실상 T 박사에게 다음과 같이 설교하듯 이야기하였는데, 그녀의 언니가 "인간이 덜 되었고……. 그녀가 안 좋을 때 자기를 차 버렸다……. 가족에 대한 충실함을 배반했다."는 것이다. 이렇게 상황을 흑백논리로 보는 것—비윤리적인 자매의 무고한 희생자로 GD씨를 보는 것—은 너무 터무니없어 보였고 T 박사는 그의 역전이에서 경멸적인 요소를 자각하고 있었다. 그는 이것을 편집적 전이와 연결지었다.

"○○씨 견해는 너무 치우쳤어요……. 언니가 가혹하고 무심하게 행동한 것일 수 있지만, ○○씨가 이런 상황에서 어떠한 역할도 하지 않은 것은 믿기 어렵네요. 그런 불합리한 태도에 대해 나에게 ○○씨를 비판하거나 거부하라고 하는 것 같아요. ○○씨에게서 어떤 관계가 의심되고 적대적일 때가 자주 있다는 것이 또 생각나네요. ○○씨는 함께 일하는 것을 예상하면 불안해집니다. 여기에서 중요한 것은 언니가 초대하지 않은 것에 대해 **왜** 그렇게 신경을 쓰는지를 보라는 것입니다. ○○씨는 자신에게서 초점을 돌리기 위해 언니를 '나쁜 사람'으로 만들려고 애쓰는 것 같아요. 하지만 그게 다는 아닐 수 있어요. ○○씨는 받아주기를 진정으로 바라지만, 바로 이것이 ○○씨가 상처받게 되는 약점이라고 느끼고, 그 약점을 보여주기보다는 계속해서 공격을 합니다. 여기에서도 줄곧 그랬어요. 알다시피 적과 적의 관계죠. 치료 첫 부분에서 ○○씨 이야기는 공허하고 초점이 없는 것 같았어요. 그것은 내가 ○○씨를 통제하지 못하도록, 상황을 통제하고—마치 전기총을 가지고 그러는 것처럼—나를 통제하려는 방법인 것 같아요. 그러나 의심에 대해 우리가 살펴보고 의논했던 것처럼, 이것은 어느 정도는 거부당할까 봐 두렵기 때문인 것 같아요. 이러한 태도가 ○○씨에게 도움이 되기보다는 얼마나 상처를 줄 수 있는지 생각해 보길 바라요. ○○씨는 반격과 통제를 통해 보호하려고 하지만, 그렇게 하면 결국 계속 거부당하게 될 것 같아요."

이러한 해석은 설사 정확하다고 해도, 그 자체로 내담자가 관계에서 안전하다고 느낄 수 있다는 것을 확신시키지는 않을 것이다. 하지만 내담자의 관찰하는 자아에 호소해서, 내담자가 다른 방식으로 관계를 지각할 가능성을 고려하도록 촉진시킬 수 있다.

8부

치료에서
일반적 어려움

A primer of **transference focused** psychotherapy for the borderline patient

65. 내담자가 치료를 중단하겠다고 위협하는 것을 어떻게 다룰 것인가?

경계선 내담자의 치료 중단 비율이 높다는 사실은 연구에서 충분히 입증되었다.[1][2] 1년 이상 지속된 치료에서 20%의 중단 비율은 양호한 것으로 고려된다.[3][4][5] 중단 문제를 이해하고 다루려면, 중단의 원인이 되는 다양한 요인을 이해하는 것이 도움이 된다. 치료를 중단하려는 충동은 다음에 기인할 수 있다.

a) 부정적 전이: 내담자는 증오하는 내적 표상을 치료자에게 '넘겨 주고' 그런 후에 치료를 떠남으로써 내적 표상과 분리를 시도한다.

---

1) A. E. Skodol, P. Buckley, & E. Charles, "경계선 인성 외래내담자의 치료 기록에 특징적인 패턴이 있는가?(Is There a Characteristic Pattern to the Treatment History of Clinic Outpatients with Borderline Personality?)," *Journal of Nervous and Mental Diseases 171* (1983): 405-410.

2) F. E. Yeomans, J. Gutfreund, M. A. Selzer, et al., "경계선 내담자의 치료 중단과 관련된 요인들: 치료 계약과 치료 동맹(Factors Related to Drop-outs by Borderline Patients: Treatment Contract and Therapeutic Alliance)," *Journal of Psychotherapy Practice and Research 3* (1994): 16-24.

3) M. M. Linehan, H. E. Armstrong, A. Suarez, D. Allmon, & H. Heard, "만성적으로 자살극을 벌이는 경계선 내담자의 인지행동 치료(Cognitive-Behavioral Treatment of Chronically Parasuicidal Borderline Patients)," *Archives of General Psychiatry 48* (1991): 1060-1064.

4) A. E. Bateman, P. Fonagy, "경계선 인성장애의 부분 입원의 효과: 무선적으로 통제된 시도 (The Effectiveness of Partial Hospitalization in the Treatment of Borderline Personality Disorder: A Randomized Controlled Trial)," *American Journal of Psychiatry 156* (1999): 1563-1569.

5) J. F. Clarkin, P. A. Foelsch, K. N. Levy, J. W. Hull, J. C. Delaney, & O. F. Kernberg, "경계선 인성장애 내담자의 심리역동 치료의 발달: 행동 변화의 예비 연구(The Development of a Psychodynamic Treatment for Patients with Borderline Personality Disorder: A Preliminary Study of Behavioral Change)," *Journal of Personality Disorders* (in press).

b) 자기애적 문제

① 내담자는 치료자와의 관계에서 경쟁심과 시기심을 경험하며, 자신을 돕는 치료사의 역량 때문에 누군가가 우월하다고 경험하는 관계에서 굴욕감을 느끼며, 따라서 이런 느낌으로부터 벗어나고 또 치료자를 '패배시키기' 위하여 치료로부터 도망간다.

② 내담자는 치료자의 다른 내담자와 다른 관심에 대해 질투심을 경험한다.

c) 의존 문제: 내담자는 (아마도 감추어져 있을) 전이의 긍정적인 면에서 발생하는 의존감 때문에 불안해지며, 또 의존과 연합된 이런 불안을 회피하기 위하여 치료를 떠난다.

d) 치료자를 다치게 할까 봐 두려움/치료자를 보호하려는 소망: 내담자는 치료자 혹은 누군가에 대해 견딜 수 없을 정도로 강한 정동(공격성 그리고/또는 다정함)을 느끼며 이런 정동이 가시화되기 전에 떠나기로 결정한다. 즉, 이것의 좀 더 온건한 형태는 가학적이거나 리비도적인 감정에 대해 죄책감이나 수치심을 느끼는 것이다.

e) 내담자 안에서의 변화가 가족 체계의 평형을 위협하는 것으로 지각될 경우 내담자의 가족에게서 치료를 그만두라는 압력을 받는다.

중단하려는 조짐이 나타나면 되도록 빨리 이것을 다루는 것이 필수적이다. 위에서 기술한 어떠한 상황이라도 해석에서 다룰 수 있다. 임상 실제에서, 내담자가 치료를 중단하겠다고 위협하는 가장 공통된 이유는 의존 및 애착과 관련된 어려움이다. 고전적인 편집적 전이, 즉 자신이 누군가에게 애착하게 되면, 그가 자기를 버리고 착취하거나 다치게 할 것이라는 두려움을 나타내는 내담자는 전이의 긍정적인 면이 커짐에 따라 엄청난 어려움을 겪는다. 내담자는 이런 상황에서 매우 취약하게 느끼며 또 치료자가 말하거나 행동하는 거의 대부분에서 무엇인가 거부를 찾아내는 경향이 있다. 치료자가 일주일간 자리를 비울 것이라고 알린다면, 내담자는 치료자가 자신에게 지쳤기 때문이라고 반응할 수 있고, 또 어쨌든 치료자가 결국에는 그를 떠나버릴 것을 알기 때문에 내담자는 치료를 끝내기로 결정한다. 치료자가 시계를 쳐다보면, 내담자는 같은 방식으로 그 행동을 해석할 수 있다. 내담자가 항상 이런 반응을 보고하는 것은 아니다. 내담자가 치료를 중단할 것이라고 알려 온다면, 이런 역동을 염두에 두고, 치료를 중단하려는 것은 두렵고도 헛되어 보이는 애착이 점점 더 커지는 것에 상응하는 것일 수 있다고 내담자에게 해석해 주는 것이 도움이 된다.

중단에 대한 위협이 매우 높으므로, 심지어 일시적으로 기법적 중립성에서 벗어날지라도, 치료자는 이런 점에 대해 능동적으로 개입해야만 한다. 예를 들어, 내담자가 아무런 사전 통보 없이 치료 회기에 오지 않았다면, 치료자는 다음 회기까지 기다리지 말고, 내담자에게 전화해서 그 시간에 안 온 이유에 알아보는 것이 바람직하다. 내담자의 반응은 덤덤하게 "잊었어요." 라고 말하는 것에서부터 치료를 그만두기로 결정했다고 통보하는 것에 이르기까지 다양할 수 있다. 전자의 경우라면, 약속을 잊은 것에 대한 탐색을 다음 시간까지 미룰 수 있다. 후자의 경우에, 치료자는 망설이지 말고 내담자가 이런 결정을 하게 된 것을 논의하기 위해 다음 회기에 오도록 내담자에게 강하게 권유해야 한다.

> 지금 치료를 그만두는 것은 잘못인 거 같아요. 감정이 최고조로 치달을 바로 그때 감정을 가장 잘 이해하게 돼요.

만약 내담자가 고집을 부린다면, 치료자는 다음과 같이 하는 것이 최상일 것이다.

결정은 전적으로 ○○씨에게 달려 있지만, 내 생각에는 ○○씨가 꼭 와서 같이 의논했으면 좋겠어요. ○○씨는 전에도 치료를 많이 받았지만 여전히 사는 게 힘들잖아요. 치료를 받지 않고도 변할 거라는 생각은 말이 안 돼요. 이 치료는 ○○씨의 문제를 특히 잘 다룰 수 있어요. 그렇지만 좋아지려면, 괴롭더라도 치료를 계속 받아야 해요.

내담자가 여전히 오는 것에 동의하지 않을 때는 보통 치료를 그만두려는 이유에 대해 이야기할 것이며, 그것은 대개 다음과 같다.

왜 내가 가야만 하나요? 선생님에게 치료는 그냥 직업이지만, 나에게는 매우 괴로운 경험이에요.

이 시점에서, 치료 시간은 아니지만, 위기상황에서 남겨진 유일한 선택이 해석이라면 치료자는 해석을 하는 규칙에 따라야 한다.

○○씨는 방금 중요한 얘기를 했어요. 내가 ○○씨에게 관심이 있다고 생각조차 안 하는군요……. 내게 "단지 직업일 뿐이라는 거죠." 지금 상황은 ○○씨가 반복해서 경험해 온 상황을 상기시키는 거 같아요. 그래서 삶이 너무나 불행하고 절망적이라고 느껴질 거예요. 누군가가 ○○씨에게 중요해지기 시작했을 때 ○○씨도 그 사람에게 중요하다는 것을 생각할 수 없나 봐요. 그 때문에 매우 고통스러울 수 있어요. 확신할 수는 없지만, 내가 말하고 싶은 것은, ○○씨가 계속해서 똑같은 패턴을 반복하는 것보다는 치료 시간에 와서 이에 대해 살펴보는 게 좋겠다는 거예요.

같은 예에서, 치료자가 전화했다는 바로 그 사실은 내담자가 치료자에 대해 경험하는 방식에 영향을 줄 수 있다. 내담자는 전형적으로 긍정적 전이와 부정적 전이를 번갈아 나타내므로, 회기 사이에 부정적 전이가 우세하게 된다. 내담자는 스스로에게 이렇게 묻기 시작할 수 있다.

> 내가 왜 이 사람을 믿어야 하는 거지? 그도 다른 사람과 다를 바 없어. 그 사람한테 나는 돈을 주는 사람일 뿐이야.

치료자와 직접 연락이 되면, 치료자는 일반적으로 내담자에게 관심을 가지고 소통하므로, 이런 부정적인 견해가 도전받게 될 것이다. 이런 이유로 회기 사이에 치료를 그만두겠다고 결정한 것에 대해 치료자는 즉각적으로 다루어야만 한다. 이런 연락은 전이의 긍정적인 면과 연결되거나 이를 활성화시키므로 내담자가 부정적 확신에 대해 의문을 갖게 되고 치료적 대화를 지속하게 하기에 충분하다. 이 예는 내담자가 치료를 중단하려는 결정에 포함될 수 있는 모든 가능한 문제를 망라하는 것은 아니지만, 가장 일반적인 문제를 예시한다.

66. 아동기에 성적 그리고/혹은 신체적 학대를 당한 내담자가 전이초점 심리치료를 받을 수 있는가?

그렇다. 이 질문을 좀 더 분명히 하기 위해서, 모든 경계선 내담자가 학대 경험이 있는 것은 아니며, 또 다른 정신과적 장애가 있는 많은 내담자와 성인기에 정신과적 장애를 나타내지 않은 많은 사람이 아동기의 성적 혹은 신체적 학대 경험이 있다는 연구 결과를 염두에 두는 것이 중요하다. 경계선 인성장애 내담자에 있어서 아동기 성적 학대 경험의 전반적인 비율은 많은 연구에서 대략 70%로 나타났다.[6] 이런 연구의 대부분은 성폭행의 심각성을 주의 깊게 고려하지 않았다. Paris는 자신의 연구[7]에서 심각성 문제를 조사하였으며, 그의 연구에서 학대 경험이 있는 경계선 인성장애 내담자의 30%가 삽입을 수반한 아동기 성폭행이라는 보다 심각한 형태를 경험했던 것으로 밝혀졌다.

아동기의 성적·신체적 학대와 방임을 포함해서, 많은 스트레스 요인과 생활사건은 인성조직의 발달과 견고화에 주요 역할을 한다. 긍정적인 경험에 비하여 부정적인 경험의 우세함 때문에 사건 자체가 인성 구조에 영향을 줄 수 있기는 하지만(1부, 질문 8 참조), 이 경우에 인성 구조는, 외상이 일어난 당시에 발달된 정도에 따라, 개인이 그 사건을 경험하는 방식과 그 사건을 통합하는지 통합하지 않는지를 결정한다는 것 또한 사실이다.

■■6) J. Paris, 경계선 인성장애: 다차원적 접근(*Borderline Personality Disorder: A Multidimensional Approach*) (Washington, DC: American Psychiatric Press, 1994).

■■7) J. Paris, H. Zweig-Frank, & H. Guzder, "경계선 인성장애 여성 내담자의 심리적 위험 요소 (Psychological Risk Factors for Borderline Personality Disorder in Female Patients)," *Comprehensive Psychiatry 34* (1994): 410-413.

아동기에 학대를 당하고 성인기에 정신병리를 경험하는 내담자는 수많은 심리장애 중 어느 것이든 나타낼 수 있는데, 주요 우울증, 범불안장애, 공황장애 혹은 알코올이나 물질 의존도 이에 해당한다.[8] 또한 외상후 스트레스 장애나 경계선 인성장애 혹은 둘 다로 고통받는 사람이 있다. 우리는 이들 집단을 구별하지만 몇몇 다른 연구자는 이런 내담자가 모두 외상후 스트레스 장애를 나타내며, 경계선 인성장애는 외상후 스트레스 장애를 잘못 이해한 것이라고 주장한다.[9] 그러나 우리는 이 두 집단이 다르다고 생각한다. 경계선 인성장애 없이 외상후 스트레스 장애로 진단되는 경우라면, 내담자는 그 장애에 맞는 치료를 받아야 할 것이다.[10]

내담자가 인성장애로 진행되었다면, 그 병리는 전이초점 심리치료로 치료될 수 있을 것이다. 이런 경우에, 치료는 보통 전이 내에서 희생자-가해자 이자관계를 무의식적으로 활성화하는 것으로 특징지어진다. 내담자는 일반적으로 자신의 현재 삶의 경험에 대한 주된 조직자로 이런 이자관계를 넘어설 수 없는데, 희생자 역할과 함께 가해자 역할을 포함하는 내재화된 이자관계를 의식적으로 받아들이는 것이 어렵기 때문이다. 이런 이자관계가 무의식적 심리 구조로서 지속되는 한, 이것이 내담자의 지각과 행동에 영향을 미치는 것을 통제할 수 없다. 물론 목표는 내담자가 가해자와의 분열된 동일시 및 그와 연합된 공격성을 자각하도록 도움으로써 마음의 그 부분이 통합되고 그렇게 함으로써 그것의 극단적이고 통제되지 않은 힘을 잃게 하는 것이다.

■■8) K. S. Kendler, et al., "여성의 아동기 성폭행과 성인 정신과적 장애 및 물질사용 장애 (Childhood Sexual Abuse and Adult Psychiatric and Substance Use Disorders in Women)," *Archives of General Psychiatry 57* (2000): 853-959.

■■9) J. L. Herman, 외상과 회복(*Trauma and Recovery*) (New York: Basic Books, 1992).

■■10) J. Chu, 조각난 삶의 재건: 복합적인 외상후 및 해리성 장애의 신뢰할 수 있는 치료 (*Rebuilding Shattered Lives: The Responsible Treatment of Complex Post-Traumatic and Dissociative Disorders*) (New York: John Wiley and Sons, 1998).

이런 경우에 내담자가 의식적으로 그렇게 경험하는 것은 아니지만 (평가절하하는 비평과 비난을 통해서) 공격성을 표현하거나 (파괴적이거나 자기 파괴적인 행동을 통해서) 상연하면서, (단지 치료 구조를 고수한다는 이유로) 치료자가 무지무지하게 가학적이라고 비난할 수 있다. 이런 경우에 특히 중요한 것은 가해자에 대해 인식되지 않은 동일시를 나타내는 소통의 비언어적 경로에 주의를 기울여야 한다는 것이다. 또한 (탐색을 통해서 증오하는 대상에 대한 강한 양가감정이 드러날 수도 있지만) 내담자가 증오하는 대상에게 동일시하는 것을 받아들이기가 어렵다는 것을 공감하는 것이 중요하다. 그러나 희생자와 가해자 이자관계의 두 부분 모두가 '노골적으로 드러나지' 않는 한 내담자가 좋아질 수 없다.

전이초점 심리치료에 대해 공부하는 치료자는 때로 이 치료의 어떤 특징들로 인해 치료자가 내담자에게 정신적 충격을 줄까 봐 우려한다. 이 특징들은 치료적 중립성(5부, 질문 54 참조), 즉각적 만족의 상대적 결여, 타당화의 지각된 결여를 언급한다. 전이초점 심리치료 관점은, 첫째, 치료자가 내담자의 주관적인 상태의 전체성에 매우 주의를 기울이는 것이다. 이것이 의미하는 바는 내담자가 경험에 대해 기술하는 것을 치료자가 받아들이며 또 좀 더 자각되어야 할 것이 있다는 것을 치료자가 제시한다는 점 둘 다를 의미한다. 예를 들어,

알겠어요. 내가 다음 주에 떠나가면서 ○○씨가 살아남기 위해 필요한 것을 가져간다는 거죠. 하지만 ○○씨가 주먹을 부르르 떠는 걸 알고 있나요? 그렇게 분노하면 내가 없는 동안에 ○○씨를 안심시켜 줄 수 있는 치료자상을 유지하기 어려울 거예요. ○○씨는 자기가 몹시 화가 났다는 것을 잘 알지 못하는 것 같지만, 내가 떠나는 것보다는 ○○씨가 몹시 화내는 것 때문에 나와 연결된다는 느낌을 갖지 못할 거예요.

내담자에게 이 점을 지적하는 것이 그 순간에 내담자를 힘들게 만들 수는 있지만, 이런 지적은 내부의 분열을 통합시키고 해결하도록 이끌 것이며, 또 성공적으로 기능하도록 영향을 미칠 것이다. 내담자의 희생자로서의 경험에만 동정하는 접근은 내담자의 내적 경험 전체성에 공감하지 않은 것이며 또 공격성을 외부 대상에 투사하는 해로운 경향이 있는 내적 분열을 강화하게 될 것이므로, 편집 포지션에 머무는 것을 강화하게 되는 것이다.

67. 치료과정에서 입원이 필요한가?

그럴 수 있다. 단기 정신과 입원에 대한 현재 풍조에서는, 내담자가 심한 자기 파괴적 충동이나 자살 충동을 통제할 수 없는 심각한 위기 상황에서 정신과에 단기 입원 치료를 받도록 한다. 이런 상황은 내담자가 주요 우울증 에피소드를 공존병리로 나타내는 경우에 발생할 수 있으며, 이런 경우에 입원의 목적은 우울증 에피소드에 대한 적절한 신체적 치료(약물치료, 혹은 극단적인 경우에는 전기충격치료)를 제공하는 것이다(질문 69 참조). 입원에 대한 욕구가 생길 수 있는 또 다른 경우는, 내담자가 치료자를 시험하고 있을 때인데 내담자가 자신의 충동을 통제하는 게 어렵거나 불가능하다고 소통하면 치료자가 계약을 벗어나서 내담자에게 더 개입하는지 알기 위해서다. 이런 경우에, 치료자가 내담자에게 더 휘둘리기보다는 계약을 고수하고 입원할 것을 권유한다면, 내담자는 구조요청이 자기가 바라는 대로 치료자와의 접촉을 증가시키지 않는 것을 깨닫게 될 때 일반적으로 입원에 대한 욕구가 감소하거나 아주 없어질 것이다. 매우 자주, 전이초점 심리치료에서 내담자는 입원하는 것을 그만둔다(10부, 질문 79). 이는 입원이 대부분의 내담자가 가치를 두기 시작한 치료자와의 정규적인 만남을 차단한다는 사실에 기인할 것이다.

어떤 상황(예를 들어, 이혼서류를 받았거나 친구의 자살에 대해 알게 되었을 때)에서 내담자의 삶에서의 스트레스 요인이 일시적으로 자기 파괴적 충동이나 자살 충동을 통제하기 어려울 정도로 내담자의 고통과 불안을 증가시킨다. 이런 경우에, 입원은 즉각적인 스트레스 요인과 그것의 영향을 다룰 수 있는 안전한 세팅을 제공할 수 있다.

입원의 주요 기능은 다음과 같다(각각은 개인의 상황에 따라 다소 다르게 나타날 수 있다).

1. 내담자의 진단 혹은 진단들에 대한 재평가

2. 약물의 필요성과 약물 처방에 대한 평가 혹은 재평가

3. 치료 계약을 내담자가 응낙하는가라는 점에서 치료 계약을 재평가하고, 새로운 변형기법을 추가해야 할 필요가 있는지에 대한 재평가. 때로 내담자는 자신이 계약에 동의한 것을 지키지 않았기 때문에 입원하게 된다. 이런 경우에 치료자는 내담자가 치료 조건을 정말 지키려고 하는지 평가해야만 한다. 혹은 내담자가 이를 지킬 수 없거나 지키려 하지 않는다는 것을 인정할 수밖에 없다면, 퇴원 후에 내담자에게 전이초점 심리치료를 계속하기보다는 다른 형태의 치료에 의뢰하는 것이 더 나을 것이다.

4. 치료 중에 있을 수 있는 문제 상황을 평가하고 이런 문제가 치료 계약을 수정함으로써 혹은 치료에서 발생되었던 난국을 이해함으로써 다룰 수 있을지 분석하기. 치료에서 난국이 발생할 수 있는 경우는 치료자와 내담자가 공모하여 강한 정동(예: 강한 긍정적 전이 혹은 성애적 전이)을 부인하거나 그것을 다루지 않을 때다. 이런 경우에, 치료자는 자문 혹은 사례지도를 받는 것이 바람직하다. 발생한 문제의 유형에 따라 그 문제에 대해 어떤 통찰을 얻은 후에 치료자가 그 내담자와 계속할 것인지, 그 내담자를 다른 전이초점 심리치료자에게 의뢰할 것인지, 혹은 또 다른 형태의 치료에 의뢰할 것인지를 결정할 수 있다.

5. 부부치료 혹은 물질남용치료와 같은 보조적인 치료가 잠정적으로 필요한지 평가하기(일반적으로 내담자가 물질남용에서 벗어날 때까지 전이초점 심리치료를 중단해야 할 필요가 있다).

관리 의료가 도래하기 전에, 많은 내담자들은 경계선 인성장애의 치료를 위해 특화된 환경에서 장기간 입원 치료를 선택할 수 있었다. 이런 치료는 미국에서는 극도로 제한된 경우에만 계속 존재하며 또 대부분의 내담자에게는 해당되지 않는다. 이런 형태의 치료는 낮은 수준으로 조직화된 경계선 내담자에게는 매우 도움이 되었는데, 이런 내담자는 자신의 삶의 안정성을 유지하기 위하여 원시적 방어기제에 의지한다. 그러나 이 안정성은 탈보상 (decompensation) 현상과 정동폭주가 일어나는 동안 잠깐 심하게 흔들릴 수 있다. 이런 내담자를 외래 환경에서 치료한다는 것은 특별한 도전이 된다. 왜냐하면 치료가 진행되면서, 통합을 가져오기 위해 원시적 방어의 분석이 필요한데, 원시적 방어의 분석은 방어의 효율성을 약화시키기 때문이다. 그러므로 '좋은' 회기는, 예를 들어 내담자가 자신의 내적 세계에서 강한 공격성에 대한 어떤 자각을 경험하는 것인데, 이것은 내담자가 회기의 끝에 외부 현실로 돌아가는 것을 어렵게 만들 정도로 내담자 안에 어떤 수준의 불안과 고통을 일으킬 수 있다. 치료자가 이 작업의 어려움에 대해 공감을 전달하는 것이 도움이 된다.

어떤 경우에, 내담자가 전이초점 심리치료를 받기 전에 예비적인 치료를 받는 것이 도움이 될 수도 있다. 이런 치료는 약물치료, 인지행동치료, 기술훈련, 가족치료, 직업상담 혹은 심한 섭식장애 혹은 물질남용에 대한 치료의 형태일 수 있다.[11]

■ ■ 11) H. W. Koenigsberg, O. F. Kernberg, M. H. Stone, A. H. Appelbaum, F. Y. Yeomans, & D. Diamond, 경계선 내담자: 치료 가능성의 한계 확장(*Borderline Patients: Extending the Limits of Treatability*) (New York: Basic Books, 2000), pp. 247-266.

68. 내담자가 입원하면, 내담자를 병원에서 만나야 하는가?

일반적으로 치료자는 내담자에게 이차적 이득(예: 치료자가 내담자를 보기 위해 매일 병원에 들르는 경우와 같은)을 제공하지 않는 한, 내담자를 병원에서 만나는 것은 좋은 생각이다. 병원에서 한 회기 혹은 여러 회기를 만나는 것은 질문 67에서 살펴보았던 문제인 입원 이면의 이유, 즉 진단적 문제, 약물 치료의 필요성, 계약을 수정할 필요성, 치료에서의 난국에 대한 심사숙고, 보조적인 치료의 필요성, 혹은 다른 치료자나 다른 치료에 의뢰하는 것의 적합성 등을 고려하는 기회를 제공한다. 그러나 내담자가 안전을 염려하여 매우 단기적으로(예: 주말 동안) 입원하고 곧바로 '원상태로 돌아가면' 치료자는 이것을 다음 외래 회기에서 탐색할 수 있다.

69. 전이초점 심리치료에서 약물치료의 역할은?

약물치료는 경계선 내담자가 경험하는 몇몇 특정 증상에는 도움이 되는 것으로 밝혀졌지만, 약물치료가 인성장애 자체를 치료하는 것은 아니다.[12] 부가적으로, 연구에서는 특정 증상에 대해 명백한 치료 지침을 제공하였다. 경계선 내담자에 대한 약물치료 기술의 현재 상태는 다음의 세 가지 문제해결 규칙에서 요약되는 것처럼 표적 증상 군집에 맞추어 체계적으로 접근한다(Soloff의 작업에 기초하여 Judit Gordon-Lendvay 박사가 수정).

약물치료를 할 때, 경계선 내담자들에 대한 약물치료의 효과는 미약하고 특유하지 않으며, 초기에 효과를 나타낸 후 시간이 지남에 따라 효과가 약화되는 경향이 있는 것을 염두에 두는 것이 중요하다. 우울증 치료에서 보면, 주요 우울증 에피소드를 나타내는 경계선 인성장애 내담자는 인성장애를 공존병리로 나타내지 않는 우울증 내담자에 비하여 항우울제와 전기충격치료 모두에서 치료 효과가 적은 것으로 나타난다.

경계선 내담자를 치료할 때, 약물에 반응하지 않는 경향이 있는 성격적 우울과 주요 우울증 에피소드를 구별하는 것은 중요하다. 성격적 우울은 내담자의 만성적 소인과 관련 있는데, 이는 피학적 요소를 포함하는 내적 세계와 피학적이고 비판적이며 평가절하하는 구성요소를 경감시키지 못하는 주관적 경험에 근거한다. 이런 주관적 경험의 맥락에서, 내담자가 슬픔과 우울을 경험하지 않는다면 이상할 것이다. 대조적으로, 주요 우울증 에피소드는 특

■■ 12) P. H. Soloff, "인성 차원의 약물치료: 인지, 지각, 정동 및 충동적 행동 조절곤란에 대한 증상 특유의 치료(Pharmacological Treatment of Personality Dimensions: Symptom Specific Treatment for Cognitive, Perceptual, Affective, and Impulsive Behavioral Dysregulation)," *Bulletin of the Menninger Clinic 62* (1998): 195-214.

유의 자율신경계 증상(불면 혹은 과다 수면, 식욕 감퇴 혹은 과식, 정신운동성 지체 혹은 초조, 주의집중력 부족, 성적 욕구의 결여, 전반적 즐거움의 상실), 끈질긴 비관주의 및 되풀이되는 죽음에 대한 사고 그리고/혹은 자살 사고를 동반한 절망이 특징이다. 비관주의, 절망, 죽음과 자살에 대한 생각은 만성적 경계선 장애의 부분일 수도 있으며 전이초점 심리치료 방법에 의해 다루어질 수 있지만, 경계선 내담자가 주요 우울증 에피소드의 완벽한 특징을 나타내면 치료의 초점에서 일시적인 변화를 필요로 한다. 이런 변화는 약물(치료자 혹은 정신약물학자에게 자문하여 처방된-다음의 질문 70 참조)의 적절한 사용, 필요한 경우에 입원, 치료 계약의 수정을 포함한다. 후자는 주요 우울증 에피소드의 맥락 안에서 다루어져야 하는데, 이는 주요 우울증 에피소드가 치료 계약에서 필요로 하는 책임을 질 수 있는 내담자의 역량을 손상시킬 수 있기 때문이다. 이런 상황에서 치료자는 정신약물을 자문하고, 내담자가 약물을 복용하는지 가족에게 지켜보도록 참여시키며, 가족에게 입원의 필요성에 대해 알리며 그리고/혹은 입원하도록 조처하는 데 평소보다 더 지시적이어야 한다.

위의 논의에 비춰 보더라도, 경계선 내담자의 치료에서 약물에 대한 관리는 미묘하고도 힘든 작업이다. 임상가는 증상에서 성격적 특성 대 생물학적 특성 구분이 분명치 않은 많은 상황에 부딪친다. 이런 경우에 약물치료를 시도해서 약물이 증상을 경감시키는지 알아보는 것이 필요할 수 있다. 그렇지만 증상에 약간의 개선이 있다고 해서 그 증상이 생물학적 근거를 가지고 있거나 그것이 심리적인 의미가 없다는 것을 보증하는 것은 아니다. 이에 대한 한 가지 이유는 위약 효과가 실제적인 현상이라는 점이다. 이것은 매우 암시를 받기 쉬운 경계선 내담자가 시간이 지남에 따라 치료에 반응하는 것이 줄어들지만 초기에는 자주 치료에 반응을 보이는 까닭이다. 또 다른 이유는 우리가 생물학적인 것으로 고려하는 것과 심리적인 것으로 고려하는 것이 완전히 별개의 영역이 아니라는 점이다. 이들 둘 간의 상호 연관을 이해하는 것을 돕기 위해서는 더 많은 연구가 필요할 것이다.

문제해결 규칙 1

의심, 편집적 사고, 환각, 가벼운 사고장애, 해리를 나타내는 축II 인성장애*

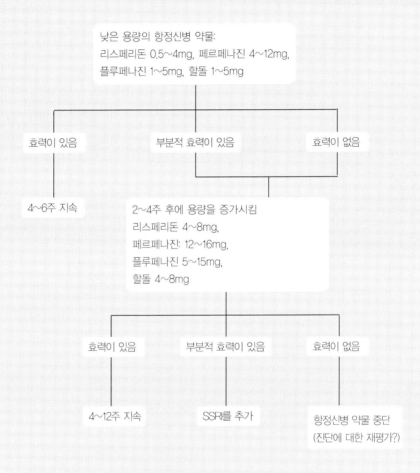

낮은 용량의 항정신병 약물:
리스페리돈 0.5~4mg, 페르페나진 4~12mg,
플루페나진 1~5mg, 할돌 1~5mg

효력이 있음   부분적 효력이 있음   효력이 없음

4~6주 지속

2~4주 후에 용량을 증가시킴
리스페리돈 4~8mg,
페르페나진: 12~16mg,
플루페나진 5~15mg,
할돌 4~8mg

효력이 있음   부분적 효력이 있음   효력이 없음

4~12주 지속   SSRI를 추가   항정신병 약물 중단
(진단에 대한 재평가?)

*주요 증상이 해리인 경우에 SSRI를 시작함.
[SSRI: Selective Serotonin Reuptake Inhibitor, 선택적 세로토닌 재흡수 억제제]

문제해결 규칙 2

우울한/ 화난/ 불안한/ 불안정한 기분을 나타내는 축II 인성장애

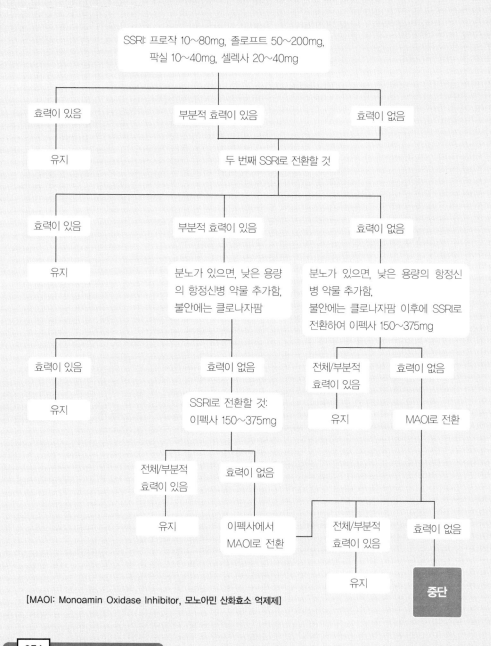

SSRI: 프로작 10~80mg, 졸로프트 50~200mg, 팍실 10~40mg, 셀렉사 20~40mg

효력이 있음 → 유지

부분적 효력이 있음 / 효력이 없음 → 두 번째 SSRI로 전환할 것

효력이 있음 → 유지

부분적 효력이 있음 → 분노가 있으면, 낮은 용량의 항정신병 약물 추가함, 불안에는 클로나자팜

효력이 없음 → 분노가 있으면, 낮은 용량의 항정신병 약물 추가함, 불안에는 클로나자팜 이후에 SSRI로 전환하여 이펙사 150~375mg

효력이 있음 → 유지

효력이 없음 → SSRI로 전환할 것: 이펙사 150~375mg

전체/부분적 효력이 있음 → 유지

효력이 없음 → MAOI로 전환

전체/부분적 효력이 있음 → 유지

효력이 없음 → 이펙사에서 MAOI로 전환

전체/부분적 효력이 있음 → 유지

효력이 없음 → 중단

[MAOI: Monoamin Oxidase Inhibitor, 모노아민 산화효소 억제제]

문제해결 규칙 3

충동적 공격성, 자해 행동, 폭식을 나타내는 축Ⅱ 인성장애

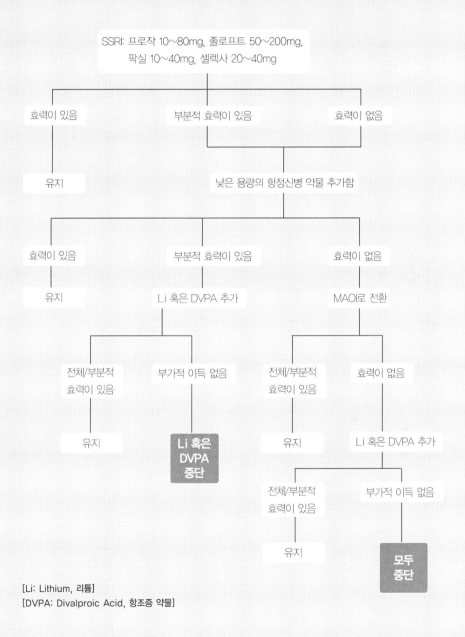

[Li: Lithium, 리튬]
[DVPA: Divalproic Acid, 항조증 약물]

70. 약물 처방은 누가 하는가?

치료자가 의사가 아니면 선택의 여지 없이 내담자를 동료 정신과 의사에게 약물치료 자문과 처방을 의뢰해야 한다. 이런 경우에, 치료자는 경계선 역동을 잘 아는, 가능하다면 전이초점 심리치료를 잘 아는 정신과 의사를 선택하는 것이 매우 중요하다. 이렇게 하지 않으면, 그 상황에서 내담자의 내적 역동이 상연될 위험이 있다. 이 경우에 전형적으로 정신과 의사는 좋은 공급자로 표상되며, 일반적으로 한계 설정에서 더 신중한 치료자는 박탈하는 나쁜 대상으로 경험된다. 그러나 다른 시나리오 또한 가능하다. 때로 정신과 의사는 무능하다고 평가절하되며, 또 가장 좋은 치료를 제공할 만큼 충분히 돌보아 주지 않는 무관심한 치료자의 연장으로 경험된다. 다른 한편으로, 내담자는 치료자가 약물치료 자문을 구하는 것이 내담자와 치료에 대한 관심을 잃었기 때문이라고 느낄 수 있다. 어떤 경우이든, 정신과 의사는 내담자의 심리적인 문제가 내담자의 의학적 상태를 평가하는 데 영향을 미치는 요인이 될 수 있고, 또 치료 세팅에서 내담자의 내적 역동이 행동화될 수 있다는 것을 인식할 만큼 경계선 역동에 대해 충분히 숙지하고 있어야만 한다. 정신과 의사가 내담자의 치료에서 치료 계약의 역할을 이해하고 또 한계를 설정하는 것이 특히 중요하다. 최악의 시나리오는 정신과 의사가 내담자와 손잡고, 적절한 치료 구조를 유지하고 있는 치료자를 냉담하고 허용적이지 않은 사람으로 평가절하하는 것이다.

치료자가 의사이면 자신이 내담자에게 약물을 처방하거나 혹은 치료의 이 부분을 동료에게 의뢰하는 것에 대해 선택할 수 있다. 순수한 전이초점 심리치료 모델에서는 이 두 역할을 분리하는데, 그 이유는 치료자가 치료 회기 동안 약물치료 경과를 지켜보느라 시간을 보내지 않으려는 것이며, 혹은 가능한 이차적 이득의 경로를 제공하지 않기 위해서다. 예를 들어, 내담자가 약물의 부작용을 보고하는 것이 회기 사이에 치료자와 더 많은 전화 통화를 하는 수단으로 내담자가 지각하게 되는 경우에 이는 이차적 이득이 된다. 치료자가 이런 **치료의 분담**(split treatment)을 선택한다면, 위에서 논의된 바와 같이, 이런 확장된 치료 세팅에서 내담자의 내적 역동이 상연될 가능성에 대해 방심하지 말아야 한다.

치료자 자신이 약물을 평가하고 처방하는 것을 선택한다면, 치료자는 약물 처방이 전이 안에서 차지하는 많은 의미에 대해 대단히 조심해야 한다.

71. 약물에 대한 가장 전형적인 전이 의미는?

약물처방에 치료자나 정신약리학자가 관여하고 내담자에게 무엇인가를 제시하는 한, 이 상황은 잠정적으로 전이 의미를 포함하고 있다. 이것은 내담자가 '마술 알약'으로서 경험하는 것을 포함하는데, 이는 열망하던 전능한 타인에 대한 상징이다. 이런 경우에, 내담자는 (실제 약물이 나타낼 수 있는 효과보다 더 빨리) 빠른 진전을 보고할 수도 있지만 그 약물이 완전한 행복을 제공하지 않을 때 결국 환상은 깨지고 부정적 전이로 바뀌게 된다.

또 하나의 흔한 반응은 내담자가 어떤 약물이든지 '나쁜 젖'을 제공하는 것으로 경험하는 것이다. 이런 경우에, 내담자는 각 약물 시도에 대해 즉각적이고 참을 수 없는 부작용으로 반응한다. 많은 약물이 부작용이 있는 것이 사실이지만, 대부분의 내담자는 그 약물의 잠정적인 이득을 위해 어느 정도의 불편함을 참을 수 있다. 즉각적으로 매번 약물을 거부하는 내담자는 이상적 돌봄에 미치지 못하는 어떤 것도 부적당하며 돌보지 않는 것으로 거부하는 것 같다(이런 내담자는 자기애적 특징이 강한 경향이 있다).

약물에 대한 또 하나의 자주 나타나는 반응은 치료자가 진정한 사랑과 돌봄 대신에 '싸구려' 대치물을 제공하려는 것으로 경험하는 것이다. 이런 경우에 내담자는 다음과 같이 말할 수 있다.

> 선생님은 나 때문에 귀찮은 게 싫은 거예요. 선생님은 이 약을 주고 나 보고 입 다물고 돌아가라는 거죠.

72. 치료에서 치료자를 만나지 않는 기간과 연관된 위기를 어떻게 다룰 것인가?

많은 경계선 내담자는 치료에서 어떤 휴지에 대해서도 어려움을 갖는다 (매우 자기애적인 내담자는 치료자가 있든지 없든지 간에 완전히 무관심하기도 하지만). 어떠한 분리, 심지어 한 회기의 끝조차도, 그 대상을 완전히 잃는다는 두려움을 일으킬 수 있다. 이 내담자는 분리를 거부로 경험하며, 내담자는 거부를 두려워하지만 피할 수 없는 것으로 생각한다. 이런 거부는 격노 반응을 불러일으키며, 이런 격노는 의식적일 수도 무의식적일 수도 있다. 격노는 버리고 떠나는 대상에 대한 내적 표상을 공격해서 그것을 파괴한다. 그리고 내담자는 공허함과 보복과 복수에 대한 두려움이라는 다양한 결합 상태에 빠지게 된다. 이런 사이클 때문에, 치료자가 앞으로 자리를 비울 것이라고 알리는 것은 자주 위기를 촉발한다. 이런 위기는 전형적으로 정동폭주의 형태를 띠며 그리고/혹은 치료를 그만두겠다고 위협하는 것으로 나타난다. 전자를 다루는 것을 개관하려면 6부의 질문 61을 참조하고, 후자에 대한 논의는 8부의 질문 65를 참조하면 된다.

73. 치료자는 강한 성애적 전이를 어떻게 다루는가?

성애적 전이에는 여러 유형이 있다.[13] 우리는 경계선 내담자의 치료에서 흔히 나타나는 두 가지 유형에 초점을 두겠다. 첫 번째는 좀 더 원시적인 유형으로 다루기가 어려운데, 어떤 식으로도 통합되지 않은 채, 분열된 리비도적인 면과 공격적인 면이 함께 결합되어 나타나기 때문이다. 정상적으로 통합된 마음에는 양가성을 받아들이는 역량이 있고 또 리비도와 공격성이 통합되어 있다. 경계선 내담자는 때로 거짓통합이란 퇴행된 형태를 나타내는데, 여기서 마음의 공격적 부분은 리비도적 부분의 측면을 이용해서 공격적 목적에 그것들을 활용한다.[14] 사랑과 성적 흥분은 공격성을 해소하기 위하여 도착 증후에 사용될 수 있다. 치료에서 이것은 내담자가 공공연하게 치료자를 유혹하는 형태를 취할 수 있는데, 성적 관계를 제안하거나 심지어 함께 하기 위하여 각자의 배우자를 떠날 것을 제안할 수 있다. 표면적으로 이것은 긍정적 전이의 극단적인 표현으로 보일 수 있지만, 치료자는 파괴성과 치료에 대한 공격에 분명하게 초점을 맞추어야 한다. 이런 상황은 일반적으로 사랑보다는 힘에 관한 문제와 더 많이 관련된다. 어떤 경우에 내담자는 자신이 그나마 가치 있다고 느끼는 유일한 속성, 즉 자신의 성적 매력을 이용하여 점점 더 괴로워지는 상황에 대한 통제를 얻으려고 시도할 수 있다. 이렇게

---

13) H. W. Koenigsberg, O. F. Kernberg, M. H. Stone, A. H. Appelbaum, F. Y. Yeomans, & D. Diamond, 경계선 내담자: 치료 가능성의 한계 확장하기(*Borderline Patients: Extending the Limits of Treatability*) (New York: Basic Books, 2000), pp. 193-204.

14) S. Akhtar, 해답을 찾아: 심각한 인성장애에 대한 이해와 치료 입문(*Quest for Answers: A Primer of Understanding and Treating Severe Personality Disorders*) (Northvale, NJ: Jason Aronson, 1995).

고통이 고조되는 것은 흔히 익숙하지 않은 영역에 있다고 느끼는 것 때문이다. 가령 치료자가 착취자/학대자라는 기대된 역할을 하지 않는다면, 내담자는 치료자가 자신에게 갖는 관심에 대하여 이해하기 어렵다. 공공연한 유혹을 시도하는 것은 상황을 익숙한 영역으로 되돌리려는 것과 내담자가 착취자의 역할에 놓이는 것 둘 다에 해당한다. 이 상황은 강렬하고 잠정적으로 혼란스러운 상황이다. 왜냐하면 치료자가 한계를 설정하고 내담자의 행동을 해석하려고 시도하면, 내담자는 대개 자신을 희생자로 경험하면서 자신의 제안을 치료자가 거절한 것이 자신의 무가치함을 입증하거나 거부를 입증하는 것이라고 항변하기 때문이다.

성애적 전이의 두 번째 유형으로 우리가 논의하려는 내담자는 치료에서 진척을 보이며 또 치료자에 대해 여전히 부분적으로 이상화된 견해와 성애적 요소를 포함하는 욕망을 가지고 치료자에게 반응하는 내담자다. 이런 내담자는 대개 극도로 낮은 자존감을 가지고 살아왔으며 또 이런 유형의 성애적 전이에서의 근본 문제 중 하나는 내담자가 자신의 무가치함을 고집한다는 것이다. 치료자의 과제는 역전이를 경험하면서 내담자에 대하여 어떤 끌리는 감정을 느끼든지 간에 그런 감정을 허용하는 것 자체가 경계를 깨뜨리는 것이라고 불안해하지 않으면서 편안하게 느끼는 것이다.

이 순간이 치료에서 가장 어려운 순간이 될 수 있다. 내담자가 치료자에게 관심을 표현하는 것은 직접적일 수 있으며("어떻게 말해야 할지 모르지만, 저는 선생님에게 반했어요.") 농담하거나 풍자적일 수 있으며("선생님은 저 같은 사람하고 남들 앞에 나타날 사람이 절대 아니라는 것을 알아요.") 혹은 간접적이고 비언어적일 수 있다. 어떤 경우이든, 가장 중요한 것은 치료자가 이런 화제로부터 수줍어서 도망가지 않는 것이다. 치료자는 자신의 감정이 내담자의 느낌과 같은 강도가 아닐 때 이끌림에 대한 문제를 논의하는 데 곤란해한다. 그러나 가장 거부하는 행동은 이런 감정이 금기라는 메시지를 주는 것이다.

치료자는 명료화를 계속해 나가야 한다. 내담자는 자신이 끌리고 있는 것에 대해 더 말할 수 있나? 내담자의 환상이 무엇인가? 내담자가 너무 창피해서 계속 말할 수 없다고 한다면, 치료자는 내담자의 가정에 대해서 질문해야만 할 것이다. 왜 내담자는 치료자가 자신을 좋아하지 않는다고 확신하는가? 가령 치료자와 내담자가 다른 상황에서 만났다면 서로 교제하는 것을 즐기지 않았을까라고 상상조차 하지 못하게 하는 이유는 무엇인가? 이런 문제에 대한 탐색은 보통 내담자가 이상적인 상대방을 찾으려는 것과 자신을 평가절하하는 것 둘 다에 중요한 영향을 미친다. 그리고 이 둘 다는 삶에서 적합한 상대방을 발견하려는 내담자의 능력을 좌절시킨다.

9부

전이초점 심리치료를
하기 위한 **필요조건**

A primer of **transference focused** psychotherapy for the borderline patient

74. 전이초점 심리치료를 하기 위해 필요한 기본적 기술은?
75. 어떤 종류와 어떤 수준의 사례지도가 필요하고/바람직한가?

74. 전이초점 심리치료를 하기 위해 필요한 기본적 기술은?

전이초점 심리치료를 실행하는 데 필요한 기술을 분명히 말하는 데 어려움 중 하나는 각각의 내담자가 그 과정에 다소 독특하게 반응한다는 것이다. 따라서 치료자는 일반적인 패러다임을 가지고 한 회기의 상황에 들어가지만 치료자는 각 상황에 맞게 그 패러다임을 적용해야 한다. 이런 맥락에서 기본적 기술은 다음과 같다.

a) 내적 표상이 활성화되는 부분이 될 수 있는 일차과정 자료를 편안해하는
   능력

이것은 전이초점 심리치료자에게 극도로 중요한 역량이며, 이는 인지적 역량이 아니라 심리적 민감성과 관련된다. 무엇이 일차과정과 이차과정을 구별하는지 기억해야 한다. 일차과정은 일상적인 논리에 부합하지 않는 원시적인 형태의 논리다. 또 일차과정은 공간과 시간의 일상적인 차원에 따르지 않는다. 이것은 원시적이며 정동으로 추동되는 논리 유형으로 모순의 원칙이 없다. 일차과정 사고에서는 몹시 강한 정동 관계와 자기표상 및 타인표상이 응축되거나 전치될 수 있다.[1] 이차과정은 합리적 논리를 준수하는 보통의 추론 방식에 따른다. 전이초점 심리치료자는 통상적인 논리가 없어지고 그 대신에 정동으로 추동된 강한 이자적 대상관계가 활성화되는 것을 견뎌 낼 수 있어야 한다. 이런 대상관계 중 일부는 강한 욕망에 의해, 다른 것들은 강한 두려움에 의해서 북돋아진다. 전이초점 심리치료자는 내담자로부터

■ ■ 1) S. Freud, 꿈의 해석(*The Interpretation of Dreams*, Standard Edition, 4 & 5) (London: Hogarthy Press, 1957).

오는 일차과정 자료와 그 자신의 마음에서 촉진된 일차과정 자료 둘 다에 대해 편안하게 여겨야 한다. 이 자료는 강한 그리움, 사랑과 욕망뿐 아니라 강한 두려움, 격노 및 증오와 같은 성동을 포함한다. 이는 가장 폭력적인 것부터 가장 만족스러운 것에 이르는 환상을 포함한다.

이상적으로 치료자는 동시에 두 가지 역할을 할 수 있다. 하나는 치료자 자신이 퇴행하여 나타나는 일차과정 자료에 빠져드는 것이며, 또 하나는 여전히 합리적이어서 이 과정에 대해 관찰하고 의견을 진술하는 것이다. 이것이 어려운 치료자는 대체로 세 가지 중 하나의 오류를 범한다. ① 치료자가 엄격하게 논리적이며 공감적으로 퇴행할 수 없다(이런 치료자는 강박적인 경향이 있다). ② 치료자가 퇴행하는 역량은 가지고 있지만 다른 사람의 더 깊은 면에 대해 공감적으로 반향하는 역량을 가지고 있지 않다(이런 치료자는 자기애적인 경향이 있다). ③ 치료자가 공감적으로 퇴행하지만 거리를 가지고 관찰하는 것을 유지할 수 없으며, 객관적으로 추론할 수 없을 만큼 감정에 압도된다(이런 치료자는 연극성 경향이 있다).

b) 내담자와 협력적인 관계를 형성하는 능력

전이초점 심리치료는 명료화, 직면 및 지금 여기에서의 상호작용에 대한 해석과 같은 심리역동적 기법을 사용하지만, 조언이나 칭찬하는 것과 같은 명백한 지지치료 기법은 사용하지 않는다. 그러나 이것이 전이초점 심리치료자가 내담자에게 지지적으로 경험되는 개입을 하지 않는다는 의미가 아니다. 명백한 지지적 기법 없이도, 전이초점 심리치료자는 내담자와 다양한 방법으로 협력적인 관계를 이룩한다.

전이초점 심리치료에서 초기에 맺은 계약은 내담자와 치료자 모두의 역할과 책임에 대해 명백히 하려는 공동 노력이다. 역할과 책임에 대한 이런 정의는 내담자에게 잠정적으로 안심시키는 치료 구조를 제공하며 또 치료자와의 공동 작업과 협력으로 이끈다.

치료하는 동안에, 치료자는 내담자의 특성을 전적으로 파괴적이거나 혹은 전적으로 통제가 안 되는 사람으로 묘사해서는 절대로 안 된다. 그보다는 치료자가 내담자의 '부분들'이 각각 다른 부분과 싸우고 있는 것으로 언급하는 것이 더 나을 것이다.

> ○○씨는 파괴적인 면이 있어서 치료 시간에 취한 채로 와서 치료를 망치고 싶어 해요. 또 ○○씨는 좀 더 건강한 면이 있어서 치료받고 나아지고 싶어해요.

경계선 내담자가 자기 자신과 다른 사람에 대해 말하는 방식을 반영하는 '흑백 논리'로 내담자에 대해 기술하는 것을 피하고, 대신에 내담자의 다른 부분들을 언급함으로써 치료자가 내담자의 좀 더 건강한 부분과 공동으로 작업하려고 노력한다는 것을 암시한다.

전이초점 심리치료는 또한 해석이 종종 결정적인 진리가 아니라, 내담자와 치료자 둘 다에 의해서 고려된 가설이라는 방식으로 협력하게 된다. 치료자에 의해 만들어진 해석은 가설로서 이 가설에 대한 내담자의 협력적인 논의를 요청하는 방식으로 좀 더 정교화된다.

c) 치료실에서 분명하게 나타난 상호작용과 언어적 및 비언어적 행동에서 암시되는 내담자의 태도를 기술하는 능력

d) 내담자의 자기 소개에서 (언어적–언어적 및 언어적–비언어적) 모순을 관찰하는 능력

e) 지금 여기에서 내담자의 주된 정동을 관찰하고 명명할 수 있는 능력

f) 내담자가 자기표상과 타인표상을 투사하는 것을 관찰하고 그 투사를 방어하지 않고 수락하는 능력

이것은 회기 내에서 내담자가 당신, 즉 치료자에 대해서 가지고 있는 경험이 변하는 것을 경험하는 능력을 포함하는데, 이는 당신이 그 회기 내에서

당신 스스로를 보는 방식과는 매우 다를 수도 있다.

　g) 내담자가 자살 시도를 할 수 있다는 가능성을 버텨낼 수 있는 능력

　한 번 더 말하자면, 모든 치료자가 이런 가능성에 대해 편하게 느끼지는 않을 것이다. 그러나 치료자가 이런 가능성을 받아들일 수 없으면서 자살 충동을 느끼는 내담자와 작업하는 것에 동의한다면, 내담자가 치료자를 통제하게 될 것이며, 또 치료에서 내담자가 방어하는 중요한 영역을 다룰 수 없을 가능성이 매우 많다.

　h) 내담자에 대한 반응이 치료자 자신의 내적 세계에서 기인된 것인지 혹은 내담자가 치료자에게 유발한 것인지를 구별하는 능력(4부-B, 역전이에 대한 질문 40 참조)

　i) 지금 여기 치료자와 내담자 간의 상호작용에 비추어 내담자의 자기-타인과의 관계를 언어적으로 기술할 수 있는 능력

　j) 주제가 하나가 아니라 여럿일 때 철저히 명료화와 직면을 통해서 주된 전이 현상을 포착하여 해석으로 이끌어 갈 수 있는 능력

　k) 해석이 저항에 부딪치고 그 진행이 간헐적인 퇴행에 의해 방해를 받을 때에도 일정 기간 해석 작업을 진행하는 능력

　l) 내담자가 표면적으로 깨달음에 이르는 것이 깊은 수준의 마음을 방어하는 것인지를 탐색하면서 깊은 수준의 해석으로 이끌어 갈 수 있는 능력

75. 어떤 종류와 어떤 수준의 사례지도가 필요하고/바람직한가?

전이초점 심리치료자는 적어도 경험이 있는 동료 혹은 스승으로부터 자문과 사례지도를 받을 수 있어야 한다. 이상적인 상황은 정규적으로 만나는 사례지도 집단에 참여하는 것이다. 이것은 동료 사례지도 집단이거나 지정된 리더가 있는 집단이 될 수 있으며, 지정된 리더는 집단의 다른 성원에 비해 좀 더 전문적 지식과 경험이 분명히 많아야 한다. 주기적인 자문 없이 경계선 내담자를 치료하는 것은 매우 어려운 일이다. 이 어려움은 대부분 투사, 투사적 동일시, 역전이의 본성으로부터 일어나는데, 이는 치료자가 항상 의식하고 있을 수 없거나, 때로는 도움 없이는 인정하기 어려운 원시적 자료를 비언어적으로 교환하는 것이다.

10부

치료를 실시하는 데 실제적 질문

A primer of transference focused psychotherapy for the borderline patient

76. 경계선 인성조직 내담자의 전이초점 심리치료에서 어떻게 자문을 얻거나 사례지도 집단을 구성하는가?

대부분의 경우에 어떤 지점에서 자문이나 사례지도의 필요성이 생긴다. 이런 사례에서 치료의 난국을 해결하기 위하여 자문이나 사례지도가 반드시 필요한 것은 아니라 하더라도, 사례에 대해 자신이 이해하고 접근하는 것이 정확한지에 대해 치료자가 안심할 수 있게 해 준다. 경계선 내담자를 치료하는 데 전문적인 관심을 갖는 어떤 다른 치료자가 당신의 지역에 있는지 아는 것과 또 가능하다면 동료 사례지도 집단을 만드는 것이 도움이 될 것이다. 현재 뉴욕 시, 뉴욕 주 화이트 플레인즈, 퀘벡, 멕시코시티, 뮌헨, 암스테르담, 네덜란드의 레이던 및 마스티리히트, 스위스의 로잔에 전이초점 심리치료 센터가 있다. 이런 센터는 우리의 웹사이트, Borderlinedisorders.com을 통해서 접근이 가능하다. 더욱이 우리는 다른 곳에서 형성된 집단에 대한 정보와 또 다른 지역에서 이 집단에 참여하는 데 관심이 있는 사람에 대한 정보를 가지고 있으므로 관심이 있는 치료자들이 연락하는 것을 도울 수 있을 것이다.

77. 치료자가 부재 중일 때, 경계선 인성조직 내담자를 어떻게 책임 지는가?

 다른 사람에게 위임하는 문제는 치료에서 치료자를 만나지 않는 기간과 연관된 위기에 관한 질문(8부, 질문 72)과 관련된다. 전이초점 심리치료가 전이의 중심성에 초점을 두고 있으므로, '대리인'하고도 원래 치료자와 이루어질 수 있는 것과 유사한 작업이 이루어질 것이라고 생각한다면 너무도 순진한 생각일 것이다. 그럼에도 불구하고, 치료를 위임하는 것이 담당하는 역할이 있다. 첫째, 어떤 위기 혹은 응급상황이 발생할 경우에 언제든지 도움을 받을 수 있는 위임받은 치료자가 있는 것은 필수적이다. 이 외에도 보통 권유되는 것은 치료의 첫해에는 위임받은 치료자를 만나는 것에 대해 내담자에게 분명한 선택권이 주어져야 한다는 점이다. 이런 회기는 단지 주 1회가 될 수 있다. 이런 회기의 목적은 내담자가 구조를 내재화하는 작업을 여전히 진행하고 있는 동안 치료의 구조를 지속해서 제공하는 것과 또 치료자가 부재인 것에 대한 내담자의 경험을 탐구하는 것이다. 삶의 위기가 생기면, 그들은 또한 이런 회기에서 그 문제를 다룰 수 있을 것이다.

 내담자가 위임받은 치료자를 이상화하기 시작하고 자신의 치료자는 평가 절하하는 것이 위임받은 상황에서 종종 발생한다. 이것에 대한 한 가지 이유는 위임받은 치료자가 종종 한계에 대해 덜 엄격한 것으로 지각되기 때문이다. 또 다른 이유는 위임받은 치료자를 이상화하는 전이는 떠나간 원래 치료자를 벌주는 한 가지 방법이기 때문이다.

78. 주 2회 치료를 지지하지 않는 치료기관에서 일한다면?

많은 치료자들은 주 2회 치료가 사치라고 생각하는 세팅에서 일하고 있다. 그럼에도 불구하고, 이런 치료기관에서는 대개 내담자에게 표준적인 주 1회 빈도의 치료를 제공하는데, 실제적인 변화라는 목표가 없이 만성적인 지지적 돌봄이 필요한 내담자에게도 마찬가지 빈도로 치료를 제공한다. 우리는 이런 세팅에 있는 치료자에게 내담자를 평가하고 선별적으로 분류해서 회기의 빈도를 정하도록 조언한다. 만성적 유지 양상을 보이는 내담자에게는 더 적은 빈도를 할애할 수 있다. 이렇게 함으로써 치료자는 좀 더 집중적인 치료 세팅에서 큰 변화를 가져올 수 있는 잠재력을 가진 내담자에게 주 2회 치료를 제공하는 데 필요한 시간을 확보할 수 있다.

79. 전이초점 심리치료가 효과적인 것을 보여 주는 경험적 자료는?

우리의 임상 연구는 경계선 인성장애 여성 내담자 집단의 치료에 대해 집중적으로 이루어졌다. 전이초점 심리치료를 받기 전 해의 내담자들의 증상, 기능 및 의료기관 이용을 전이초점 심리치료를 1년간 받은 후에 이 영역에서의 행동과 비교하였다. 내담자는 기준 시점과 12개월간 치료를 받은 후에 진단적 도구, 자살 충동에 대한 측정치, 자해 행동, 증상, 사회적 기능과 대인관계, 의학적 및 정신과 이용의 측정치에 대해 평가되었다.

- 지속-중단: 치료 계약을 맺은 내담자 중에서, 1년간 탈락률은 19.1%(21명 중 4명이 치료를 중단함)이었으며 어떤 내담자도 자살 시도는 하지 않았다. 이런 탈락률은 Linehan의 연구(24명 중 4명, 16.7%, 1명 자살, 4%)[1], Stevenson과 Meares의 연구(16%)[2] 및 Bateman과 Fonagy의 연구(21%)[3]에 충분히 필적한다. 치료를 중단한 사람은 연구소로부터 더 멀리 사는 경향이 있었지만, 이는 통계적으로 유의한 차이를 나타내지 않았다. 치료를 종결한 사람 중 아무도 악화되거나 혹은 치료에 의해서 해로운 영

---

1) M. M. Linehan, H. E. Armstrong, A. Suarez, D. Allmon, & H. Heard, "만성적으로 자살극을 벌이는 경계선 내담자의 인지행동 치료(Cognitive-Behavioral Treatment of Chronically Parasuicidal Borderline Patients)," *Archives of General Psychiatry 48* (1991): 1060-1064.

2) J. E. Stevenson, R. Meares, "경계선 인성장애 내담자의 심리치료에 대한 효과 연구(An Outcome Study of Psychotherapy for Patients with Borderline Personality Disorder)," *American Journal of Psychiatry 149* (1992): 358-362.

3) A. E. Bateman, P. Fonagy, "경계선 인성장애 치료에서 부분 입원의 효과: 무선 통제된 시도(The Effectiveness of Partial Hospitalization in the Treatment of Borderline Personality Disorder: A Randomized Controlled Trial)," *American Journal of Psychiatry 156* (1999): 1563-1569.

향을 받은 사람은 없었다. 그러므로 전이초점 심리치료는 치료의 힘이 잘 발휘되고 있는 것으로 나타난다.

- 자살 및 자해 행동: 치료받기 전년도에 자살 시도를 했던 내담자의 수 (53%)와 비교해서 치료를 받은 한 해 동안에 시도를 했던 사람의 수 (18%)가 유의하게 감소했다. 게다가 이런 행동의 의학적 위험성이 감소 하는 경향이 있었다. 자해 행동에 뒤따른 의학적 위험성 및 신체적 상태 의 위험성도 유의하게 감소했다. 자살 사고는 감소되지 않았지만, 살아 야 하는 이유가 유의하게 증가하였다.

  이런 자료 요소의 조합에 대한 가능한 해석은 치료의 첫해 동안 자살 사고는 남아있지만 행동에 대한 억제가 증가한다는 것인데, 이는 임상적 소견과 일치한다. 이런 맥락에서, 삶의 만족과 살아야 할 이유에 대한 자 각이 점차 증가한다. 명백한 자살 시도가 감소한 것과는 대조적으로, 자 해 행동의 빈도는 감소하지 않았다. 그러나 이런 행동의 의학적 위험성 은 유의하게 감소하였고 또 내담자의 신체적 상태는 호전되었다.

- 증상: 다양한 증상 영역을 전반적으로 평가하기 위해 이 연구에서는 자살 사고, 우울, 불안 및 분노에 대한 자기보고 측정치가 활용되었다. 전반적 증상의 측정치가 유의하게 감소하였으며 상태 불안도 마찬가지로 유의 하게 감소하였다. 우울과 특성 불안은 감소하는 경향을 나타냈다. 분노 는 상태와 특성 두 종류 모두에서 변하지 않았다.

- 사회적 적응: 이들 내담자는 우정과 일에서 집단적으로 유의하게 긍정적 인 변화를 가져왔다. 1년간의 치료에서, 내담자는 친밀한 관계에서 유의 한 변화를 나타내지는 않았다. 이는 전이초점 심리치료와 같은 심리역 동적 대상관계 치료가 환경에서 중요한 타인과의 관계에 영향을 줄 것 이라는 기대를 지지한다. 또한 친밀한 관계에서의 변화는 1년간의 치료 보다는 더 긴 시간이 걸릴 것이라는 점이 설득력 있어 보인다.

- 비용 효과: 이 연구가 특별히 비용 효과를 조사하려고 고안된 것이 아니며 또한 치료 받기 전 1년과 치료 받은 그 해의 비용 절감에 대한 정확한 자료를 우리가 가지고 있는 것은 아니지만, 응급실 방문(55% 감소), 입원(67% 감소), 입원일 수(89% 감소: 39.2일 대 4.5일) 면에서 의료기관 이용이 극적으로 감소한 것을 볼 때 우리의 치료는 상당한 비용 절감을 시사한다. 이 연구의 결과는, 다른 연구 결과[4] [5] [6]와 마찬가지로 더 장기간의 치료가 인성 구조 내에 깊이 새겨진 증상을 위해서 필수적일 뿐만 아니라 경계선 내담자에게 매우 비용 효과적인 것임을 시사한다.[7]

- 연구 제한점: 우리의 연구는 예비 연구로서, 연구 설계에 많은 문제가 있어서 결과를 해석하고 일반화하는 것을 제한한다. 첫째, 비교집단의 부재는 긍정적 변화에 대한 해석을 제한한다. 내담자에게서 우리가 관찰했던 변화가 전이초점 심리치료를 하지 않은, 또는 심지어 아무 치료도 하지 않고 시간을 보냈던 내담자에게도 일어날 수 있는지에 대해서 비교가 이루어지지 않았다. 그러나 경계선 내담자들에 대한 이전 연구에서 2~5년의 기간 동안 진단과 정서적 어려움의 수준에서 볼 때 상당한

---

4) M. M. Linehan, H. E. Armstrong, A. Suarez, D. Allmon, & H. Heard, "만성적으로 자살극을 벌이는 경계선 내담자의 인지행동 치료(Cognitive-Behavioral Treatment of Chronically Parasuicidal Borderline Patients)," *Archives of General Psychiatry 48* (1991): 1060-1064.

5) J. E. Stevenson, R. Meares, "경계선 인성장애 내담자의 심리치료에 대한 결과 연구(An Outcome Study of Psychotherapy for Patients with Borderline Personality Disorder)," *American Journal of Psychiatry 149* (1992): 358-362.

6) A. E. Bateman, P. Fonagy, "경계선 인성장애의 부분 입원 효과: 무선 통제된 시도(The Effectiveness of Partial Hospitalization in the Treatment of Borderline Personality Disorder: A Randomized Controlled Trial)," *American Journal of Psychiatry 156* (1999): 1563-1569.

7) G. O. Gabbard, S. G. Lazar, J. Hornberger, & D. Spiegel, "심리치료의 경제적 영향력: 개관(The Economic Impact of Psychotherapy: A Review)," *American Journal of Psychiatry 154* (1997): 147-155.

280 전이초점 심리치료 입문

안정성을 발견하였다.[8)][9)] 그럼에도 불구하고 전이초점 심리치료에 대한 무선 통제된 시도가 이루어졌다면, 이 치료의 효율성에 대해 좀 더 엄중한 검증이 이루어졌을 것이다. 또한 우리는 여기서 제시된 긍정적 결과를 가지고 이러한 연구를 진행할 수 있을 것이다.

현재 연구에서의 표집은 비교적 동질 집단으로 심각한 장해가 있고, 만성적으로 자기파괴적인 경계선 장애를 보이는 여성 내담자다. 이 연구의 결과가 덜 심각한 장해를 보이는 경계선 내담자나 남성 내담자에게도 효과적인지 일반화할 수 있을지는 불분명하다. 덜 심각한 장해가 있는 내담자들의 효과성 문제에 관하여, 추수 연구와 통제되지 않은 성과 연구의 결과는 덜 심각한 장해를 보이는 경계선 내담자에게 표현적(심리역동적) 심리치료가 일반적으로 더 효과적이라는 것을 시사한다. 또 심리적인 마음태세, 낮은 충동성 및 좋은 사회적 지지는 표현적 치료로부터 더 좋은 성과를 예측하는 것으로 나타난다.[10)]

연구 프로토콜을 완수한 내담자가 연구에 응할 수 없는 내담자에 비해 경계선 내담자 중에서 좀 더 잘 기능하는 하위표집을 나타내기는 하지만, 이 연구의 내담자는 심각한 수준의 우울과 강한 수준의 증상적 고통을 경험하는 동안에 자주 자해하며 자살 시도를 하고 입원한 적이 있는 심각한

---

8) L. A. Hoke, P. W. Lavori, & J. C. Perry, "경계선 인성장애의 기분과 전반적 기능(Mood and Global Functioning in Borderline Personality Disorder)," *Journal of Psychiatric Research 26* (1992): 1-16.

9) P. Vaglum, S. Friis, S. Karterud, et al., "심각한 인성장애 진단의 안정성: 2-5년간 전향적 연구(Stability of the Severe Personality Disorder Diagnosis: A 2- to 5-year Prospective Study)," *Journal of Personality Disorders 7* (1993): 348-353.

10) A. E. Roth, P. Fonagy, 어떤 작업이 누구를 위한 것인가? 심리치료 연구의 비판적 개관 (*What Works for Whom? A Critical Review of Psychotherapy Research*) (New York: Guilford Press, 1996), pp. 207-209.

경계선 인성장애 집단이었다. 우리는 아직 덜 숙련된 치료자에 의해 실시된 전이초점 심리치료의 효과에 대해 확신할 수 없다. 한편 전이초점 심리치료는 비교적 정교화된 일련의 방략, 기략 빛 기법이다. 다른 한편, 우리의 연구에서 수련생을 포함하여 11명의 치료자 중 4명은 수련생이며 또 다른 한 명은 올해 전문가가 된 동료다. 그러나 이 연구에서 수련생을 포함하여 모든 치료자는, 적어도 1년간 경계선 내담자를 치료한 경험이 있으며 또 내담자를 심리역동적으로 치료한 경험이 있다.

• 결론: 자기 자신의 의지로 참여한 내담자를 대상으로 한 이 연구는 전이초점 심리치료가 치료의 힘이 잘 발휘되고 있으며 또 넓은 범위의 기능에서 상당한 증진을 이끌어 낸다는 것을 강하게 시사한다. 현재의 발견은 전이초점 심리치료에 관한 장차 연구를 정당화하는 근거가 될 것이다. 장차 연구는 내담자에게 변화를 일으키는 치료과정과 행동의 기저에 있는 기제를 탐색할 뿐만 아니라 전이초점 심리치료에 대한 무선 통제된 치료 시도를 포함해야 할 것이다. 부가적으로 경계선 인성장애의 심각성과 만성적인 것을 고려한다면 이런 발견이 장기간 동안 유의하다는 것을 확립하는 데 추수 자료가 반드시 필요하다.

이 책에서는 경계선 내담자를 치료하는 고된 작업에 대해 체계적인 접근을 제시하려고 시도하였다. 우리는 이런 접근이 치료자에게 도움이 될 수도 있지만, 많은 내담자가 의미 있고 지속적인 변화를 얻도록 하는 것이므로 궁극적으로는 내담자에게 더 많은 도움이 될 것이라고 생각한다. 그러나 책을 끝내기 전에 주목해야 할 중요한 점은 하나의 체계가 그것을 사용하는 사람의 도구이며, 특정 내담자에게 특정 상황에서 무엇을 할 것인지를 최종 결정하는 것은 치료자 각자의 몫이라는 점이다. 이 책에서 치료자가 경계선 내담자와 작업하는 데 도움이 되고 적합하다고 밝혀진 결과를 모두 제시한 것은 아니다. 하지만 그 반대도 아니다. 우리는 작업에서 개인을 치료하는 것이지 진단된 증상을 치료하는 것은 아니라는 점을 자각한다. 우리는 이 책에 제시된 방법을 사용하여 많은 효과를 보았지만, 또한 전반적인 임상적 판단과 결합해서 지침을 융통성 있게 사용하였다. 독자들도 이와 같이 하기를 제안한다.

참 / 고 / 문 / 헌

1부

American Psychiatric Association (1994). *Diagnostic and statistical manual of mental disorders (4th ed.)*. Washington, DC: Author.

Bion, W. R. (1961). *Experiences in groups and other papers*. New York: Basic Books.

Clarkin, J. F., Hull, J. W., & Hurt, S. W. (1993). Factor structure of borderline personality disorder criteria. *Journal of Personality Disorders, 7*, 137-143.

Dicks, H. V. (1967). *Marital tensions*. New York: Karnac Books.

Jacobson, E. (1954). The self and the object world. *The Psychoanalytic Study of the Child, 9*, 75-127.

Kernberg, O. F. (1975). *Borderline conditions and pathological narcissism*. New York: Jason Aronson.

Kernberg, O. F. (1976). *Object relations theory and clinical psychoanalysis*. New York: Jason Aronson.

Kernberg, O. F. (1980). *Internal world and external reality: Object relations theory applied*. New York: Jason Aronson.

Kernberg, O. F. (1981). Structural interviewing. *Psychiatric Clinics of North America, 4*, 169-195.

Kernberg, O. F. (1984). *Severe personality disorders*. New Haven: Yale University Press.

Kernberg, O. F. (1992). *Aggression in personality disorders and perversions.* New Haven: Yale University Press.

Kernberg, O. F. (1995). Omnipotence in the transference and in the countertransference. *The Scandinavian Psychoanalytic Review, 18,* 2-21.

Kernberg, O. F. (in press). Freud conserved and revised: An interview with David Scharff. In: *The psychoanalytic century.* Edited by David Scharff. Old Tappen, NJ: Other Press.

Klein, M. (1957). *Envy and gratitude.* New York: Basic Books.

Skodol, A. E., Gunderson, J. G., Livesley, W. J., Pfohl, B. K., Siever, L. J., & Widiger, T. A. (2000). *The Borderline Diagnosis from the Perspectives of Psychopathology, Comorbidity, Personality Structure, Biology, Genetics, and Course.* Manuscript submitted for publication.

Weissman, M. M. (1993). The epidemiology of personality disorders. In R. Michels, A. M. Cooper, S. B. Guze, L. L. Judd, A. J. Solnit, A. J. Stundard, & M. M. Weissman (Eds.), *Psychiatry* (Vol. 1, Chapter 15.2, pp. 1-11). Philadelphia: Raven-Lippincott.

2부

Bateman, A. E., Fonagy, P. (1999). The effectiveness of partial hospitalization in the treatment of borderline personality disorder: A randomized controlled trial. *American Journal of Psychiatry, 156,* 1563-1569.

Bateman, A. E., Fonagy, P. (2001). Treatment of borderline personality disorder with psychoanalytically oriented partial hospitalization: An 18-month follow-up. *American Journal of Psychiatry, 158,* 36-42.

Clarkin, J. F., Yeomans, F. E., & Kernberg, O. F. (1999). *Psychotherapy for borderline personality.* New York: John Wiley and Sons.

Cleckley, H. (1976). *The mask of sanity* (4th ed.). St. Louis: Mosby.

Gabbard, G. O., Coyne, L., & Allen, J. G. (2000). Evaluation of intensive inpatient treatment of patients with severe personality disorders. *Psychiatric Services, 51,* 893-898.

Gunderson, J. G. (2001). *Borderline personality disorder: A clinical guide.* Washington, DC: American Psychiatric Publishing.

Hull, J. W., Clarkin, J. F., & Yeomans, F. Y. (1993). Borderline personality disorder and impulsive sexual behavior. *Hospital and Community Psychiatry, 44,* 1000-1002.

Linehan, M. M. (1993). *Cognitive-behavioral treatment for borderline personality disorder.* New York: Guilford Press.

Monroe-Blum, H. E., Marziali, E. (1995). A controlled study of short-term group treatment of borderline personality disorder. *Journal of Personality Disorders, 9,* 190-198.

Perry, J. C., Banon, E., & Ianni, F. (1999). Effectiveness of psychotherapy for personality disorders. *American Journal of Psychiatry, 156,* 1312-1321.

Rockland, L. (1992). *Supportive therapy for borderline patients: A psychodynamic approach.* New York: Guilford Press.

Stone, M. (1990). *The fate of borderline patients.* New York: Guilford Press.

Waldinger, R. J. (1987). Intensive psychodynamic therapy with borderline patients: An overview. *American Journal of Psychiatry, 144,* 267-274.

3부

Kernberg, O. F. (1980). *Internal world and external reality: Object relations theory applied.* New York: Jason Aronson.

4부-A

Kernberg, O. F. (2001). The suicidal risk in severe personality disorders: Differential diagnosis and treatment. *Journal of Personality Disorders, 15*, 195-208.

Swartz, M., Blazer, D., George, L., & Winfield, I. (1990). Estimating the prevalence of borderline personality disorder in the community. *Journal of Personality Disorders, 4*, 257.

Yeomans, F. E., Selzer, M. A., & Clarkin, J. F. (1992). *Treating the borderline patient: A contract-based approach.* New York: Basic Books.

4부-B

Green, A. (1993). *On private madness.* Madison, CT: International Universities Press.

Racker, H. (1957). The meaning and uses of countertransference. *Psychoanalytic Quarterly, 26*, 303-357.

4부-C

Steiner, J. (1993). *Psychic retreats: Pathological organization of the personality in psychotic, neurotic, and borderline patients.* London: Routledge and The Institute of Psychoanalysis.

6부

Steiner, J. (1993). Ibid.

7부

Clarkin, J. F., Hull, J. W., & Hurt, S. W. (1993). Factor structure of borderline personality disorder criteria. *Journal of Personality Disorders, 7*, 137-143.

8부

Akhtar, S. (1995). *Quest for answers: A primer of understanding and treating severe personality disorders.* Northvale, NJ: Jason Aronson.

Bateman, A. E., Fonagy, P. (1999). The effectiveness of partial hospitalization in the treatment of borderline personality disorder: A randomized controlled trial. *American Journal of Psychiatry, 156,* 1563-1569.

Chu, J. (1998). *Rebuilding shattered lives: The responsible treatment of complex post-traumatic and dissociative disorders.* New York: John Wiley and Sons.

Clarkin, J. F., Foelsch, P. A., Levy, K. N., Hull, J. W., Delaney, J. C., & Kernberg, O. F. (2001). The development of a psychodynamic treatment for patients with borderline personality disorder: A preliminary study of behavioral change. *Journal of Personality Disorders, 15,* 487-495.

Herman, J. L. (1992). *Trauma and recovery.* New York: Basic Books.

Kendler, K. S., et al. (2000). Childhood sexual abuse and adult psychiatric and substance use disorders in women. *Archives of General Psychiatry, 57,* 853-959.

Koenigsberg, H. W., Kernberg, O. F., Stone, M. H., Appelbaum, A. H., Yeomans, F. Y., & Diamond, D. (2000). *Borderline patients: Extending the limits of treatability.* New York: Basic Books.

Linehan, M. M., Armstrong, H. E., Suarez, A., Allmon, D., & Heard, H. (1991). Cognitive-behavioral treatment of chronically parasuicidal borderline patients. *Archives of General Psychiatry, 48,* 1060-1064.

Paris, J. (1994). *Borderline personality disorder: A multidimensional approach.* Washington, DC: American Psychiatric Press.

Paris, J., Zweig-Frank, H., & Guzder, H. (1994). Psychological risk factors for borderline personality disorder in female patients. *Comprehensive Psychiatry, 34,* 410-413.

Skodol, A. E., Buckley, P., & Charles, E. (1983). Is there a characteristic pattern to the treatment history of clinic outpatients with borderline personality? *Journal of Nervous and Mental Diseases, 171,* 405-410.

Soloff, P. H. (1998). Pharmacological treatment of personality dimensions: Symptom specific treatment for cognitive, perceptual, affective, and impulsive behavioral dysregulation. *Bulletin of the Menninger Clinic, 62,* 195-214.

Yeomans, F. E., Gutfreund, J., Sclzer, M. A., et al. (1994). Factors related to drop-outs by borderline patients: Treatment contract and therapeutic alliance. *Journal of Psychotherapy Practice and Research, 3,* 16-24.

9부

Freud, S. (1957). The Interpretation of dreams. *Standard Edition, 4 & 5.* London: Hogarth Press.

10부

Bateman, A. E., Fonagy, P. (1999). The effectiveness of partial hospitalization in the treatment of borderline personality disorder: A randomized controlled trial. *American Journal of Psychiatry, 156,* 1563-1569.

Gabbard, G. O., Coyne, L., & Allen, J. G. (2000). Evaluation of intensive inpatient treatment of patients with severe personality disorders. *Psychiatric Services, 51,* 893-898.

Henderson, D. K. (1939). *Psychopathic states.* London: Chapman and Hall.

Hoke, L. A., Lavori, P. W., & Perry, J. C. (1992). Mood and global functioning in borderline personality disorder. *Journal of Psychiatric Research, 26,* 1-16.

Linehan, M. M., Armstrong, H. E., Suarez, A., Allmon, D., & Heard, H. (1991). Cognitive-behavioral treatment of chronically parasuicidal borderline patients. *Archives of General Psychiatry, 48,* 1060-1064.

Roth, A. E., Fonagy, P. (1996). *What works for whom? A critical review of psychotherapy research.* New York: Guilford Press.

Stevenson, J. E., Meares, R. (1992). An outcome study of psychotherapy for patients with borderline personality disorder. *American Journal of Psychiatry, 149,* 358-362.

Vaglum, P., Friis, S., Karterud, S., et al. (1993). Stability of the severe personality
disorder diagnosis: A 2- to 5-year prospective study. *Journal of Personality
Disorders, 7*, 348-353.

권 / 장 / 서 / 적

1부: 누가 내담자인가? 진단적 문제들

Akhtar, S. (1995). *Quest for answers: A Primer of understanding and treating severe personality disorders.* Northvale, NJ: Jason Aronson.

  인성 장애의 범위에 대해, 진단과 치료 주제 둘 다를 망라하는 포괄적인 설명을 제공하는 간결한 책이다.

Barron, J. W., Ed. (1998). *Making diagnosis meaningful: Enhancing evaluation and treatment of psychological disorders* (Washington: American Psychological Association).

  DSM 진단 체계가 개인 내담자를 치료하는 안내로서 부족하다는 의식이 임상가들 사이에서 커지고 있다. 이 책의 저자들은 치료 계획을 위한 내담자 평가 및 진단에 사려 깊은 대안을 제공한다. 인성 병리에 대한 이 책의 접근은 때로 DSM 축 II보다 더 깊이 들어간다.

Kernberg, O. F. (1975). *Borderline conditions and pathological narcissism.* New York: Jason Aronson.

  경계선 인성에 대한 Kernberg의 첫 번째 책으로 전이초점 심리치료(TFP) 발달의 기초를 수립했다. 이 책에서 얻을 수 있는 경계선 인성조직에 대한 이해는 처음 출판되었을 때와 마찬가지로 지금도 유용하다. 자기애성 인성의 치료에 대한 장은 임상가에게 도전적인 경계선 조직 내담자와 작업할 때의 세부 지침을 제공한다. 이 책은 *A Primer on transference-focused psychotherapy of borderline patients*와 동시에 재발행되었다.

Kernberg, O. F. (1984). *Severe personality disorders: Psychotherapeutic strategies.*
　　New Haven: Yale University Press.

　Kernberg의 이 책은 인성장애의 구조적 진단과 구조직 면접에 필수적인 상을 포함하고 있으며, 이는 진단을 하는 데 고도로 조직화된 임상적 방법이다. Kernberg는 이러한 주제를 청소년과 노년층 등 다양한 연령 집단에서 검증하고, 인성장애의 분류 문제를 논의하고 있다. 다른 장들은 인성장애의 치료와 관련되며, 이 책의 13장은 자기애성 인성을 치료하는 아주 좋은 임상 예를 제공하고 있다.

Kernberg, O. F. (1996). "A Psychoanalytic theory of personality disorders" In: J. F.
　　Clarkin, & M. F. Lenzenweger (Eds.), *Major theories of personality disorder.*
　　New York: Guilford Press.

　인성을 구축하는 기본 블록 및 인성병리에 대해 심리역동적 및 대상관계적 관점에서 간결하고 명확하게 기술하고 있다. 전체 책은 Aron Beck, Lorna Benjamin, Theodore Millon처럼 뛰어난 인성장애 이론가들이 각기 다른 관점에서 쓴 이론들로 각 장이 구성되었다.

Klein, M. (1957). *Envy and gratitude.* New York: Basic Books.

　대상관계이론의 발달에 없어서는 안 될 이 책은 편집 분열 포지션과 우울 포지션에 대한 Klein의 개념을 생생히 기술한다.

Jacobson, E. (1954). The Self and the object world. *The Psychoanalytic Study of the*
　　Child, 9, 75-125.

　대상관계이론의 초기 발전과 정교화에서 핵심적인 논문이다.

Lenzenweger, M. F., Clarkin, J. F., Kernberg, O. F., Foelsch, P. A. (in press). The
　　Inventory of Personality Organization: Psychometric Properties, factorial
　　composition and criterion relations with affect, aggressive dyscontrol, psychosis-

proneness, and self domains in a nonclinical sample. *Psycholigical Assessment.*

이 논문은 Weill Cornell 의과 대학의 인성장애 연구소에서 신경증적 인성조직과 경계선 인성조직의 관점에서 인성조직을 측정하기 위해 개발한 자기보고 도구의 기본적 속성에 대한 것이다. 이 도구는 정체성/정체성 혼미, 원시적 방어의 사용 및 현실검증의 구성개념에 대해 점수를 낸다. 이 도구는 인성조직의 관점에서 내담자들을 어느 정도 선별하기를 원하는 바쁜 임상가에게 유용할 것이다.

Livesely, L., Ed (2001). *Handbook of personality disorders: Theory, research and treatment.* New York: Guilford Press.

본 입문서의 접근과는 대조적으로, 위의 학술논문집은 인성장애 분야에서 DSM-IV 축 II 에 기술된 인성장애와 밀접한 입장에 있는 뛰어난 연구자들이 편집한 것이다. 이 책은 인성장애를 가진 사람들의 병인론, 발달, 진단, 평가 및 치료에 대해 훌륭하게 요약해 놓았다.

Stone, M. (1990). *The Fate of Borderline patients.* New York: Guilford Press.

특별한 유형의 내담자 병리의 성질과 기제를 이해하기 위해 필요한 단계는 시간에 걸쳐 검증하는 것이다. Michael Stone은 뉴욕주립 정신의학 연구소의 약 500명의 정신과 환자를 25년 추수연구 기간 동안 추적했다. 이 연구는 경계선 내담자를 가장 흔한 공존병리 장애에 따라 묶었으며, 경계선 인성장애 내담자의 장기간 경과에 대해 가장 좋은 자료를 제공한다.

2부: 치료의 본질은?

전이초점 심리치료

Clarkin, J. F., Yeomans, F. E., & Kernberg, O. F. (1999). *Psychotherapy for borderline personality.* New York: J. Wiley and Sons.

전이초점 심리치료를 시작부터 종결까지 기술하는 치료 매뉴얼이다. 이 책이 집필되는 15년의 기간 동안 경험 많은 치료자들이 우리의 방법으로 경계선 내담자를 치료하면서, 치료 시간을 녹화하고, 이를 매주 사례지도에서 논의하였다. 이러한 회의에서 우리는 치료의 원칙을 이끌어 내고, 이러한 원칙을 예시하는 임상 사례를 수집했다.

Gill, M. G. (1982). *Analysis of transference, volume I: Theory and technique*. Madison, CT: International University Press.

Gill은 정신분석에서 전이 개념의 발달과 분석적 도구로서 전이의 사용에 대해 철저한 개관을 제공한다.

인성장애에 대한 다른 치료

관심 있는 독자는 대조되는 치료에 대해서도 알게 되면, 무엇이 전이초점 심리치료이고 무엇이 아닌지를 앎으로써 전이초점 심리치료를 검증할 수 있다. 전이초점 심리치료 이외에 경계선 내담자를 위해 가장 정교화된 치료는 다음과 같다.

Benjamin, L. S. (1993). *Interpersonal diagnosis and treatment of personality disorders*. New York: Guilford Press.

인성장애에 대한 DSM 접근의 문제를 예리하게 자각해서, Benjamin은 독자에게 인성장애의 모든 증상을 대인관계적 발생론과 맥락으로 되돌아가게 한다. 이러한 관점은 심리역동적 접근과 여러 점에서 유사한 세련된 치료적 접근을 안내하는 데 사용된다.

Gunderson, J. G. (2001). *Borderline personality disorders: A Clinical guide*. Washington: American Psychiatric Publishing.

경계선 인성과 이를 치료하는 다양한 접근법을 개관한 이 책에 포함되는 부분은 사례관리, 입원치료, 거주치료 및 부분 병원 보호, 약물치료, 인지행동치료, 가족치료, 집단치료 및 개인치료에 대한 것이다.

Linehan, M. M. (1993). *Cognitive-behavioral treatment of borderline personality disorder.* New York: Guilford Press.

이 책은 경계선 인성장애를 인지행동적 관점에서 자세하고 정교하게 묘사했으며, 이와 함께 1년간의 치료에 대한 설명이 수록되었다. 치료는 방략과 변화 과정의 견지에서 정의되었다.

Rockland, L. H. (1992). *Supportive therapy for borderline patients: A psychodynamic approach.* New York: Guilford Press.

경계선 내담자에게 분명히 개념화된 접근법으로, 긍정적 동맹을 장려하기, 희망과 확신 주기, 충고, 제안, 교육하기, 내담자의 삶에서 내담자와 가족 및 다른 사람들에게 개입하기, 약물 사용, 일상생활에서 내담자의 적응에 모델 제공하기를 기법으로 사용한다.

Waldinger, R. J. (1987). Intensive psychodynamic therapy with borderline patients: An Overview. *American Journal of Psychiatry, 144,* 267-274.

이 논문은 경계선 내담자를 치료하는 주요 심리역동적 접근을 개관하고, 강조점이나 기법상의 차이가 무엇이건 간에, 이들 접근법은 모두 다음과 같은 요소를 포함함을 발견했다. 안정된 치료구조가 필요하다는 것, 신경증 내담자와의 치료와 비교해 볼 때 치료에서 치료자의 참여 수준이 더 증가된다는 것, 내담자의 적대감을 참아내야 한다는 것, 자기파괴적인 행동을 자아 이질적으로 만들려고 시도하기, 행동과 정서를 연결하는 해석을 사용하기, 한계 설정, 초기 치료적 작업과 지금 여기에서 해석에 초점을 두기, 역전이를 모니터하기다.

인성장애에 특정적이지 않은 편람 형식의 심리역동적 치료

이전에도 심리역동적 치료를 편람 형식으로 기술하려는 노력이 여럿 있었다. 이러한 치료들은 원칙적으로 일반적인 우울과 불안이 있는 외래 환자를 대상으로 하므로, 우리의 분류 도식의 관점에서는 신경증적 인성조직 내담자를 위한 것이다. 우리가 전이 초점 심리치료에서 기술한 것보다는 더 일반적이고 덜 특정적인 방법을 사용하는 심리역동적 치료자들이 이러한 책들에 관심을 가질 것이다.

Luborsky, L. (1984). *Principles of psychodynamic psychotherapy: A Manual for supportive-expressive treatment.* New York: Basic Books.

이 책의 저자는 심리역동적 치료의 뛰어난 연구자로, 치료 편람이 치료 연구에 필요한 도구가 될 것을 알렸던 사람이다. 이 책에 기술된 심리역동적 접근은 증상이 있는 외래 환자를 위해 지지적인 기법과 역동적인 기법을 결합했다. 개입은 환자가 말한 관계 주제에 초점을 둔다.

Strupp, H. H., & Binder, J. L. (1984). *Psychotherapy in a new key: A guide to time-limited dynamic psychotherapy.* New York: Basic Books.

시간 제한적이고, 심리역동적이고, 우울과 불안 증상을 가진 외래 환자에 초점을 두었다. 내담자의 자기와 타인에 대한 접근에서 반복되는 주제에 초점을 맞춘 또 다른 "편람 형식"의 치료적 시도다.

3부: 치료 방략

Clarkin, J. F., Yeomans, F. E., & Kernberg, O. F. (1999). *Psychotherapy for borderline personality.* New York: J. Wiley and Sons.

이 책은 전이초점 심리치료를 시작부터 종결까지 기술하는 치료 매뉴얼이다. 본 입문서는 이 책에서 제시된 아이디어를 추출해서 더 정교화한 것이다. 1999년 판은 독자에게 전이초점 심리치료의 몇몇 핵심 개념에 대한 기술을 확대하고, 더 긴 임상 예를 제공한다.

4부: 치료 기략

Yeomans, F. E., Selzer, M. A., & Clarkin, J. F., (1992). *Treating the borderline patient:*

A contracted-based approach. New York: Basic Books.

경계선 내담자와 작업하는 데 있어 가장 어려운 치료 과제 중 하나는 초기 치료 관계다. 임상 자료에서 분명하게 지적되는 점은 경계선 환자가 다른 진단의 내담자보다 더 초기에 치료를 끝내기 쉽다는 것이다. 이 책은 경계선 내담자와의 치료를 시작하는 심리역동적 접근을 기술한다. 내담자와 치료자 간의 이 치료 계약 또는 협약은 치료에서 치료자와 내담자의 역할과 의무를 치료자가 분명하고 조심스럽게 정교화하고, 두 사람이 이에 대해 논의하는 것을 포함한다. 가장 좋은 환경에서 치료가 시작되면 강력하고 갈등적인 감정에 직면해도 심리 통합을 목표로 치료가 계속될 것이다.

5부: 치료 기법

Racker, H. (1957). The meaning and uses of countertransference. *Psychodynamic Quarterly,* 26: 307-367.

Racker의 세미나 논문은 역전이의 개념을 자세히 논의하고 일치적 역전이와 보완적 역전이에 대한 개념을 발전시킨다. 또한 풍부한 임상 예로서 내담자와 치료자 간 상호작용의 복합성과 치료자가 상호작용에서 상연되는 투사를 이해하려 할 때 매우 민감해야 할 필요성을 보여 주고 있다.

6~9부: 치료 주제

Diamond, D., Clarkin, J. F., Stovall—McClough, K. C., Levy, K. N., Foelsch, P., Levine, H., & Yeomans, F. E. (in press). Patient—therapist attachment: Impact on therapeutic process and outcome. In M. Corina & M. Marron (Eds.), *Attachment and the Psychodynamic Process.*

애착 양식에 대한 개념적, 경험적 작업이 증가하고 있다. 이 장은 우리 연구 집단에서 애착에 대해 작업한 것을 기술한 것이다. 이 작업은 전이초점 심리치료로 치료받는 경계선 내담자의 애착 양식의 영향과 치료 첫해 동안 애착 양식의 변화를 연구하였다.

우리는 내담자의 초기 양육자와의 애착 양식과 치료 자체에서 내담자와 치료자 간의 애착 양편을 검증했다.

Koenigsberg, H. W., Kernberg, O. F., Stone, M. H., Appelbaum, A. H., Yeomans, F. E., & Diamond, D. (2000). *Borderline patients: Extending the limits of treatability.* New York: Basic Books.

인성장애 연구소의 연구 집단이 저술한 이 책은 경계선 내담자를 치료하는 치료자들이 종종 마주치는 특별한 문제를 취급한다. 여기에 포함되는 것은 진단, 가학피학성, 자기애와 정신병질, 외상, 애착 양식, 분열성 상태와 편집적 퇴행, 우울과 자살 문제, 성애적 전이, 약물치료, 그리고 전이초점 심리치료를 다른 치료와 어떤 차례로 사용할지에 대해 이해하는 것이다.

10부: 치료를 실시하는 데 실제적 질문

Clarkin, J. C., Foelsch, P., Levy, K. N., Delaney, J. C., & Kernberg, O. K. (2001). The development fo a psychodynamic treatment for borderline personality: A Preliminary study of behavioral change. *Journal of Personality Disorders, 15,* 487-495.

이 논문은 전이초점 심리치료에 대해 현재 끝난 연구를 완전히 기술하는데, 본 입문서의 이 부분을 요약한 것이다. 경계선 내담자를 세 개의 다른 치료에 무선할당한 더 큰 연구는 현재 진행 중이다.

Bateman, A., Fonagy, P. (1999). The effectiveness of partial hospitalization in the treatment of borderline personality disorder: A Randomized controlled trial. *American Journal of Psychiatry, 156,* 1563-1569.

Bateman, A., Fonagy, P. (2001). Treatment of borderline personality disorder with psychoanalytically oriented partial hospitalization: An 18-month follow-up.

American Journal of Psychiatry, 158, 36-42.

이 두 논문은 전이초점 심리치료를 포함한 연구 보고는 아니지만, 경계선 인성 내담자가 정신분석 기반의 치료를 받은 경우에 무선 통제된 방법으로 치료 효율성의 증거를 제공하는 새로운 근거를 마련했다. 홍미로운 발견은, 추수 시점에서 연구했을 때, 정신분석에 기반을 둔 치료를 받은 내담자들은 통제 집단의 내담자에 비해 연구 기간 동안 이루었던 진전을 유지하고 있었다는 점과 18개월 동안 계속 향상을 보였다는 점이다.

찾 / 아 / 보 / 기

저자 소개

프랑크 여만스(Frank E. Yeomans, M.D., Ph.D.)

코넬대학교 의과대학 정신과 임상부교수, 뉴욕 Presbyterian병원, Westchester분원 인성장애
연구소 수련장, 컬럼비아대학교 정신과강사, 뉴욕 맨해튼에 있는 인성연구소의 Director이다.
주 관심영역은 인성장애치료의 발달, 연구, 교육 및 실제다. 북미와 유럽에서 인성장애의 심
리역동치료 훈련프로그램을 정착시키는 데 참여하였다. 저서로는 *Psychotherapy for
Borderline Personality: Focusing on Object Relations*(2006, 공저), *Borderline Patients:
Extending the Limits of Treatability*(2000, 공저), *Treating the Borderline Patient: A Contract-
based Approach*(1992, 공저) 등이 있다.

존 클라킨(John F. Clarkin, Ph.D.)

코넬대학교 의과대학 정신과 임상심리학교수이고, 뉴욕 Presbyterian병원, Westchester분원
인성장애연구소의 Codirector, 컬럼비아 정신분석연구소의 연구교수다. 국제 심리치료협회의
회장을 지냈으며, 주 관심영역은 인성장애의 현상학, 경계선 인성장애와 양극성장애 내담자
의 치료다. *Journal of Personality Disorder, Clinical Psychology Review, Bulletin of the
Menninger Foundation* 등의 편집위원이며, *Psychotherapy for Borderline Personality:
Focusing on Object Relations*(2006, 공저) 등 인성장애의 병리, 치료에 대한 많은 저서와 논문
이 있다.

오토 컨버그(Otto F. Kernberg, M.D.)

1928년 오스트리아 빈에서 출생하였고, 1939년 나치를 피해 칠레로 이주하여 생물학, 의학,
정신의학 및 정신분석을 공부하였다. 1961년 미국으로 건너간 후 메닝거 메모리얼병원
Director, 토페카 정신분석연구소 지도감독 및 훈련 분석가, 컬럼비아대학교 의과대학 정신과
교수 등을 역임하였다. 또한 미국 정신분석학회 회장과 국제 정신분석학회 회장을 지냈다.
현재 뉴욕 Presbyterian병원, Westchester분원의 경계선 인성장애 리소스센터의 임상 Director
이며, 인성장애연구소의 Director이다. 또한 코넬대학교 의과대학 정신과교수로 재직 중이며
컬럼비아대학교 정신분석 훈련연구센터의 훈련 및 지도감독 분석가로 활동 중이다. 저서로는
Psychotherapy for Borderline Personality: Focusing on Object Relations(2006, 공저),
Aggressivity, Narcissism, & Self-Destructiveness in the Psychotherapeutic Relationship(2004),
Aggression in Personality Diorders and Perversion(1992), *Internal World and External
Reality*(1980), *Borderline Conditions and Pathological Narcissism*(1979), *Object Relations
Theory and Clinical Psychoanalysis*(1976) 등 다수가 있다.

역자 소개

윤순임

현재 서울정신분석상담연구소 소장을 맡고 있으며 정신분석가이자 임상심리전문가다. 독일 뷔르츠부르크 대학교와 동 대학원 및 박사과정에서 심리학을 전공하고 뷔르츠부르크 대학교 디플롬 임상심리학자 자격을 취득한 후 뷔르츠부르크 대학교 임상심리학연구소 연구원을 역임하였다. 독일 슈투트가르트 정신분석연구소에서 정신분석 전공으로 수련 및 임상활동을 하였고, 독일정부 공인 정신분석가(정신분석치료) 자격면허를 획득하여 독일에서 정신분석가로 활동하였다. 1989년 귀국 이후 정신분석가로 임상 및 교육활동을 활발히 하며, 서울대학교 학생생활연구소 특별연구원, 한국청소년상담원 상담부교수 및 상담연수실장 등을 역임하였다. 저서 및 역서로는 『경험에서 배우기』(윤순임 역, 눈출판사, 2012), 『현대 상담심리치료의 이론과 실제』(윤순임 외 공저, 중앙적성출판사, 1995), 『남녀 관계의 사랑과 공격성』(윤순임 외 공역, 학지사, 2005), 『경계선 장애와 병리적 나르시시즘』(윤순임 외 공역, 학지사, 2008), 『만화로 만나는 20세기의 큰 인물 '프로이드'』(윤순임 감수, 웅진출판사, 1996) 등이 있으며, 정신분석과 정신분석 치료에 관련된 다수의 논문이 있다. 방송 출연으로는 KBS 일요스페셜 특별기획다큐 〈마음, 제3편 무의식에 새겨진 마음을 깨우다〉, EBS 〈도종환의 책과 함께 하는 세상, 프로이트의 「정신분석 강의」〉, SBS 〈Turning Point, 이혼위기 부부 문제〉, 방송대학 TV 〈우리 시대의 고전이야기, 꿈의 해석〉 등과 KBS 〈아침마당, 무엇이든 물어보세요〉, KBS 라디오 〈자녀교육상담실〉 등 다수가 있다.

이용승

임상심리전문가, 서울대학교 심리학박사
서울대학병원 신경정신과 임상심리연수원 과정 수련
전) 서울대학교, 연세대학교, 이화여자대학교, 충북대학교 등 강사
현) 서울정신분석상담연구소 부소장

김정욱

상담심리전문가, 서울대학교 심리학박사
전) 서울대학교 학생생활연구소 상담연구원
　　서울대학교, 연세대학교, 가톨릭대학교, 성신여자대학교 등 강사
현) 서울정신분석상담연구소 부소장

도상금

임상심리전문가, 서울대학교 심리학박사

한양대학병원 신경정신과 임상심리 과정 수련

전) 포항공과대학, 한림대학교, 서강대학교 학생생활연구소 전임상담원

　　서울대학교, 서강대학교, 한양대학교, 충북대학교 등 강사

현) 서울정신분석상담연구소 선임연구원

심영숙

임상심리전문가, 서울대학교 심리학석사, 가톨릭대학교 심리학박사

강남클리닉 임상심리 과정 수련

전) 가톨릭대학교, 충북대학교, 서울불교대학원대학교 강사

현) 서울정신분석상담연구소 선임연구원

문형춘

상담심리전문가, 서울대학교 심리학석사, 가톨릭대학교 심리학박사

전) 서울대학교 학생생활연구소 상담연구원, 서울특별시청소년종합상담실 상담부장

　　가톨릭대학교, 한국상담대학원대학교 등 강사

현) 서울정신분석상담연구소 선임연구원

남기숙

임상심리전문가, 서울대학교 심리학박사

서울대학병원 신경정신과 임상심리연수원 과정 수련

전) 서울대학교 공과대학 전기공학부 상담원

    서울디지털대학교, 아주대학교, 서울사이버대학교 등 강사

현) 서울정신분석상담연구소 연구원

이임순

임상심리전문가, 상담심리전문가, 고려대학교 심리학박사

서울대학교병원 신경정신과 임상심리연수원 과정 수련

전) 숙명여자대학교 교육학부 초빙교수

    KAIST 경영대학 서울캠퍼스 학생상담실 상담전문가

현) 서울정신분석상담연구소 연구원

경계선 내담자를 위한
전이초점 심리치료 입문
A primer of transference-focused psychotherapy for the borderline patient

2013년 7월 15일 1판 1쇄 발행
2024년 1월 25일 1판 3쇄 발행

지은이 • Frank E. Yeomans · John F. Clarkin · Otto F. Kernberg

옮긴이 • 윤순임 · 이용승 · 김정욱 · 도상금
　　　　심영숙 · 문형춘 · 남기숙 · 이임순

펴낸이 • 김 진 환

펴낸곳 • ㈜ **학지사**

　　　　04031 서울특별시 마포구 양화로 15길 20 마인드월드빌딩 5층

대표전화 • 02) 330-5114　　팩스 • 02) 324-2345

등록번호 • 제313-2006-000265호

홈페이지 • http://www.hakjisa.co.kr
인스타그램 • https://www.instagram.com/hakjisabook

ISBN 978-89-997-0134-4　93180

정가 **18,000원**

출판미디어기업 **학지사**

간호·보건의학출판 **학지사메디컬** www.hakjisamd.co.kr
심리검사연구소 **인싸이트** www.inpsyt.co.kr
학술논문서비스 **뉴논문** www.newnonmun.com
원격교육연수원 **카운피아** www.counpia.com